中国近代人物文集丛书

郑观应集

救时揭要（外八种）

（下）

夏东元 编

中华书局

罗浮偫鹤山人诗草

邓华熙序[1]

吾粤诗派代有闻人。国初屈氏、陈氏、梁氏刊成合集，鼎峙争雄，世称岭南三大家，脍炙人口。迨七子继之，二百年来瓣香弗替。今罗浮山人博涉书史，周历瀛寰，熟于古今之治乱，中外之情变，时事之利病，其所论著，洞若观火，亦既达宸聪、承温旨矣。间以绪馀发为歌咏，则又超旷冲夷翛然尘壒之表。乃叹山人品之高而学之粹为不可及也！盖山人忧世深，故其为文也剀切而中理；处己澹，故其为诗也平易而近情。渊如穆如，自道其心之所得，本不欲以诗鸣者，斯真善鸣者已。余稔知山人，读山人诗，知有立乎诗之先者。他日传播艺林，与三家七子齐驱并驾，吾粤闻人又增一席，不其盛欤！故不揣芜陋而乐为之序。

丁酉孟春之月邓华熙。

① 题目系编者所加。

文廷式序[1]

余与罗浮偫鹤山人交十年矣！知其性情，喜其经济，然见其规模天下之大计，而阒然不欲仕于朝；总揽五洲之得失，而暗然不欲见于世。密而窥之，盖有道者也。先是法越之争，君尝与彭刚直公谋渡海效奇策，往返数万里，事垂济矣，而有尼之者，竟不行。既而倭韩事起，君益阴有所规策，其议论之公，筹虑之远，识者知之，外人不得而闻也。和议既成，海内愤激，君乃进其所著《盛世危言》一书。天子嘉许，既备乙览，复命总理各国事务衙门开刻，以变天下之观听。君虽不出，荣观著矣。顾以其暇日为诗，余久乃得见之，其辞和而不流，直而不激，尤合于道。盖君性喜道家言，于元牝谷神长生久视之说，骎骎有得，见于面盎于背，虽日日驰骋于经世之务，而澹然独与神明居，宜其作为诗歌，无尘杂嚣竞之习。其所养者素也。方今世变亟矣，有心人所托而逃者不于此则于彼，君慨然远览，为冥鸿乎？为仪凤乎？为龙伸而蠖屈乎？诗以言志，吾又窃欲竟观君之志矣。篷窗无事，书此质之。君应轩渠而笑曰："唯子知我也。"因泚笔而为之序。

丙申长至日匡庐山人。【己酉本增：萍乡文廷式。】

---

① 题目系编者所加。

自　序①

幼而失学，何敢言诗。心有所感，信笔赋之。华彝交涉，陵谷迁移。疾风过后，新月来时。若逢佳士，畅叙襟期。频烦驿使，传达遐思。一腔热血，三寸毛锥，聊抒闻见，贤于奕棋。不计工拙，力扫靡词。旁及惩劝，用自箴规。匡庐山人，索付劂剞。就正有道，颦效东施。希加绳削，藉奉师资。

光绪戊戌仲春罗浮偫鹤山人郑观应谨序。

---

① 标题系编者所加。已酉本未收此序。

盛宣怀序[1]

粤峤多畸人逸士，其以诗自鸣者，自屈、梁、陈三家而后，风雅递嬗，代不乏人。海通以来，迄乎近世，其能负专对之才，有干世之略，而仍不废啸咏，名章俊篇，焜燿坛坫，号为诗界中新巨子者，吾于嘉应得黄公度廉使、番禺得潘兰史征君、香山得郑陶斋兵备。

陶斋生长南服，海国闻见，殚洽于胸。喜兵事，好奇计，尤精于白圭计然家言。痛吾国商战不竞，日以挽利权、塞漏卮、辟富源、创实业，策励同志，强聒当轴。所呈进《盛世危言》一书，天子嘉叹，海内传诵。当世贤豪士夫无不知陶斋其人矣。观其指陈利病，筹备方略，轩眉抵掌，慨然论天下大计，夫孰知其耽玩道真，萧闲物外，一檠荧然，捻髭微吟，固欲于岭南诗派中占一席哉？

宣怀从事轮、电、路、矿垂数十年，与陶斋共事最久，相知亦最深。陶斋屡以佳什投赠，比更出其全帙见示。宣怀虽不能诗，未尝不心好之也。陶斋诗不立崖岸，不尚修饰，随事隶词，称情而言。其于中西政教道艺，同光以来时事得失、人才消长之故，一篇之中三致意焉。亦庶几持之有故言之成理者欤！《外集》一卷，多黄庭参同之微旨。仲长乐志，叔夜养生，要皆有所寄焉尔！

---

① 标题系编者所加。此序系己酉本所增。

独是陶斋与予年相若，病肺亦相等，顾乃精悍悦泽，双瞳炯然，固知长生久视，自有要妙。宣怀牵于世网，齿发已衰，闻道已晚，安得角巾芒鞋，希踪于罗浮风雨间，翘首霄半，共听羽衣清唳乎！于其归也，叙其诗以张之，即以为录别之文云尔。

宣统建元已酉六月武进盛宣怀。

郑沅序[1]

诗言志而已。古之人有得于中不能自已，形诸嗟叹，发为咏歌，虽百世之下，犹接其言论而挹其风节也。魏晋而后，乃始以雕琢为美，以新刻为奇，敷陈藻饰，自诩诗人，而当时风尚所在，亦从而归之，盖有连篇累牍、咿嚘蹇涩，而莫得其意之所在者矣。

吾宗陶斋先生，少习举子业，既以无裨于世用，决然舍去，周历环海诸国殆遍，足迹所至，考其国俗政教民物制度，若者是，若者非，若者为中国所可行，分门别类，命曰“危言”。复以馀力肆志于诗，其诗冲和愉怿，不为艰苦刻镂之态，使读之者自怡然不能自已。彭刚直视师粤东时，招致襄办军务，多所匡益。和议成，刚直归且薨，先生乃息影海上，邈然无所与，而其诗复深契老庄澹静之旨，托意邃远，理趣盎然，殆不可攀跻。文章之事固由诣力，抑亦境地为之欤！今倭人肇衅，东北荼毒，一二大臣谋之于内，诸将帅败挫于外，器械垂尽，兵气不伸，更甚于越南之役。海内人士，同声太息，而先生顾默然有可自任者，使得尺寸之柄，以稍尽所长，天下事谅无不为也。沅非敢妄测浅深。窃观其诗无所矫饰，合于古人立言之旨，则其效于事者，亦必能确然不移，而非世俗孱懦之夫依违濡

① 题目系编者所加。序虽标明“光绪乙未”（一八九五年）所写，但未收于戊戌本，而收于己酉本。

忍所可同日语者已。故为序以质之。

光绪乙未三月长沙郑沅谨识。

夏同龢序[①]

罗浮旧传为道侣仙俦巢穴之所，余数往来东粤，相羊其间求一见世所谓神仙者，卒不可得。论者以谓神仙家言，大抵愤时嫉俗，郁郁不得志之士，上逮功成身退如张留侯、李邺侯者，皆有所托而逃，不必实有其人其事也。余意不然。黄、老、庄、列之学，固世界宗教家一大支派也。人而无宗教思想，则必资性薄弱，无以达其安心立命之道，而所建树必无以异乎人，人即发为言语文章，若形诸咏歌，亦必蹈袭故常，无精神无宗旨，不足轻重于世。

香山侍鹤山人最富于宗教思想者也。壮年豪侠有奇气。法越之役，曾佐彭刚直公幕，时有所规画，动中窍要。其所著《易言》、《危言》各数十篇，皆论经世要务，政府多采而行之。又出其馀力为诗歌，亦复清净冲淡不懈而及于古。余尝受其诗集读之，开宗明义冠以侠客吟，而殿之以学道集。盖不待毕举其词，已足见山人神识之卓越，固崇任侠而明黄老者。伊尹圣之任者也，汉时传其书五十馀篇；刘向《七略》，列之道家之首，仙欤侠欤？分流而同原耳。正不必重视任侠，而谓神仙家言皆诞欺怪迂之文也。特神仙家支派有二：有持厌世主义而仅为自了汉者，有持救世主义而自度度人

① 标题系编者所加。此序系己酉本所增。

者。如前之说,其人虽仙无裨于世,是方技家而非宗教家也;如后之说,大都由任侠而入于神仙者。纵不即仙,而抱此高尚纯洁之理想,或见之于行事,或著之于寓言,其足以感发当世之心思,而变化其气质者盖不少矣。偫鹤山人殆其流亚欤?何其诗之多杂仙心也。山人索余序其诗,因辄书所见以赠。

光绪三十一年岁在旃蒙大荒落律中大吕之月黔阳夏同龢谨序。

胡昌俞序[1]

往读郑子陶斋《盛世危言》，叹其蒿目时艰，不能已于斯世斯民之怀罔罄厥，用胥藉楮墨以写宣，未谙其别有集也。今年春余游鄂，晤陶斋于汉上，如旧相识，因订交焉。嗣出其《待鹤山房诗集》，属余定之。诗温醇朴实，如其为人，一句一篇，率空依傍，惟登真度世之意，时形言表而又非遁空疏。亟思有所建立，然后颐志涧阿素向托鲁仲连、张良一流，而诗则与李太白为近。何言之？太白诗有云："明主倘见收，烟霄路非遐。"又云："功成拂衣去，摇曳沧洲旁。"又云："终与安社稷，功成去五湖。"又云："待吾尽节报明主，然后相携卧白云。"如是者甚夥。昔人称太白天才英丽，其诗荡逸俊伟，飘然有超世之心，非常人所及。信然，信然！今陶斋诗卷帙不及太白之半，而情殷匡济，慕勋名复慕长生，其视成仙得道，若可券获者十诗而九，则较太白为多。盖由诗不常作，作即抒其胸中之所有，所未有者弗强为道。譬犹物也，取精宏而用之少，其发必厚，故每一诗成而安身立命之旨辄耐人寻绎，谓非天才夙优乌能至于是哉！刘舍人云：诗杂仙心，是诗中固有此超迈绝俗之一境，前惟太白取足于性灵乃擅其美。陶斋为诗不规规于太白，而甚似太白，问之，

① 题目系编者所加。此序虽写于光绪二十二年，但戊戌本未收，而收于己酉本。

亦不自知其所以然。此陶斋之真具见于诗,诚有莫或掩抑者已。又闻魏叔子言:书之有序以道其所由作,或从而赞叹之,或推其意之所未尽。陶斋之诗序已有人矣,而余之复为附益,不及其生平行谊与夫荣禄功施之盛,则以陶斋胸怀浩落,固天际真人之邈不可攀者,直上与唐贤相颉颃。向第欣赏其时务之论陈,犹未为知陶斋。斯集载披粗能测其端崖,因特即未尽之意,略事甄扬,质之读陶斋诗者,当不以余言为河汉也。

光绪二十二年岁次丙申嘉平月朔清泉胡昌俞。

吴广霈序①

公之诗出以血性忠义，佐以道气灵明，故不可改削转没其真，亦不可文饰反失其朴也。奉读二过，灼见不得妄下一笔，非畏难诿诿也。请质诸高明，必不以斯言为河汉。即以此数语用当弁言题词可尔。

宣统元祀夏六月荷花生日皖泾剑华道人吴广霈题。

① 标题系编者所加。此序系己酉本所增。

待鹤山人诗集自序[①]

《沧浪诗话》论诗之法有五体：曰体制，曰格力，曰气象，曰兴趣，曰音节。诗之品有九：曰高，曰古，曰深，曰远，曰长，曰雄浑，曰飘逸，曰悲壮，曰凄婉。其用工有三：曰起结，曰句法，曰字眼。其概有二：曰优游不迫，曰沉着痛快。诗之极致有一，曰入神。诗而入神，至无尽矣。斯诣惟李杜得之，他人得之甚寡。夫诗有别才，非关书也；诗有别趣，非关理也。然非多读书多穷理则不能极其至。所谓不涉理路、不落言筌者上也。诗者吟咏性情也。盛唐诸人兴趣羚羊挂角，无迹可寻，其真妙透澈玲珑不可凑泊，如空中之音，相中之色，水中之月，镜中之象，言有尽而意无穷。近代诸公乃作奇特解会，遂以文字为诗，以才学为诗，以议论为诗，然于一唱三叹有所歉焉，非古人之诗也。

余本不能文，何敢言诗。惟于家国之事伤心惨目，有闻自外人论我国利弊关系大局，往往梦寐不安，为之行愁坐叹，虽已上书当道，而人微言轻，置若罔闻，末由展布。故自忘鄙俚，复随手写录，几不成为韵语，或五言、或七言，寓意规谏，大声疾呼，以期上下一心，重见唐虞盛世。所谓以文字为诗，以议论为诗，直记时事，不避

① 此篇系己酉本自序。

嫌怨,不拘格调,既不取法古人,又无入神之句,自知不足以登大雅之堂,但救国苦心妇孺皆知,一览即印入脑际,或于数十年后无人不忆及当时事势,则中人以下与泛泛吟咏不同。且文字尤贵显浅,是直可为拙诗藏拙也。尚冀吟坛诸君勿谓入口无味以其覆瓿,则余之幸也夫!

罗浮偫鹤山人诗集题词[①]

郑侯之诗道政事，淮南字字生风霜。五洲涵胸千古集，岂徒音节谐铿锵。摩呵震旦骇霆霹，吮血利齿吴蛇长。积薪厝火睡不嚐，漏舟谈笑眉轩昂。危言涕陈识最早，冯桂芬汤寿潜先后相颉颃。老泉何心幸言中，充耳枘凿嗟圆方。东烽连天西寇亟，夕琐上叩门琅琊。椒兰二人名，《离骚顾氏解》当门冤魄泣，太息节彼南山章。统天银版阐元易，新周麟管怀岐昌。祖龙愚畦莽流毒，禹迹黟黮悲茫茫。白门订约六十载，纵横列国各擅场。甲午以来十年事，瓜豆分剖无完疆。黄巾妖孽起庚子，典午艰棘挑胡强。即今九州危一线，新旧朝议犹参商。鲰生时忧有肝胆，愿挽浩劫回红羊。黄金散尽结死士，枳棘慨惜栖鸾凰。尚闻颇主兼爱墨，鸣世不若荒唐庄。如公行谊古豪杰，百炼不挫精金刚。少年从戎出奇计，幕府筹策资匡襄。猋轮汽毂手经创，通塞所以觇兴亡。一官经时等鸡肋，几辈未雨谋阴桑。万言著书灼龟鉴，告天五夜焚清香。比者备兵左江道，闻道治绩如龚黄。归来草元悟殊契，佛说要眇明观墙。罗浮仙人好偫鹤，当道遑问豺与狼。往往陈词托高唱，绝调名盛侔王康。忘年之交邈一世，辄复容我之疏狂。故乡无田归不得，松菊何事愁芜

① 此题词系己酉本所增。

荒。本无匡时济世略,云路敢望夸翱翔。与公苍凉话时事,吟成四顾心旁皇。

顺天陶　镛在东

芙蓉江上鲛机巧,不织秋蒲织春藻。无华麟炳鉴千秋,岂藉笔花存至宝。自古乔英天佐姿,汪汪霭霭温煦晓。腰绅手辔甸宇清,钒义搬仁俗舌挢。偶峻讵非一代贤,究惜性情真趣少。是故达者同神仙,衣带飘然动明了。娱游觞咏那汁法,我意适时灵化保。况复汗青曾军帅,且劫馁曾为众母。饱民水心绥凿雕,天壍不波帧幅抱。祲霾翳海海扬尘,危言早虑头头道。馀愤振作金石声,声不尽彰寓庄老。人间不有换骨方,服气守元徒探讨。忠孝道德琼篆登,鹤背梳风过蓬岛。醉来一唱忧患诗,珠玑缛缦落云表。君不见山人一卷经世言,犀洞诚慈环愉恼,有如贱子善颂祷。罗浮梅花香黵清,会看云汉寿梨枣。

青阳詹应麒友石

万里襟怀走海豪,归来重拭雁翎刀。贾生进策黄人福,其奈苍生厄我曹。

未识荆州素愿违,望残云影又斜晖。何当买棹青州里,对菊衔杯就蟹肥。

惠州周　斌铁苏

救世诗宜浅,相期雅俗知。谈经多奥语,丹诀本如斯。

留侯成大业，勇退学神仙。良言真可佩，勉力继前贤。

崇宁罗应旒星潭

诗情如杜甫，雅韵若青莲。刚直称奇士，国人皆曰贤。
《盛世危言》出，文名四海传。如何贾太傅，尚隐五湖边。

湘乡刘麒祥康侯

江湖魏阙意，香草美人思。辞近而旨远，始可与言诗。
《危言》传盛世，功德著南邕。太上三不朽，罗浮一道翁。

端州武子韬鹿芝

不爱红尘利与名，但期返本上瑶京。悟真共读知铅汞，通一同参识性情。指通一斋主人。足底三洲前日遍，胸中五岳此时平。会须访护营丹室，结伴圜墙炼甲庚。

泾县吴广霈剑华

只手造世界，寸心现蓬瀛。英雄与神仙，万古留鸿名。修炼传秘诀，道妙本精诚。诸天有历劫，吾道无亏盈。同参个中理，我友郑康成。忧国千斛泪，金丹一卷经。子房范少伯，千载可抗衡。诗篇富琳琅，渊渊金石声。一读一击节，青云足下生。

大埔李宝森谷生

一月治兵备,还山老岁华。诗篇中国泪,政治外交家。大局凭谁挽,危言早拜嘉。平生青眼感,裹饭更天涯。

番禺潘飞声兰史

洪使一篇传漠北,都官三绝擅天南。君才讵止超千万,士德奚庸薄二三。路矿工商归实效,法财侣地莫空谈。何时城市山林际,室蕴真铅仔细参。

太原杨荣炯弨伯

郑公卓荦人所羡,春申浦上曾相见。当时杯酒醉黄垆,取别匆匆徒一面。今年重晤越王台,握手论心倾愫眷。已佩危言具深识,更读清诗欲焚砚。清诗珠玉在毫巅,价重鸡林万口传。伤乱每编王粲句,感时常写杜陵篇。志士由来忧国耻,武克定乱今谁是。感激自依彭侍郎,从此终军投袂起。长鲸跋浪海腥膻,魑魅窥人正犯边。入穴气吞貙虎窟,假途身历犬羊天。功败垂成谋不遂,计误和亲增内衅。灶养羊头上首功,英雄有憾潸垂泪。眼看澒洞满乾坤,馀生海上空颇颔。郑圃冲虚苦县玄,一编日手聊游戏。即今车轨号皆同,大府东西国债丛。道路三千纷铸铁,粤山青接楚江红。君也勉为桑梓出,事等道旁谋筑室。筹策须臾指掌收,张苍定后章程一。爰事还辞月俸钱,素餐向病诗人笔。无何谣诼起喧喧,苦莲将移蕙草根。妄想浮云能蔽日,君今俯首更何言。九秋南澳西风紧,黄菊花开正满园。百岁流光且爱惜,拂袖归来应闭门。湖湘山水殊佳绝,我亦前年辞帝阙。偶来羊石话萍踪，每念家山悔行役。君依海峤返故丘，予亦归盟湘水鸥。黄昏香动梅花稠，他时夜夜梦罗浮。

长沙萧荣爵漱云

慷慨陈词动圣明，拂衣长揖谢公卿。纵教成败由天意，忍令文章老此生。漆室哀吟难制泪，越裳筹策旧谈兵。分明字里行间意，犹作寒潮怒咽声。

挥手功名论汞铅，英雄退步是神仙。游经五岳重瀛外，身历红羊黑眚年。杜牧罪言原涕泪，少陵忠爱寄诗篇。罗浮他日期相访，万树梅花月一弦。

阳湖吕光辰绪丞

老鹤万里心，穷年忧黎元。经纶皆新语，身贵不足论。道为谋书重，何看骇浪翻。豪华看古往，墨客蔼云屯。童稚刷劲翮，家声器宇存。易识浮生理，城池未觉喧。郑氏才振古，题诗仔细论。骚人嗟不见，烂熳倒芳樽。全首集杜句。

新宁马骏声小进

侠客行

有客虬髯容貌异，冒雪驰来策蹇卫。揖我直上酒家楼，邂逅天涯如夙契。客言廿载事猿公，珍重吴钩未轻试。斫地能令鬼魅愁，亘天倏见长虹气。巨觥满饮恣雄谈，意气干霄绝侪辈。酒酣拍案忽纵歌，起立苍茫拂衣逝。街柝沉沉夜未央，高秋一叶从空坠。手提革囊掷我前，取出头颅血痕渍。为言此是负心人，怨衔十稔今始遂。瞥然跻举去无踪，使我舌挢魂魄悸。矫首仰望心怦怦，世事只今多不平。安得此君千百辈，杀人如草不闻声。用明人沈嘉则句。

时文叹

聿考制艺兴，滥觞始北宋。代圣贤立言，借经书愚众。拙哉王半山，刚愎好自用。束缚困英才，收摄戒放纵。譬之千里驹，垂耳受羁鞚。多士求进身，非此不能中。然犹文笔高，精义颇斲砻。入彀主司恩，释褐王廷贡。忠义与经济，品藻藉甄综。有明一代才，亦惟科第种①。嗣后体格靡，涂泽供覆瓮②。经史悉屏弃，墨卷互讲

① 己酉本将“亦惟科第种”改为“亦惟科甲重”。

② 己酉本将“涂泽供覆瓮”改为“涂泽多倥偬”。

诵。陈陈相剿袭，昏昏如说梦。科场流弊多，师弟交谊重。祸甚于坑焚[1]，茫然不骇恫。闯贼破燕都，文士犹谀颂。一统好河山[2]，八股人才送。见《绥寇纪略》。前辙既已悞，后车宜弥缝。何为循旧章，无人振文统。盍早废时文，金针拨昏瞢。饱读有用书，万事资控控。学业有专门，程材自不壅。期以十年后，明堂得梁栋。武科更可嘲，刀石徒玩弄。焉能敌枪炮，曳兵徒一哄。真才何由得，外人肆讥讽。燕雀鸣啾啾，不见云中凤。抱璞老空山，卞和有馀痛。

远　别

无计驻征鞍，春风祖帐寒。高堂衰迈早，游子别离难。负剑怀空壮，牵衣泪不干。骊歌虽曲短，长路自漫漫。

沪上晓起即景[3]

寒气侵重帏，炉温火力薄。隔窗残雪飞，鹤踏梅花落。

---

① 己酉本将“祸甚于坑焚”改为“遗祸甚坑焚”。
② 己酉本将“一统好河山”改为“一统好山河”。
③ 己酉本将“沪上晓起即景”改为“沪上晓起”。

秋夜即事[①]

旅馆乏知音,横琴思往哲。西风卷地来,吹冷窗前月。

海天吟

地球如儫丸,山水随所转。吸力大无边,风云任舒卷。试看远行船,渐低行渐远。高下此中分,一气洪炉暖。南北有定位,东西各轮辗。亚洲与墨洲,足迹相对践。差迟一昼夜,日景有长短。如何测以蠡,慎勿窥诸管。

春暮有感

行携经卷任西东,俯仰因时道未穷。一纸家书归雁后,五更乡梦乱山中。离情缱绻随垂柳,旅鬓萧骚感断蓬。愁杀江南春已暮,鹧鸪声里落花风。

① 己酉本将“秋夜即事”改为“秋夜”。

次戴子辉太史感事韵

扫尽浮云白日明，遥传海外欲休兵。曾闻互市更新约，底事窥边弃旧盟。绝域求和轻魏绛，中朝出使重苏卿。侧身天地犹多故，却悔当年未请缨①。

赠美国肄业诸生并容沅浦邝容阶两教习②

文章机杼自专家，译象千言点不加。爱国无殊林友植，东瀛维新大儒译书著述甚多。上书共比贾长沙。诸生游学将成业，公使何因促返槎。翻羡东瀛佳子弟，日新月盛愧吾华。日本肄业欧美子弟日新月盛，望之感愧。

赠驻美国副使容纯甫观察③

采采芙蓉涉远江，中西学贯始无双。应嗟匡济稀同志，却羡科名隶美邦。鹏运八纮风在下，龙文百斛鼎能扛。诸生海外将成曲，底事吴儿换别腔。肄业美国学生已获进步，为吴子登奏请撤回，因噎废食，

---

① 己酉本将“却悔当年来请缨”改为“却忆当年来请缨”。

② 此篇系己酉本所增。

③ 此篇己酉本未收。

功败垂成,殊可惜也!

送刘康侯观察参使英法

极目西欧数点烟,乘槎不让汉张骞。四千年后开风气,五万程中数日躔。琴鹤久钦平日操,鱼龙应避使君船。殊方渐被同文化,会见重赓慕德篇。

南游有感[①]

析利锥刀逐,创兴织布局。奉檄兼轮电,轮船、电报。长途时往复。甫息沪江骖,旋命驰南服。船务宜推广,远探新槟新加坡、槟榔屿俗。招工来厦汕,厦门、汕头。满载如猪畜。般乌客货稀,吕西吕宋、西贡例最酷。人店皆抽税,华民同奴仆。欺吾无领事,弱为强之肉。愿睹汉官仪,藉以保宗族。公费出众商,不必天家禄。并置龙旗舟,金钱誓醵足。运载至香港,免为他人辱。志此长太息,大声呼当轴。

① 此篇系己酉本所增。

海南军次送刚子良方伯调任滇藩①

本是秋曹妙选才，薇垣幕府庆宏开。旬宣降自关崧岳，来去思都系越台。细柳威名公独异，各营饷惟公所发未尝减半。甘棠馀爱众交推。那堪卧辙留鞭切，尚有群僚荷取材。

珠江折赠柳条青，别绪依依骑尚停。建节君方驰六诏，提师我欲渡重溟。余奉彭宫保檄委赴越南察探形势，拟约内应，结外援，提师袭取西贡。情酣月下盟今雨，望极云中照福星。阃寄须臾旄钺重，磨崖边缴待勋铭。

水陆师学堂各艺大书院博物会机器制造厂栖流工作所皆富强始基急宜创办赋此志感②

泰西大书院，富强之所基。肄业分数途，中各有名师。机器求新巧，讨论日孜孜。各艺俱有社会。心裁果独出，国家与维持。专利若干岁，他人莫仿为。于国有大益，定例奖厚资。日新而月盛，百物足自资。人材从此出，习俗可转移。工商日益旺，府库馀度支。器不向外购，尤能塞漏卮。别有工作所，专教贫家儿。人各习一艺，糊口免仳离。国民无游惰，教养实兼施。此虽泰西法，不啻考

① 此篇己酉本未收。

② 此篇己酉本未收。

工遗。曩曾请当轴,创建勿迟迟。各省能仿行,不难振宏规。奈何浅尝试,所获仅毛皮。时艰今益急,蒿目徒含悲。若不严策励,宁免他族欺?不才陈此议,相期贡丹墀。

甲申春奉彭宫保师奏调赴粤留别沪上同人

久客申江百事羁,不才恐负圣明知。还期破敌征心略,更出奇兵藉指麾。半壁屏藩将尽撤,一篇图画界边陲。诸君送我殷勤意,早祝天山露布驰。

迅电飞书万里催,嵚崎自愧斗筲材。军中韩范纡筹策,海上鲸鲵未弭灾。自是搜罗邀激赏,非关富贵逼人来。乘风破浪寻常事,寄语闲鸥莫忌猜。

一线牂牁百粤通,楼船犹纪伏波功。分阴常惜师陶侃,四海论交忆孔融。花月未销杨子宅,风云犹护尉佗宫。会看沧海烽烟靖,远访仙人黄石公。

彭宫保师札委会办营务处暨招降海盗筹办沙田捐借济兵食诗以志之

尚书秉钺镇南邦,手绘梅花笔似杠。黄石阴符神变化,绿林铜马率归降。牙门旧献绥边策,玉笛新繙出塞腔。不犯秋毫军令肃,一时威德遍珠江。

帅旗风飐肃中营,月满高楼水绕城。手挽银河期洗甲,欢胪玉帐免呼庚。三年转饷劳筹画,万顷屯田劝力耕。莫笑书生无远略,欲从间道出奇兵。

游西贡花园[①]

破浪南来泛碧槎,探奇深入路三叉。澄潭倒影闲过鸟,密树凝香乱著花。席地笑谈蛮女俗,沿江耕获野人家。海壖莫道无春色,伫看金铃护碧芽。

新加坡

势控南洋九道分,峰峦高下绿无垠。林烟卷地藏朱阁,瀑布悬空界白云。海外只今称乐土,人生何地不同群。闽粤各分会党。百年失计输先著,岛国何时靖敌氛。

暹　罗

万里沧溟望渺绵,湄江风景接川滇。诗心断岸潮千尺,酒梦深宵月一弦。胸荡烟云长扑地,目穷波浪远连天。独怜佞佛斋僧外,不究齐家治国篇。

---

① 己酉本将题目改为“游西贡园林”。

敬次彭雪琴宫保师赠诗原韵①

探敌偏乘敌国舟,时有法公司船到西贡。澜沧江外溯双流。班生不信无奇骨,冯翼今思奋远谋。万里秋心驰鹿塞,卌年迂论划鸿沟。越王难絷冠缨短,惭愧终军志未酬。

【附录】彭雪琴宫保师原作②

陶斋观察宣勤王事,奔波南洋各岛,往返二万里,思作假虞之计,无如时移事易,今昔不同,谋虽成而不能行,诗以贻之,即希哂正,抑亦同深慨叹也。

远涉沧溟万里舟,一腔热血耿中流。洪涛百丈凭夷险,壮志千寻足智谋。拔剑有歌悲易水,击锥无地劈秦沟。归帆满载艰辛重,惆怅英雄愿未酬。

【附录】王爵棠方伯和作

万里重洋一叶舟,风前楫奋击中流。汾阳见虏非徒勇,德裕筹边是有谋。勋业只今怀马革,江山自古划鸿沟。天涯极目存知己,望重当时壮志酬。

---

① 己酉本将题目改为"次彭雪琴宫保师见赠原韵"。
② 己酉本将题目改为"附彭宫保原作"。

中秋对月有感再步彭宫保师原韵[①]

海外归来此系舟，银河无力挽洪流。光阴转瞬惊秋老，魂礧填胸仗酒收。任尔惊涛兼骇浪，守吾高垒与深沟。臣心皎洁原如水，未识何时壮志酬。

次李芷汀见赠原韵[②]

枕戈常待旦，草檄愧无才。长策三邦合，扁舟万里回。同仇谁作赋，誓众此传杯。马骨从隗始，黄金已筑台。

【附录】李芷汀原作

共建平戎策，应资拨乱才。万金挥手去，六贼夺头回。余在公幕中，见有以万金求荐承办闱姓，公义正词严却之。又有壮士欲劫九龙船厂法兵船，为九龙协所拿，公以其义愤械请释之③。励志频看剑，浇愁数举杯。登高怀古迹，更上粤王台。

---

① 己酉本将题目改为"中秋对月再步彭宫保师原韵"。

② 己酉本将题目改为"次韵和李芷汀"。

③ 己酉本将"为九龙所拿，公以其义愤械请释之"改为"为九龙副将缉拿，公以其义愤函请释之"。

敬次彭雪琴宫保师海南军次秋兴二十四章原韵[①]

抚时徒抱杞人忧,托迹天南愿未酬。海上长鲸犹跋浪,云中孤雁又惊秋。穷边只说传书定,前席偏烦借箸筹。独立苍茫搔首望,烽烟满目不胜愁。

荆棘当途见必删,高歌声彻大刀环。要知掷笔从戎去,当自搴旗奏凯还。才短只应勤补阙,时艰何敢慕投闲。桂辛荼苦都尝遍,独倚西风泪点潸。

壮志犹虚万里功,廿年萍迹逐长风。申江艇泛瓜皮绿,子夜书翻烛影红。世事变迁馀太息,人情反复少和衷。只今物理俱参透,失马何劳问塞翁。

岭南丘壑景偏饶,花木经秋色未凋。碧海寻盟鸥泛泛,丹林返照马萧萧。归根须识升沉理,采药应随朔望潮。魏伯阳《参同契》语。底事壮心犹未已,摩挲一剑尚横腰。

对此茫茫百感侵,更从何处涤尘襟。思亲梦绕云边树,忆远愁生月下砧。敢谓虎头符骨相,那堪驹隙掷光阴。越王台上闲凭眺,欲采芙蓉江水深。

寻源遥溯大江隈,行路难如滟滪堆。久识虫沙成劫数,何疑蜃气幻楼台。红河已撤屏藩险,乌弋曾闻贡献来。欲问当年荒服地,夕阳影里几徘徊。

---

① 己酉本将题目改为"次彭宫保师海南军次秋兴二十四章原韵"。

匡时敢谓竟无人，曲突如何未徙薪。堪叹羁縻先议款，那知边牧又扬尘。天涯空慨王孙草，泽国谁收楚客蘋。此日东南防御急，诸公莫恋故乡莼。

汉廷诏遣羽林郎，十万横磨剑拂霜。扼险借苏南越困，扶危莫赋北风凉。诡谋铸铁终成错，悔祸吞刀许刮肠。星斗一天辉太乙，张弧共拟射贪狼。

划断沧江铁索横，逍遥河上北宁兵。三边屡报前茅捷，一木犹支大厦倾。魏绛和戎原下策，杜陵诸将不平鸣。如何掣肘违方略，致使孤军计未成。

马江敌舰困英雄，且避行行御史骢。未敢鼓轮冲浪碧，突闻飞炮展旗红。兵船管驾张成请于督帅曰："敌已升红旗将发炮矣，我师各船宜令起锚御战。"督帅叱之，敌船炮发，我船遂没。三军指顾沉波国，廿载经营付海宫。纸上谈兵原易事，漫夸抵掌吐长虹。

诏起刘岷统六师，番民景仰汉官仪。心劳虎帐筹无计，险失鸡笼势更危。伏甲依山麾白羽，屯军筑室掌黄皮。《辽史·军志》有南北左右黄皮营，悉掌精兵。捷书飞奏天颜喜，敕赐金钱奖健儿。

尚书持节靖边氛，健笔如椽草檄文。巩固藩篱孰同志，兼资文武独超群。重门锁钥严防海，两粤苍黎慰望云。手握中枢操胜算，誓歼丑类奏奇勋。

韩范胸中富甲兵，力扶大局励丹诚。营屯细柳千军肃，品比寒梅一样清。手诏荣颁双凤阙，指挥静镇五羊城。水犀若早成精队，绝岛幺么已荡平。

每泛扁舟溯海滩，有时放辔试征鞍。六门形胜收重险，万里汪洋极大观。晓起雾蒙山瘴重，夜来风送雨声寒。勤劳王事惟公最，力疾驰驱意未阑。

不求丹药驻容颜,为念苍生切痌瘝①。间道预防趋剑阁,丸泥早已塞函关。戍军端赖民心固,转饷先愁物力艰。愿挽银河洗兵甲,凤鸣冈上勒铭还。

不计南洋路万千,图成王会是何年。自知蠡测难穷海,远历鸿荒别有天。列岛纵横犹鹿逐,旧藩积弱失鸡联。输他碧眼黄须客,夏木阴中骋锦鞯。

欲扶时局议征南,虎子还从虎穴探。铁舰浮江夸鸷猛,铜标侵界逞狼贪。兴戎倏又前盟负,伐寇今难大度涵。却笑边氓无远识,只知合十礼瞿昙。

曾从海外访同心,欲建奇功震古今。计袭昆仑凭智力,谋参曲逆听浮沉。声威终使蛮夷慑,挞伐方知雨露深。寄语旁观休太息,曲高流徵要知音。

击楫仍乘破浪舟,归程又溯大江流。千岩万壑图中志,蛋雨蛮烟笔底收。云水光中重洗眼,风波世上一回头。从今勘破人情险,不是同心莫借筹。

谁谓平戎措手难,出奇制胜有田单。凿山藏炮资防守,伏阙陈书策治安。勋业同时推李郭,文章千古继欧韩。西平草窃犹滋蔓,恶竹还须斩万竿。借用杜句。

白苹红蓼映秋江,铁笛谁翻塞上腔。肝胆待酬三尺剑,诗书悔负十年窗。奇才倚马诚难及,豪气元龙尚未降。蒿目时艰思献策,几回补牍对寒釭。

遭逢错节又盘根,清夜焚香告上尊。愿协同袍伸士气,欲驱异教扫尘昏。敢言水旱忧饥溺,且济刚柔互吐吞。自愧微劳何足纪,

① 己酉本将"为念苍生切痌瘝"改为"为念苍生久抱瘝"。

屡膺优诏九重恩①。

仗剑南归岁又侵，龙门倚托受恩深。平生不恋金银气，勇往徒存铁石心。几度上章蒙拔擢，一经推毂判升沉。春风入座频承训，建树何时遂寸忱。

衡岳钟灵迥异常，酒酣摇笔挟风霜。一枝不老分仙桂，四季长荣占佛桑。沧海珠光同皎皎，碧天琴韵自洋洋。任他百卉趋春色，独展葵心向太阳。

赠李次青方伯时同在海南军次

文苑曾推一代宗，衡湘灵秀至今钟。事征国史垂千古②，名记屏风眷九重。才士几人思附骥，鲰生何幸许登龙。吟怀借得江山助，瞻仰芙蓉第一峰。

英雄退步即神仙，宦海深沉亦偶然。裘带风流羊叔子，精神矍铄马文渊。忠贞许国承先泽，科第传家启后贤。共羡如椽一枝笔，百篇斗酒绍青莲③。

豪气元龙尚未除，才兼文武更谁如。十年辛苦曾磨盾，百战归来更著书。奇境丹山翔彩凤，壮怀碧海掣鲸鱼。重烦幕府参军略，未许归田赋遂初。

荧荧星影闪蚩尤，闻道西戎尚逗留。诡计纵能趋剑阁，要求漫许借荆州。天威会见平强敌，臣志原思障倒流。指顾功名书露布，

① 己酉本将“屡膺优诏九重恩”改为“屡膺优诏荷天恩”。
② 己酉本将“事征国史垂千古”改为“勋铭粤海垂千古”。
③ 此诗系己酉本所增。

烽烟万里靖遐陬[①]。

【附录】李次青方伯和作[②]

通德门高世所宗,海天磅礴秀云钟。片帆久已凌三岛,弱水曾经度万重。君遍游南洋各岛。作楫济川舟画鹢,君总理上海招商局。请缨防海技屠龙。彭宫保奏委粤防营务处[③]。男儿好揽澄清辔,立马东南第一峰。

羽毂飚轮驶若仙,御风列子善泠然。鲸呿已报吞诸郡,骊睡还思探九渊。君潜赴西贡察看敌情。象纬能推原古法,地图有说本前贤。火攻作俑天应谴,何术能生钵底莲[④]。

郑崇豪气未全除,门市心原白水如。汉代谁陈盐铁论,樊川新著罪言书。君近著《易言》论洋务。防秋力扼当关虎[⑤],砺刃谁惊跋浪鱼。先绪定承天北斗,履声橐橐忆当初。

蚕食狼贪各效尤,欧酋谁遣久勾留。伏波铜柱存交趾,陶侃旌幢镇广州。枢帅乘时张挞伐,宫保彭大司马。参军何幸得名流。君现奏委营务处。愿君早倚崆峒剑,早晚天威震远陬[⑥]。

---

① 此诗系己酉本所增。

② 己酉本将题目“附录李次青方伯和作”,改为“附李次青方伯和作”。

③ 己酉本将“彭宫保奏委粤防营务处”注文,改为“奏调来军”。改后仍为注文。

④ 此诗系己酉本所增。

⑤ 此己酉本在“防秋力扼当关虎”句下加“君论虎门不可不守”注文。

⑥ 此诗系己酉本所增。

寿龚蔼人方伯太夫人[1]

蓬莱仙子栖三山，潜修抱道武夷南。琼华翠羽蝴蝶扇，柳枝桃叶芙蓉簪。月满梢头花吐艳，倒吸醍醐醉半酣。散花天女环左右，一斗一华优钵昙。留形还望九十九，龙沙胜会君居首。普渡群迷大法船，提携端赖拿云手。今年五十遇安期，先驻玉颜娱寿母。寿母康强王母同，蟠桃共酌鸿濛酒。

挽张靖达宫保师

天容黯淡大星沉，此日三军恸不禁。朝夕饮冰严素志，从容运甓励丹心。东山再起云霓望，南海重临雨露深。未灭匈奴遗恨在，渡河空使泪沾襟。

阅洋报论欧洲官兵在亚阿二洲杀人掠地感而赋此[2]

日月无私照，君何畛域分？下民殊五种，上帝视同仁。黩武非仁泽，佳兵起恶氛。皇天惟德辅，大道本无亲。霸业看罗马，愚黔

① 此诗系己酉本所增。
② 己酉本将题目改为“阅西报论欧洲官兵在亚非二洲杀人掠地事”。

笑暴秦。须知抚则后,慎勿虐其民。讳疾人皆侮,要求国更贫。王师不嗜杀,普告大将军。

海南军次祝彭雪琴宫保师七十寿辰①

衡岳钟灵等降申,文章经济自超伦。旂常已著千秋绩,栉沐犹勤百战身。报国誓期心似水,登台喜见物皆春。荣膺异数褒元老,共羡天章锡紫宸。

万钟于我又何加,垂问民艰每驻车。春兴几教消曲米,冬心长与寄梅花。不求海外千年药,虚泛河源八月槎。一到元亭声价重,执经问字许侯芭。

兵备叹并小序②

尝闻泰西水陆兵官,皆由大书院韬略馆出身,考取超等,入营历练数年,乃授以官。虽陆军老将不能调充水军。庚辰春,邝容阶司马归自美国,出其所得美国水陆军书院章程,急与译出,缮呈南洋大臣曾宫保、署北洋大臣张制军,以期奏请饬行。庶人材辈出,富强可待,久未举行,感而赋此。

兵可百年不一用,不可一日兵不备。版泉涿鹿自古闻,揖让唐虞偶然事。迂儒藉口说弭兵,曾不闻轩辕黄帝。非得握奇营卫术,

---

① 己酉本将题目改为"海南军次祝彭宫保师七十寿"。

② 己酉本将"并小序"改为"并序"。

何能划灭蚩尤还太平。后此征诛尤可数，太公鹰扬手把黄金斧。汉高崛起诛暴秦，将非韩信焉用武。笑杀宋襄假仁义，摈却奇谋多腐气。不鼓不列乃丧败，后世英雄皆唾弃。堂堂华夏法周宗，数百年来文道隆。帖括之徒羞霸术，高谈不齿夷吾功。讵知尼山犹叹啧，微仲吾徒早见逼。道咸之季红巾起，行省纷纷被残毁。胡、曾、左、彭卓然出，训将练兵收祸水。那知外患自天来，海外九州又朋比。尝闻西法首武备，训将练兵极纤细。武备院，韬略馆，身非素习拔优列，不能妄把兵符绾。海军省，陆军省，人非夙学有专门，不能移补兼其选。立法堂皇有定章，取材公正无偏倚。所由将帅得其人，士卒知书亦娴礼。亲上死长复何疑，进奋死荣退生耻。历考俄德暨英法，水陆诸军各森立。同怀席卷囊括心，各有择鲜啗肥策。嗟我同舟亿万人，醉生梦死犹如昔！忆昔曾翻西旅法，分门详述无庞杂。呈之大吏吁采行，庶冀苏我膏肓疾。何期历久竟无闻，视等空言兔园册。嗟乎寸心不死一息存，此论重为同志伸。輶轩倘有采风使，好谱歌谣达九阍。

送龚蔼人方伯调任湘藩

舣舟将溯洞庭波，咏古怀人著述多。霖雨久殷天下望，阳春试和郢中歌。南洋保障今移节，西域怀柔已息戈。和议初成犹反侧，比来消息更如何？

福慧双修证夙因，稼轩重见宰官身。忠勤久已推陶侃，黎庶犹思借寇恂。遍听去思传道路，迭承画策起沉沦。知君早悟元来性，功德池边洗六尘。

香港差次感作[①]

投笔纪从戎,曾任营务职。忘身探虎穴,立志平蛟窟。勇士愿捐躯,将军恐未得。归舟游海南,捧檄援台北。小丑复跳梁,孤鹤垂羽翼。知彼始知己,在谋不在力。岛屿势难守,虎狼心叵测。下策思濠镜,濡毫告相国。

高丽使臣鱼允中李浣西来购《易言》并询治策书此代柬

尧舜秉至公,无为天下治。嬴秦虽至强,徇私亡国易。所以贤君相,孜孜为民计。民强国自强,道由策富致。致富勿愚民,广学开其智。舍此国必衰,贤者皆避位。威武不能屈,直臣谏而死。叵奈谄佞臣,偷生溺富贵。秦桧与严嵩,青史严击刺。《易言》惭管窥,宗旨亦如是。远询杞忧生,聊达区区意。

① 己酉本将题目改为“香港差次作”。

贺彭雪琴宫保师凯旋排律四十韵[①]

卓矣彭夫子，清名世所推。功勋齐左、李，德业继皋、夔。蓉秀衡峰毓，芹香鲁泮披。雄才原应运，伟略藉匡时。措置先江表，恩威暨海陲。冰心常自励，铁面本无私。秩已青宫晋，家犹白屋卑。急流能勇退，好爵不虚縻。一旦奔狼起，重关策马驰。阴谋肇南越，背约抗西夷。及此伸天讨，相将振地维。分营崇壁垒，合力固藩篱。温诏催移节，炎方往视师。韬传新虎豹，部整旧熊罴。首策筹糈饷，徐严塞漏卮。长城须保障，大局识安危。将帅昭明察，奸徒敢暗窥。夕昕诚独布，遐迩境全绥。弱质承培植，铨材乏报施。封章邀鹗荐，密计念鸿慈。乌弋探骄虏，黄金结健儿。远方洋利涉，荒服国攸资。敌势睹恇怯，民碞戢险巇。叠编存日记，单骑叱风追。嗣奉援台檄，偏稽鼓枻期。积嫌宵小忌，重累友朋贻。异域嗟身系，穷途慨数奇。脱骖恩代赎，揆理义当辞。蒙公以洋银四万助偿洋款，力辞弗受。既慰云霓望，同沾雨露滋。犬羊群并竞，鹅鹳众堪麾。爪士军容肃，肤公妙算持。攻坚纷赤弩，报捷走红旗。共握图形笔，俄传敛手棋。和戎洵下策，纳款见良规。孤愤书频上，勤劳体素疲。帛铭偕竹勒，衿契托梅知。归隐容张翰，羁游薄范蠡。趋陪叨乐岂，阔别倍凄其。善自丹丘养，弥深绿野思。高山殷仰止，聊上寄怀诗。

---

① 己酉本将题目改为“贺彭宫保师凯旋排律四十韵”。

自遣

漫说千秋业,扁舟泛五湖。身心犹是幻,富贵亦何娱。听水知琴韵,观星展易图。醉来花下卧,黄鸟莫相呼。

游罗浮舟抵石龙登岸口占①

扁舟晓泊石龙边,由省城晚渡一夜到石龙。远见罗浮半插天。新试篮舆登绝顶,白云深处认仙缘。

游罗浮②

罗浮自古多神仙,四百青峰高插天。少时梦想不能到,五十方快登陟缘。策杖拨云识古迹,台登华叟看飞泉。华叟台边千寻瀑布。石柱铁桥亘空碧,铁桥石柱人迹罕到。黄龙白鹤相高骞。龙鹤两观。飞云上界出天外,飞云最高。俯视列峰大如拳。万松月上朱明洞,归访稚川论汞铅。

---

① 此诗系己酉本所增。

② 此诗系己酉本所增。

早秋病居感怀[①]

热血填胸独自醒，夜来闲步到中庭。草间蛩响秋三径，帘外山衔月半稜。病久渐能知药性，愁多端合念心经。班生不遂封侯愿，要学钟离事炼形。

晚　眺[②]

海天北望片云阴，芦管谁为出塞吟。十万征人齐堕泪，秋风肠断捣衣砧。

中日变法志感[③]

东瀛患贫弱，发愤欲维新。选招佳子弟，负笈到西邻。学优归故国，升迁作元臣[④]。变政知先后，利弊烛如神。吾华惟泥古，八股为儒珍。肄业美国者，废为闲散人。所学非所用，强弱此中分。

① 此诗己酉本未收。

② 己酉本将题目改为"北望有感"。

③ 己酉本将题目改为"中日变政志感"。

④ 己酉本将"升迁作元臣"改为"特擢作元臣"。

挽彭刚直太保师

金田潢池动鼙鼓,群盗响应延九土。曾侯练兵驻衡州,公以诸生入幕府。戈船转战趋秣陵,翼长洊擢节钺膺。左、李、胡、杨共努力,翊赞景运成中兴。制胜先扼石头城,断绝资粮贼呼庚。十年逋寇一朝灭,功成湘乡弟若兄。长封彻侯季封伯,兼圻重任踞南北。将相峻秩博酬庸,公独萧然若闲客。非不世职锡轻车,侍郎宫保视若虚。翠翎双眼鹅黄褂,节制封疆辞弗居。平生志不存高官,戡乱心矢一寸丹。不贪钱财不怕死,此语早已闻朝端。巡视长江重防务,修造机器材艺聚。雷轰电掣标新奇,不废琴棋与诗句。能绘竹石笔苍老,书画偏兼苏米好。西湖曾筑退省庵,栖隐孤山恨未早。忆余少年衣惨绿,谒公笑容宛可掬。但思配食水仙王,冬伴梅花秋伴菊。维持大局号健者,殊恩特晋大司马。法夷叛盟侵越裳,奉诏遄征单舸下。羊城三载治海防,强敌不敢窥粤疆。猥蒙奏调襄戎幕,探骊独舰浮澜沧。惜哉谋成事复翻,青眼相看未报恩。书上万言终不果,竟如所料失边藩。升沉得失原有数,备历艰奇志犹存。俄闻我公箕尾骑,九重震悼敷纶丝。饰终渥典谥刚直,热肠冷面均深知。在公不负为良臣,史笔纪载勋炳麟。嗟我夹袋名徒预,犹是天涯蹭蹬身。从此哭公泪如水,斯世滔滔吾安倚。

恭挽醇贤亲王

王以帝父尊，黼扆受付托。出入长信宫，懿旨奉帘幕。谦冲秉至性，几揆由见灼。创议立海军，备御岛氛恶。才俊充幕僚，枢机绾台阁。不侵当事权，藩邸甘寂寞。训练求精纯，规模渐恢廓。威信著瀛海，虎狼折断颚。岂期谢人寰，天柱失乔岳。哀痛彻九重，庙算谁商榷。忆昔寄温谕，万里知强弱。蒙寄谕侦探边情随时电禀。奉檄访奇器，军械为筹度。献以德律风，电线从此作。锡之珊瑚顶，辞以福命薄。惟恃清慎勤，藉答高兴博。铩羽困香江，数问今何若。余因太古事久羁在港，闻数问张侍郎、郑道现在何处。深渐处囊锥，勿笑羊公鹤。

答沈觳人太史沈味畲孝廉论万物备于我

万物备于我，言赅寓意深。圣凡分淑慝，理欲辨人禽。云叶封山影，风萍曳水心。数椽居陋巷，片月揭空林。道悟鸢鱼趣，言诠药石箴。反身有真乐，太素是知音。

挽唐景星观察

绝人才识济时心，新法旁参用意深。万里风云腾骥足，一时声誉满鸡林。闽疆独挫天骄气,象译全通海国音。商务肇兴功不泯[①],凄凉身后费沉吟。

挽家玉轩京卿

文经武纬震荒遐,机杼新成自一家。缟纻联欢交近古,衣冠论族胄参华。运筹早著千秋绩,持节遥通万里槎。回念生平知己感,遗书检读每咨嗟。

重来沪上有感[②]

重游海上溷风尘,转眼烟光又一新。蕉叶饮来浇礧魂,梅花开后倍精神。长思广厦延寒士,愧乏绨袍赠故人。劳怨不辞安我素,空囊任笑阮郎贫。

达人处世贵知微,躁进梯荣古训违。镇静谢安能退敌,寡言周勃转忘机。悟来道妙头头是,过去光阴事事非。熟读南华明变化,大鹏斥鷃可同飞。

① 己酉本将“商务肇兴功不泯”改为“矿务轮船功不泯”。

② 己酉本将题目改为“重至沪上有感”。

挽李秋亭太守

羡君才智出寻常,驰骋花骢愿稍偿。气识金银资地利,道通沙漠辟天荒。千秋业已垂青史,一字褒须定紫阳。逾格恩荣谁得并,侧身宇宙感茫茫①。

筹赈感怀②

人生如梦幻,富贵等云浮。惟立功德言,令名垂千秋。嗟彼贪墨者,好利工阴谋③。大则肆鲸呿,小亦较蝇头④。历年秉权利,聚敛谋为优。通同互渔利,干没一网收⑤。爱财重于命,头白心未休。不虑刑罚加,难逃神鬼仇。且为异族诮,抚膺诚可羞。无非为子孙,甘作马与牛。鬼伯忽相索,寂寞归山丘。后嗣罔知艰,冶游趋下流。有时招淫朋,挟妓登酒楼⑥。千金作孤注,一掷如轻沤。衣裳贱罗绮,食品厌珍馐⑦。烟土霾孔窍,形状讥沐猴。铜山一朝尽,

① 已酉本将“逾格恩荣谁得并,侧身宇宙感茫茫”改为“忆昔邀同筹义赈,仁声早已播遐方”。

② 已酉本将题目改为“晋豫奇荒与严佑之谢绥之筹赈感怀”。

③ 已酉本将“好利工阴谋”改为“徇欲工阴谋”。

④ 已酉本删去“大则肆鲸呿,小亦较蝇头”两句。

⑤ 已酉本将“通同互渔利,干没一网收”改为“锱铢必计较,大小一网收”。

⑥ 已酉本将“挟妓登酒楼”改为“挟妓博歌讴”。

⑦ 已酉本将“食品厌珍馐”改为“食品厌珍馐”。

落魄谁相赒。生计日以蹙,蒙袂学黔娄[①]。何如行善举,慷慨法欧洲。家财千百万,不为儿孙留。或设大书院,或创育婴楼,或建工作厂,或为医院筹。人爵何足贵,天爵胜王侯。自愧谋生拙,立志学庄周。俯仰期无怍,未能遂所求。晋豫洊奇荒,饥民泣道陬。筹赈设公所,登报告同俦[②]。杜陵千间屋,白傅万丈裘。怀此区区意,穹苍眷顾不?倘逢回道人,挥手从之游。乞赐点金术,博施遍九州[③]。丹财何日得[④],宏愿何时酬。哀鸿满中泽,白日天悠悠。

泰西各艺专门大书院博物会机器厂养贫工作所皆富强始基余于戊寅年筹赈条陈当轴未行书此志感[⑤]

泰西大书院,富强之所基。肄业分数途,中各有名师。机器求新巧,讨论日孜孜。各艺俱有社会。心裁果独出,国家与维持。专利若干岁,他人莫仿为。于国有大益,定例奖厚资。日新而月盛,百物足自资。人材从此出,习俗可转移。工商日益旺,府库馀度支。器不向外购,尤能塞漏卮。别有工作所,专教贫家儿。人各习一

① 己酉本将“蒙袂学黔娄”改为“蒙袂趋黔娄”。

② 己酉本将“筹赈设公所,登报告同俦”改为“筹赈集同志,严(佑之)谢(绥之)相绸缪”。

③ 己酉本将“杜陵千间屋,白傅万丈裘。怀此区区意,穹苍眷顾不?倘逢回道人,挥手从之游。乞赐点金术,博施遍九州”改为“铁泪图刊布,仁人得阅不?成仙真捷径,富贵濬源头。刊送《铁泪图》、《成仙捷径》、《富贵源头》等书。安得点金术,博施遍九州。穷者授以艺,化宇同优游”。

④ 己酉本将“丹财何日得”改为“法则何日得”。

⑤ 此诗系己酉本所增。

艺,糊口免仳离。国民无游惰,教养实兼施。此虽泰西法,不啻考工遗。曩曾请当轴,创建勿迟迟。各省能仿行,不难振宏规。奈何浅尝试,所获仅毛皮。时艰今孔亟,蒿目不胜悲。民愁生计绌,国困势亦危。惟冀神丹术,点化遂所司。富贵非吾愿,聊将答圣慈。

祝王爵棠方伯六秩寿辰①

尚书耿介素超群,退省庵中研席分。肝胆谊兼师与友,齿牙慧借我知君。提戈曾拟氛除海,持节俄经位隔云。初度喜逢元旦贺,鸢肩火色醉颜醺。

乡关琼岛煽烽烟,此地迟君一著鞭。豸服身披偕沐宠,熊辕印捧遂分权。香薰袖稿三更月,酒滴襟尘万里船。回忆江干频握手,固知名拟勒燕然。

铜柱双标镇越裳,念随星使画封疆。银簪叩鼓收飞獠,金叶堆盘却犇娘。扼险暗除蚕食爪,持平显折虎眈肠。口争笔战非容易,忆否吴淞盛孝章。

檄草黔阳盾罣磨,箧藏书剑渡滹沱。幽燕北览疮痍痛,吴越东游感慨多。刀挟孟劳添壮胆,书贻赞普触悲歌。朱戟瘴雾身频冒,可奈忠臣马伏波。

---

① 已酉本将题目改为“祝王爵棠方伯六十寿”。

答黄幼农黄花农蔡毅若岑馥庄观察论时事[①]

国以民为本,民以财为天。彼族夺我利,有如蝇趋膻。漏卮不能塞,讵惟鸦片烟。出口税偏重,进口税多蠲。洋行洋船食物用物皆无税。既占江海利,更垂矿路涎。拒官恃入教,改籍为逃捐。怀柔成要挟,交涉事颇偏。利源皆外溢,喧宾夺主权。华例严且重,两例轻而便。工商居彼土,被逐难少延。邦交果如是,公法岂其然。耻惧不若人,科制变宜先[②]。议院未能设,舆论须参研。商律固宜定,报律亦当编[③]。商董书准上,利弊无不宣。群黎须教养,义塾开万千。更建大书院,聘彼名师传。程式仿英法,所学贵精专。人才日蔚起,制造万物全。变政如彼德,外侮自泯焉[④]。富强从此卜,商战共筹边。

闻中法息战感赋[⑤]

牢补亡羊尚未迟,农工商是富强基。强邻环伺犹堪虑,当轴因循岂不知?贾谊上书惟痛哭,班超投笔莫怀疑。疮痍满目凄凉甚,

---

① 己酉本将题改为"答黄幼农黄花农蔡毅若岑馥庄四观察论时事"。

② 己酉本将"科制变宜先"改为"科举变当先"。

③ 己酉本将"议院未能设,舆论须参研。商律固宜定,报律亦当编"改为"议院固宜设,宪法亦须编。律例无偏倚,中西盍共研"。

④ 己酉本将"变政如彼德,外侮自泯焉"改为"变政如明治,外侮自泯然"。

⑤ 此篇系己酉本所增。

深盼回春国手医。

蜀江杂咏

水浅波平露石滩，往来舟过尽心寒。使君速为平滩险，免得人歌行路难。

崖崩峡断疑无路，水绕山环又一村。相约结茅同面壁，白云深处有桃源。

推窗满目尽稊田，罂粟花同麦秀妍。三五人家烟树里，隔江频唤卖鱼船。

新　滩

大禹疏岷江，凿山通大海。尚留斧削痕，色泽成苍霭。连山多宝藏，独惜无人采。堪笑江心石，俗谓天主宰。新滩最难行，急溜建瓴水。土狙引为利，有司莫能改。谁当平此患，功德垂万载。

洛碛舟中听雨

暴雨连宵涨碧溪，江流如箭没平堤。扁舟只在寒烟里，巴蜀云山一望迷。

和吴瀚涛大令蜀江杂咏原韵

蜀道难行信不诬,山重水复断平途。上滩越岭须牵缆,一叶轻舟数十夫。

两岸高低尽石田,茶亭酒市傍江边。老夫稚子滩头坐,待唤牵舟得几钱。

砥柱中流浊浪多,刚肠如铁奈人何。半生历尽风波险,河伯休扬水上波。

十二峰高碧汉齐,一弯新月草萋萋。山头神女今何在,惟有猿声不住啼。

月见庚方气象新,笑看牛女倍精神。滩声恰似初潮水,坐待渔翁钓碧鳞。

得脱危滩水火惊,同舟相庆到酆城。那知菱角遭芒刺,风雨潇潇石上行。舟插菱角石上而沉,幸登石上,时有风雨。

底事酆都破客船,前生石上有因缘。欲除三峡行舟险,早制飞轮渡锦川。

化险为夷各有神,但凭忠信历艰辛。祝融风伯休相试,我是英雄退步人。

巴　峡

巴山如削势嵯峨,峡口滩头怪石多。水起盘涡成骇浪,舟人摇橹唱哈呵。

巫 峡

蒲帆飞度靖江边，莺粟花开一望田。峭壁苍岩疑积雪，危滩急浪打行船。推篷欲看兵书峡，欹枕遥听瀑布泉。十二巫峰云外立，高唐何处觅神仙。

万县作

电信惊传病倚闾，渝江游子怅何如。归程恨乏双飞翼，梦里还家问起居。

云江十八寨

崇山峻岭尽犁田，顶筑碉楼避贼年。富国还期开矿产，好栽莺粟更栽棉。

桓侯庙

桓侯威显震云阳，本朝加封威显二字。祠墓长留俎豆香。千古桃园谈汉史,吴宫魏阙几沧桑。

将至渝城有感

渝州门户万千重,不假丸泥势足封。形势俨然天堑险,只愁蠢伏有宵虫。

身如舟楫心如舵,天外风云变幻多。吩咐滩师齐努力,狂澜倒泻奈吾何。

尘魔三战上沱江,铁骨冰心总未降。要乞王乔传秘箓,丹成普济世无双。

身求无漏偏多漏,心欲清闲总未闲。债重家贫亲老病,滩流难洗泪潺潺。

笑看钟鼎若浮云,念切餐霞志不纷。但得神丹坚骨髓,愿挥慧剑扫尘氛。

月夜舟泊渊溪

四面青山起暮烟,一轮明月上篷船。日行百里风相送,舟子贪天索酒钱。

同剑华望峨眉

风波历尽访神仙，梦醒黄粱廿四年。曾客燕齐游北岳，重来吴楚入西川。遍寻紫府求丹饵，欲炼黄举结善缘。翘首峨眉同顶祝，相期接引大罗天。

读《管子》有感

非富不能强，非强不能富。富强互为根，当国宜兼顾。贤哉管夷吾，相齐知所务。武备固讲求，工商亦保护。贵以民为天，教养无弗具。试看中与倭，盛衰知儆悟。

挽龚蔼人方伯

红尘谪堕上清班，雅量鸿才不可攀。生有自来辛弃疾，殁应高卧武夷山。学仙岂止能行善，得药方知可驻颜。撒手何期先出世，令威化鹤几时还。

次谢绥之直刺见赠韵

紫气如龙隐剑池，行藏用舍两相宜。东山高卧苍生望，上蔡穷经俗学医。循吏鉴成辞辟召，流民图就感疮痍。纷纷筹算头颅秃，愧和飘然白雪诗。

双丸如毂转天池，矫首蓬壶一怅思。人到中年常念旧，友称同调惯轻离。料无铁券酬勋业，急炼金丹救老衰。盛世巢由今有几，耦耕莫负太平时。

《盛世危言》付梓书感

清夜焚香叩上苍，危言十万播遐荒。平戎未遂班生志，甲申年奉檄谋袭西贡，已密约内应邻援，因谅山兵败饷绌中止。上策还同贾傅狂。内患外忧萦绻绻，天时人事感茫茫。中书粉饰今应变，请诵绸缪未雨章。

五十自述

忧患原从读书始，争名必朝利必市。缅怀端木真英雄，货殖犹能师孔氏。乃弃毛锥作浪游，南极诸番渡海艘。只恐空囊诮酸腐，何须射策求封侯。斯时薄海多水旱，疮痍数廑宸衷忧。贱子毁家创急赈,金钱屡代水衡筹。见义勇为自吾分,贪天敢为公卿羞。纷纷荐剡来相属,长揖笑辞万钟禄。扶危济困倾丹忱,何劳轩冕判荣辱。京邸贤王真佛子,廉能柄国心如水。冲怀独许郑当时,醇亲王檄委坐沪采办神机营军械并侦探中外军情。奇谋至计遥相委。德律风传百里音,电杆线捷飞轮驶。二者均关军国谋,却召鄙人为佐理。功成又拟锡崇衔,仍执初心谢宠颁。醇贤亲王委办德律风,及电线百里安设内城,拟奏锡藩司衔亦辞未受。惟冀自强风气变,岂辞猿鹤别青山。衮衮诸公事延纳,利器遥供边士甲。雷霆一震蝼蚁灰,策勋又辱中丞牒。转漕设电复年年,例保都贻亲旧铨。无何烽火南天开,楼船铁舰蔽海来。仓皇特奉彭钱檄[①],召图防海收边才。一舸迢遥走南越,誓拚肝胆摧强敌[②]。壮志将伸奇祸临,当时枉掉随何舌。魑魅忌人烈士悲,穷通憎命英雄泣。左骖解赎非无人,知己者伸不知诎。卅年倒颠浑如梦,云扫天开忽空洞。朅来复作海上游,知交零落如潮送。自顾头衔亦偶然,他人诮誉何轻重。不费大官三寸牍,未縻朝廷一钱俸。我官自致非钻营,巧宦只堪刀笔用。吁嗟乎!好官不过多得钱,以钱得官官愈贤。觉来参彻浮生理,得失荣枯一任天。

题王爵棠方伯诗集

英雄肝胆才人笔,何幸于君两得之。痛哭长沙馀涕泪,罪言杜牧老栖迟。濡毫抵掌谈当世,佩玉簪琼放厥词。却笑吾衰甘道隐,

① 己酉本将“仓皇特奉彭钱檄”改为“仓皇特奉彭公檄”。

② 己酉本将“誓拚肝胆摧强敌”改为“誓拚肝胆间强敌”。

坐看鹏翼奋天池。

治乱歌

春夏秋冬天行健,治乱兴衰世事变。剥复乘除造化参,十二万年可推算。稽古帝王载青史,揖让之后事征战。武备干戈戚钺扬[①],长技雕弓挽羽箭。伏机飞石谓之炮,精益求精不复见。曾闻元会交午正,职司炎火掣雷电。争地夺城血膏野,一将功成万家怨。抚我则后虐则仇,民为邦本权独擅。烂柯山中观弈棋,一局未终世已换。自从欧洲开衅端,通商传教贻隐患。彼族恃强多挟制,其心叵测毒焰煽。穷兵黩武苦苍生,巨炮驾轮发炸弹。合阵分围无不摧,辟历横飞任縻烂。五言试帖八股文,陈陈相因肆点窜。共知所学非所用,时运亨通擢仕宦。羊质虚蒙虎豹皮,狼贪窃玷麒麟楦。上下隔阂不相通,官吏权重民太贱。铁聚六州铸一错,太阿倒持人心涣。群雄环伺患已深,重门洞开难守捍[②]。诸公衮衮立朝端,结舌无人贡直谏。若再因循守旧章,裂土瓜分知不远。惩前毖后量是图[③],借法自强可弭乱。补偏救弊勿迟延,转祸为福自安奠。兵凶战危古所戒,一视同仁荷天眷。以德服人邦必兴,作歌敬为天下劝。

---

① 己酉本将"武备干戈戚钺扬"改为"武备干戈秉戚钺"。

② 己酉本将"羊质虚蒙虎豹皮……重门洞开难守捍"改为"只贪禄位不爱国,视民如仆雄顾盼。宪法不行专制严,官吏权重民太贱。妄谈国政罪重科,上下隔阂人心涣。群雄环伺机纷乘,重门洞开难守捍"。

③ 己酉本将"惩前毖后量是图"改为"惩前毖后是良图"。

阅万国史记感作

粤稽上古达民权，尧舜无为重择贤。专制不从平等政，普天那望大同年①。

欧洲议政院无私，究竟君民共主宜。试看富强英吉利，女皇端拱扩洪基。

万姓脂膏奉一人，穷兵黩武不行仁。欲吞欧亚愚黔首，那悉亡如二世秦。

挽谢绥之太守

言坊行表是吾师，畴昔分明梦见之。揽辔长忧天下事，立身早与古人期。可堪歇浦回帆日，正是吴门撤瑟时。谁信索居成永别，开缄重读寄怀诗。

汉阳差次祝安徽抚院邓小赤师七秩晋一寿辰②

九派江流阔，三阶日月明。重臣宜寿考，奇福备书生。南极腾

① 已酉本将“专制不从平等政，普天那望大同年”改为“平等自殊专制政，普天企望大同年”。

② 已酉本将题目改为“汉阳差次祝小赤中丞师七秩晋一寿辰”。

星霭,东风应琯声。民歌廉叔度,帝眷赵营平。北关随鹓序,西台听凤笙。一麾初出守,六诏遍巡行。挂豸黔山碧,开藩汉水清。波深云梦泽,春满阖闾城。左辅连淮泗,中权任老成。风霆瞻将略,节钺寄专征。入幕三千客,罗胸十万兵。仁恩春浩荡,威望岳峥嵘。周府新圜法,议铸银元。唐官旧水衡。农桑兴地利,食货洽舆情。刁斗森程壁,旌旗变郭营。整顿营规。天门形踞虎,洋舶势横鲸。忆昨开边衅,骄彝弃夙盟。百艘窥渤澥,一火照陪京。葛相惟挥扇,终军竟请缨。雄才关学问,国手辨输赢。天地轮双转,乾坤战一枰①。匠心通造化,商力括寰瀛。公利家贫富,民权国重轻。强分黄白种,长苦触蛮争。大局谁先识,危言本至诚。细流知不择,瓦缶竟高鸣。拙著《盛世危言》蒙公进呈御览。附骥怀殊遇,登龙仰盛名。跻山天觉小,观海水知宏。巨镇双鳌峙,狂澜一柱擎。难医惟干弱,无术起心盲。大易穷将变,同文学有程。议开西学堂。通才贯今古,挟策任纵横。麦气苍江远,松风白岳晴。著书追粤雅,馀事继皋赓。紫陛天恩渥,黄封帝赉盈。芝兰家秀发,槐棘世公卿。瑞景标铃阁,华筵照锦棚。蒸黎齐献颂,旨酒不辞觥。喜起明廷乐,追陪末座荣。盐梅有佳味,先兆协调羹。

自　警

郁郁涧中松,垂垂陌上柳。各自畅生机,赋性非比偶。一朝历岁寒,荣枯顿分剖。陌柳悉凋零,涧松耐长久。非关迁地良,自属

① 己酉本将“枰”改为“坪”。

得天厚。人生则不然，乾坤为父母。富贵与贫贱，曾不袒左右。修心可补相，积善得延寿。读书最有益，括囊期无咎。焚香告碧翁，慈俭慎葆守。冰心映玉壶，不使尘氛诱。道高魔愈盛，逆来且顺受。厌听鸦鹊声，自称牛马走。少壮弗努力，倏忽成老朽。有志事竟成，苦心天不负。【己酉本增：荣华有是非，莫若漆园叟。】日诵南华经，寓言震聋瞍。短梦破黄粱，浮云幻苍狗。逍遥以适性，超脱不蒙垢。但求药炼形，何必印绾肘。遐龄享百年，世间亦罕有。平旦发深省，试听蒲牢吼。聊赋自警诗，莫嘲郑歇后。

上礼部尚书孙燮臣师四十韵

辅弼瞻星纬，钟灵孕岳嵩。钧铨操六典，喉舌冠三公。缅溯清华胄，从知德业隆。钓鳌登上第，鸣凤集修桐。文运高门萃，琦材伯季毓。《说文》兼有，也读若聋[①]。三明宁足譬，二陆俪同工。雨露腾霄汉，风云会碧空。皇华标使节，将作咏车攻。竹木精神粹，虞衡考绩丰。俄迁台斗列，更序秩宗崇。括地寰瀛合，贪天敌患丛。戈船交瘴海，火器震穹窿。输翟传机巧，商韩背道盅。《老子》道盅而用之与冲和同意。飞邮挟雷电，织轨走星虹。彼益求精利，吾方病聩聋。陈言仍帖括，暮气鲜和衷。夫子匡时切，天阍抗疏通。遍征中外籍，期裨富强功。礼失旁求野[②]，心平识用中。丹铅环左右，图史索西东。铸物神奸鼎，求身正鹄弓。闻风起顽懦，沛泽化惛瞢。磺

① 己酉本将"《说文》兼有，也读若聋"注文删去。

② 己酉本将"失礼旁求野"改为"礼失能求野"。

朴罗金石,弧仪葡鋈乌酷切,白金也[①]铜。耳闻输目击,手敏贵心聪。更拟增黉序,多方诱学僮。象胥歧舌异,蛮草结绳同。硕画高千古,嘉谟协两宫。丝纶深倚畀,衮璪倏遭逢。经业商瞿远,勋名博望洪。如天膺帝眷,似水凛臣忠。猥负疏庸质,能知大匠宗。甄陶归化雨,薰沐仗春风。小善犹承录,卮言竟发蒙。雕虫心自苦,磨蝎命仍穷。慰远承瑶札,收名愧药笼。九州空铸铁,万里独飘蓬。不遇孙阳顾,畴怜卞璞终。羁栖䍐海鹖,景望隔烟鸿。脱荷施鞭策,宁知惜邀躬。门墙许亲炙,跋浪挂秋篷。

与西客谈时事杂感[②]

有客谈中华,隐抱腹心疾。厥弊误因循,凡事守迂拙。矿产富五金,匪独旺煤铁。虽有采办者,往往多牵掣。刻舟以求剑,胶柱而鼓瑟。粉饰每自欺,浮华难核实。群雄各觊觎,利权暗侵夺。俄德窥北辕,法日界南辙。英复图中央,围棋布子密。或借港泊船,或租地筑室。或司总税务,或代邮传驿。或为开矿谋,或为训士卒。铁路或包工,国债或借拨。措施靡不周,阴谋多诡谲。欲取故先与,亡本翻逐末。叵奈据要津,犹自耽安逸。无复计变通,只用羁縻术。厝薪卧其上,举火同迅发。其势必燎原,其间不容发。虎视兼狼吞,海疆终决裂。奋笔作此诗,字字含泪血。危言宜深省,聊用告明哲。

---

① 己酉本将"乌酷切,白金也"注文删去。

② 己酉本将题目改为"与西客谈时事"。

寄怀郑幼惺太守

投笔当年意气雄，曾随上相出关中。宝刀血锈芙蓉碧，战马秋高苜蓿红。已见中原平寇盗，那知东海启兵戎。好凭经济纾时难，夜半闻鸡起舞同。

上盛杏荪太常[①]

匡济宏敷举世推，殊荣特沛拜容台。洛阳贾傅频陈策，江左夷吾重理财。鹗荐不忘知己感，鸿砻深赖救时才。集思广益扶危局，会见英豪起草莱。

赠李伯行观察[②]

匡时学术济川才，屡向沧溟秉节来。象译华文胸毕贯，蟠根仙李首交推。五洲史略罗方寸，累叶英声遍八垓。相业韦平心法在，后先辉映指三台。

---

① 己酉本将题目改为“赠盛杏荪太常”。

② 此诗系己酉本所增。

赠经莲珊太守[①]

邯郸梦醒复何求,时事仍烦借箸筹。正气歌吟文信国,小心景慕武乡侯。棋非审定休轻下,策贵知幾莫浪投。晚节黄花期共勖,和光混浴免招尤。

题　画

小草倚高梧,当春恃颜色。西风一夜吹,摇落安可测。

题潘兰史典籍望罗浮图次原韵[②]

探奇曾蹑罗浮顶,一别梅花梦十年。仙蝶灵禽迎羽客,黄龙白鹤引渔船。欲从葛令参铅汞,闲与麻姑话海田。今日披图忆陈迹,寸心飞越碧云边。

---

① 此诗己酉本未收。

② 己酉本将题目改为“题潘兰史典籍望罗浮图次卷中韵”。

又题西樵揽胜图

探遍西樵胜，新诗压锦囊。悬崖飞瀑布，曲水泛流觞。岩壑开图画，烟波忆故乡。岫云闲不出，遮莫笑人忙。

汉阳差次得沪友书赋此志感①

世变书增订，忧深语更烦。士夫宜实践，经世耻空言。
制造需机器，借材异域多。不知优与劣，糜费更蹉跎。
邪正不相容，齿刚易损折。智圆行欲方，临事毋操切。
英雄多患难，忠直必招谗。举世谁知己，行歌泪满衫。

赠日本博士神保小虎高壮吉两矿师②

东海多佳士，欣逢两矿师。同游乌石岭，谈笑出瑰奇。
挟技游俄德，探骊绘有图。岂惟知矿产，形势见工夫。
中日关唇齿，如何据地争。善哉兴亚会，合从保升平。
螳黠笑蝉痴，俄吞黄雀口。那知报应速，猎士尾其后。

---

① 己酉本将“赋此志感”删去。

② 己酉本将题目改为“赠日本神保小虎高壮吉两矿师”。

海禁宏开[1]利权外溢甲午以后事变日亟盛杏荪京卿关心时局因赋长歌借相质证

上古平天下,默运四时序。内圣而外王,经文以纬武。治则用礼乐,乱则藉军旅。卿相握中权,将帅捍外侮。草檄夸倚马,贾勇矜搏虎。万国拜衣冠,两阶振干羽。足食兼足兵,能守亦能御。所以社稷臣,言必称伊吕。从来圣明朝,文武相夹辅。得人蛇化龙,失众虎变鼠。一部廿一史,治乱可逆数。熙朝承正统,功德迈往古。除暴一戎衣,辟疆定寰宇。宵旰总万幾,度支阜九府。四海宅平康,百辟寄心膂。科第虽得人,亦复重辟举。大将镇边徼,分界立铜柱。行人使外邦,折冲仗樽俎。一自海禁开,外彝肆跋扈。鸦片进中华,害人毒于蛊。何以塞漏卮,无复顾破釜。游历任侦探,传教多龃龉。不远数万里,逗遛西域贾。铁舰置炸炮,坚利莫能拒。诸将多退怯,盈廷气消沮。割地更偿费,痛深而创巨。叵奈当轴者[2],束手无建树。偾事误因循,寇将入堂庑。微臣独愤切,闻鸡夜起舞。为献治安策,条陈计有五。其一设学校,士途宜宽取。肄业专一门,材艺不逾矩。其二农工商,振兴有法度。丕但奖制造,西例:凡有制造新器给予执照,准其专利若干年,名曰丕但。矿务资铁路。其三练将才,兵强由将驭。巡捕兼民团,内地可安堵。其四制军器,

---

① 己酉本将“海禁宏开”改为“海禁大开”。

② 己酉本将“叵奈当轴者”改为“何以当轴者”。

工师慎选雇。弗受外人胁，腹省尤宜顾。其五定律例，中外无偏护[①]。日报与议院，公论如秉炬。时势今已危，奋发耐勤苦。文士弃帖括，武卒改石弩。内既平反侧，外可却狡虏。举国绝荒芜，机器襄农务。瘠土化良田，地利于焉溥。十载臻富强，同德慰君父。

鸦片吟

鸦片出印度，祸人比鸩毒。厥名阿芙蓉，本草曰罂粟。其性寒且敛，其味苦而郁。一自饵中华，吾民偏嗜欲。约计将百年，贻害何峻酷。烟管呼作枪，杀人乃削竹。初试小疾愈，久吸瘾已伏。一锅可消金，半榻还倚玉。瘾来时不忒，所需无此速。始则售衣物，继乃弃田屋。不念祖宗遗，讵顾妻孥哭。竟变黑心肝，复成青面目。瘦如鸡骨支，命仗鸾胶续。欲罢竟不能，身家从此覆。万事付蹉跎，一生委沟渎。苦海茫无涯，自愿寿限促。予久具婆心，长歌劝污俗。待集同志人，广设戒烟局。兼造挨户册，并绘图数幅。凡有烟瘾者，黑籍另编牍。贬之为下流，庶以判清浊。仕宦谪远方[②]，士子屏世族。商贾议罚锾，农工改衫服[③]。不许列衣冠，何啻羁牢狱。限以三年期，章程严教育。断瘾备良方，痛改自祓濯。如果能戒净，周易占来复[④]。邻右互保结，具状禀令牧。亲验良不虚，勾除

① 己酉本将"其五定律例，中外无偏护"改为"其五定宪法，律例无偏护"。

② 己酉本将"仕宦谪远方"改为"仕宦速休致"。

③ 己酉本将"商覃议罚锾，农工改衫服"改为"无论何等人，犯则称奴仆"。

④ 己酉本将"限以三年期，……周易占来复"，改为"限以三年期，痛改自祓濯。逾期不断瘾，罪罚以金赎。如果能戒净，方许食天禄"。

黑籍辱。尽扫云雾瘴,不唱相思曲。迷路肯回头①,终享清平福。振笔疾声呼,晨钟警梦觉。

悼亡②

多愁多病愿常乖,怕兆熊罴梦入怀。三索虚占千古恨,心香一片欲长斋。

相期凤卜百年谐,十载相随惬素怀。怕读微之当日句,伤心营奠复营斋。

道书欲购乏金钱,微夜同钞废食眠。何日丹成穷碧落,彩鸾双跨共升仙。

端淑无惭出大家,荆钗裙布谢繁华。我无内顾皆卿力,刺绣工馀又纺纱。

那堪往事重低徊,检点遗衣念剪裁。勤俭不难难不妒,小星相对有馀哀。

乙酉道经香港有感③

深感同人集巨资,为怜公冶困藩篱。竞辞高谊惊流俗,敢累群贤徇己私。一介自严存古道,二难愧附儆浇漓。彭宫保筹资代余赔太古杨

① 已酉本将“迷路肯回头”改为“迷惘肯回头”。

② 五首《悼亡》诗系已酉本所增。

③ 此诗系已酉本所增。

桂轩之累，余辞不受，人以二难见称。冰心自矢盟天日，杨震清廉是我师。

狂　吟[1]

不愿封侯愿学仙，周游世界历三千。龙沙大会期先赴，麟阁勋名振后贤。能止气球抛炸弹，全凭法剑靖烽烟。五洲震慑干戈息，行满功圆入洞天。

铁厂歌

泰西富强重煤铁，深山穷谷恣搜剔。地不爱宝用不竭，人定胜天恃巧力。经营伊始非草率，井井规模胡遗策。汉阳建厂地势卑，襄河水刷矶头窄。大冶采矿铁质良，转运终嫌一水隔。阴阳为炭造化炉，草木为焦山石枯。先觅煤源树根本，继开铁矿招丁夫。高管插天云雾涌，洪炉泻液雷霆驱。学步却笑邯郸拙，遗巨投艰动支绌。马山煤劣强开炉，烈炬烧天天且泣。器成价较西来昂，停工待料作复辍。洋匠挟制多纷更，总办无权费经营。翻译舞弊失物重，司农不允调水衡。斯时英雄气忽短，仰屋无聊但扼腕。奇谋猛得变通法，改官为商机可转。下走参读中外书，十载淞滨管船算。一朝骤迁将作匠，任劳任怨意相左。移炉就矿煤价廉，奉檄接办，查焦炭煤价太昂，请暂停，俟觅有佳矿自炼焦炭，添置化铁炉两座于矿山，价廉费省

① 此诗系己酉本所增。

必获利。事各专精无不妥。太常督办胆识优,只手相期挽逆流。彼族宅心既叵测,同舟时复操戈矛。热血填膺疾斯作,命危几赴修文约。幸知道术保天君,得免眚灾占勿药。何事残棋劫未休,不须按剑记恩仇。孤怀欲向苍天问,往事重提暮雨愁。依旧回帆游海上,寸心耿耿谢同俦。富强中国非难事,贻误当途肉食谋。

开矿谣

天惟养斯民,地不爱其宝。彭魄孕万物,坤灵名富媪。中土饶矿产,朝廷未稽考。寻𨥁与化炼,素患矿师少。多请矿师履勘各省矿产。兰山金刚钻,官民都不晓。贱售德国商,声名传八表。列邦更垂涎,风水难阻挠。借端肆兵威,踞地复骚扰。亟修卝人律,旧弊一切扫。章程仿日本,外人无轻藐。招商立公司,欲开先探讨。利重害亦多,办理须有道。太阿若倒持,徒为他人饱。国家当保护,派员察成效。地给有限数,不准索全岛。金银官自开,例非由我肇。守备乏精兵,家国终难保。譬如猎一兽,群犬共争咬。各国顾其私,漫谓真和好。时局正艰难,寸心常悄悄。末议如采用,举首望晴昊。

莫若篇并序[①]

群雄环伺,祸变靡常,中日虽和,时事孔亟,俄、德、法皆借名保

① 此诗戊戌本原无题目,现根据己酉本所加。

护,实欲借此要求;英、美日知大局攸关,尚在徘徊观望。睹兹危局,愤闷殊深,乃作《莫若篇》以质同志。

世态倏千变,国势处万难。邦交不可恃,奚以济时艰。重门竟洞开,兵弱财又殚。群雄肆蚕食,非分时相干。尚力不尚德,牵牛责蹊田。惟知忍耻辱,求成图苟安。狡哉俄、法、德,外仁而内奸。若不效比、土,覆辙蹈波兰。比利时、土耳其两国均为各大国联名保护,不致强邻殄灭;波兰恃俄交好,竟为俄与普奥所分。中国亟宜猛省,勿蹈覆辙。否则如埃及,亦失自主权。譬诸素封家,藏金箧笥间。扃钥不知取,负债救饥寒。慢藏徒诲盗,自弃良可叹。既知难固守,旧章须改蠲。莫若参外股,合力庶保全。得暇以图治,榷税助筹边。至于炼钢铁,制造枪炮船。总办既非任,工师才亦铨。器成价不赀,弊窦难言宣。技艺未深造,安能精且坚。莫若招彼族,承办几何年。期满则归我,庶可接心传。选丁习其学,格致务讲研。匪独济眉急,复杜人垂涎。智者识时务,莫谓此论偏。

赠日本驻沪小田切总领事论时事歌并序[①]

日本驻沪总领事小田切万寿之助,亚细亚协会人也。忧深虑远,睠怀大局,谓中国亟宜仿日本变法自强,勿念宿嫌,如奥之合德、意联英、日、美以拒俄、法、德。并承禀其文部,惠我日本文部第二十三年报、《教育法规类钞》、《大学一览》、《农商务统计表》、《陆军》等书,其伟论崇议与美教士福开森同。并谓宜效俄、日聘外国

① 己酉本将题目改为"与日本驻沪小田切领事论时事作歌并序"。

品学兼优、老成练达、退位之文部户部尚书来华,俾参知政事、振兴工商诸务,兼令各省广开大小西学校以育英材,自可苏民困而御外侮云。赋此长歌敬告当道。

小田切君人中杰,喝月驱云挥健笔。文心造凤振英奇,剑气化虹腾欻忽。奉命驻华授一官,秉正持平最称职。礼贤下士泯畛域,彼此推诚常走谒。睠怀时局意殷拳,肯为借箸代筹策。中国积弱不自振,何事忌医犹讳疾。不兴学校乏人材,仍守旧章募士卒。山矿况复富五金,恐泄风水不采掘。邻邦虎视而鹰瞵,迫欲瓜分肆饕餮。急宜变法图自强,痛除浮华务笃实。俄与德法已合谋,俄法联盟尤诡谲。中土若分日岛危,俄权已伸英利绌。欲筹良策保升平,除却联盟无他术。英美急宜合日中,同心拒俄毋分别。六国从成强秦孤,强秦衡成六国灭。中华官制异泰西,奏请朝廷当变易。文部专理学校事,商务货财均擘画。聘请欧洲退位臣,教育经营两裨益。开源节流通权宜,革故鼎新藉旋斡。中国果能急变法,免使强邻恣侵割。楚材晋用大可恃,衮职聊以资补阙。沧海何人挽逆流,冰霜有泪守亮节。仰天独抱杞人忧,铁如意击唾壶缺。谨为作歌告同志,时哉时哉不可失。

【附录】日本总领事小田切万寿之助和作[①]

郑君赠我诗十行,矫然健笔凌风霜。堂堂三百有馀言,掷地金石声铿锵。岂是寻常花月什,爱国衷情深且长。顾我徒抱杞人忧,十读君诗气激昂。聊陈数语代木瓜,岂谓与君相颉颃。忆昔圣祖御世时,威加海内及殊方。碧眼红夷争朝贡,羽毛齿革球琳琅。威

① 己酉本将题目改为“附小田切万寿之助和作”。

仪三千周礼乐，缥缃十万汉文章。春台坐登民物阜，当时气象何光昌。文恬武熙二百载，缔造之功今茫茫。火牛无人救即墨，胡马成群入龙场。谁能只手挽狂澜，眼见妖星躔畿疆。济时要策在变通，立国精神贵自强。御侮宜先整军实，裕财不外惠农商。迅撤关卡苏民困，忍使虎狼牧牛羊。敷求哲人资新政，勿任枳棘栖鸾凰。外交之道贵审机，机如毫发道康庄。运用在心敏在腕，弱能制强柔克刚。假道失国怜虞公，施仁殒身悲宋襄。殷鉴历历载在史，与乱同事罔不亡。君不见八岛十列星棋峙，东方有国曰扶桑。自昔徐福采药去，春风至今百花香。既同文字又同俗，同处亚洲其种黄。棠棣之华鄂不韡，凡今之世勿阋墙。早知鲁卫为兄弟，何忧秦楚乃豺狼。两国同盟万邦和，百政维新庶事康。呜呼我意止于此，知君不目我迂狂。掷笔四壁漏已沉，拔剑忽闻鸡声荒。还期从君清寥廓，云龙上下骖翱翔。不然咿唔成底事，对兹时局心皇皇。

不缠足歌并序

中国妇女缠足无异刖刑，为五大洲所未有，宜请奏禁，光绪元年所著《易言》三十六篇业已论及。今中外士商皆刊书劝戒，沪上不缠足会同志又拟公禀，乞南洋大臣刘岘帅、北洋大臣王夔帅、湖广总督张香帅、湖南巡抚陈右帅具奏，通饬各省，晓谕四民，由光绪二十年起不准女子缠足，违者不准诰封。如蒙准行，则闺阁中人皆当瓣香顶祝矣！歌以志之。

天生万物人最贵，乾父坤母为匹配。一从黄土抟成形，圆颅方趾同覆载。曾考古籍纪美人，德言容工并姿态。更无述及双行缠，不知作俑始何代。小人下达肆荒淫,独数裹足最残害。父母生女谁不慈,无辜受罪真乖戾。吁嗟幼女苦谁怜,不若葵犹足能卫。两端束帛紧裹缠,疼痛何殊加桎械。踯躅呼号弗放松,一任骨折脓血溃。纵使娇生步步莲,徒饰美观人半废。以大饰小更可憎,方寸之木衬袜内。矫揉造作积习深,人情天赋两违背。好德何如好色勤,红蕖一瓣明珠缀。踏破山河响屧声,从来妖艳徒荒恣。况因纤弱气脉虚,举止蹇滞行不快。倘逢意外兵戈起,穷谷深山难远避。剧怜无路可求生,只有束手待其毙。五大部洲环列邦,独恨中华困俗例。世祖曾经下制书,普谕海隅除疾废。奈何习染积太深,奉行不力沿其弊。洗污新德今有人,粤湘善士先立会。招集亲朋同志俦,女不缠足申严戒。挽回积习弱返强,佛口婆心经世意。寄语深闺诵此歌,苦海幸有慈航济。

劝各名医仿泰西预筹军中救伤会歌并序

泰西各国医士有红十字会,凡遇交战之时,会中医士雇工携药料追随营后,如有受伤兵弁,无论敌人亦皆舁回医治,敌人不准伤害,此泰西公例第一功德也,较散赈尤为难能。我中土当兹危局,群雄环伺,蚕食鲸吞,恐后来兵劫不免,吾侪既无权术挽救,惟劝各统兵官效法宋将曹彬不嗜杀人而已。且念中土医士尚无军中救伤会,倘有战事,西医只救洋人,我华兵伤夷不能兼顾,若待临时劝募,势恐不及,今请纠集同志先设医会教育人材,以备急需。如能及早预筹,则功德无量矣。

天发杀机星斗摇,地发杀机龙蛇超。人发杀机天地变,震离相配演易爻。午火司令载元会，化学精制磺和硝。古人长技借弧矢，出奇制胜崇六韬。后来创造用火具，烛龙燧象飞赤熛。快枪钢炮称利器，精益求精心独操。新式后膛更灵便①，进力能攻数里遥。电气闪光乌鹊坠，水雷激浪鱼鳖焦。巨炮置台守要隘，弹藏子药如囊包。大者计重数百磅，一发落地如雨抛。望远测量期必中，虽称捷足难奔跑。世间惨事莫如战，枪炮林中两阵鏖。死者肝脑悉涂地，伤者破损仆荒郊。旌旗已乱鼓声死，风云变色神鬼号。尸山血海最哀痛，家人剪纸魂难招。泰西医士树宏愿，红十字会名特标。凡遇两国有战事，追随军后不惮劳。并雇工人负药料，同人集资实惠叨。见有受伤之兵弁，轻者扶行重者轿。无论敌人概医治，推诚服侍药饵调。会中医士不准害，泰西公法特宠褒。方今时事甚危迫，群雄环伺气势骄。虎视鲸吞互猜忌，玉帛恐易干戈交。吾侪无术可挽救，仰首青天白发搔。深望统军行恻隐，不嗜杀人功德高。中国尚无救伤会，一有战事祸独遭。奉劝四方大医士，绸缪未雨同志邀。仿照泰西立善举，同仁一视推民胞。功德无量胜赈济，战士闻之胆亦豪。待泽孔殷速援手，皇天昭鉴沴气消。须谅苦心补缺陷，莫笑越俎代治庖。我作长歌为嚆矢，丙夜焚香盥手钞。

为刘康侯观察题彭刚直公画梅

纵笔肖直干，画梅如画松。诗吟冰雪夜，梦到罗浮峰。老圃警孤鹤，空山嘘蛰龙。瓣香感知己，千古仰高踪。

---

① 已酉本将“新式后膛更灵便”改为“新式后膛更灵快”。

挽蔡毅若观察

海天旭日瞰蓬莱,破浪乘风万里回①。象译备陈匡世策,鸿逵屡展济时才。厂司先后心同苦,境历炎凉志未灰。手检遗书重忆旧,吟秋一笛寄馀哀。

时事感怀

莽莽乾坤劫运开,悲歌斫地有馀哀。那堪国敝民凋候②,又见金戈铁马来。复古荆公成弊政,维新彼德是雄才。波兰印度前车鉴,势弱终为强敌摧。

天下安危资将相,古今屠钓有英雄。未闻北阙求神骏,怎见南阳起卧龙。鼓舞奇才须破格,扶持国运在和衷。朝廷此日求贤急,上策何人更效忠。

矿产欧洲日告贫,中华元气尚浑沦。惊闻西士筹分策,欲割东方据要津。铁轨纵横争建筑,练兵防守莫逡巡。势如一线悬危卵,日本伊相云中国现在情形,势如一线悬危卵。转弱为强在得人。

中华自古称天府,蒿目嗷嗷比岁饥。未讲农功兼牧事,谁明地利与天时。功参格致群生茂,器用机轮百产孳。毕竟齐民有要术,奉行贫富可推移。

---

① 己酉本将"回"改为"来"。
② 己酉本将"候"改为"后"。

折狱平反在律师，陪绅听审泯猜疑。案凭公断官无弊，供逼非刑吏有私。堪羡东瀛能变法，遂令西士服成规。政归一体无偏护，底事中华习不移。

步卒骑兵与海军，欲求纬武必经文。工程制造当精考，窥测舆图贵博闻①。广设学堂资训练，多延教习励辛勤。会看四亿黄人种，奋起边庭树伟勋。

读②《俄彼得变政记·日明治变法考》有感

证今考古事推评，英主何曾泥守成。天以艰难资振奋，世将中外合升平。卧薪尝胆师勾践，澇旧维新企汉京。此际朝廷求变法，可如俄日力经营。

亚细亚协会歌

地球全体若鸡卵，万汇芸芸悉寄寓。两仪一气畅寅生，八索九邱穷亥步。中华开辟时最先，圣圣相承纪临御。推此民胞物与诚，聿臻有道无为誉。海外高卑列万邦，两极四维分纬度。其中首出有神灵，各振乾纲辖臣庶。黄白红黑种既分，智愚妍媸品各具。用是互存歧视心，彼此划疆自党护。蜗角纷传蛮触争，龙池或被鲸鲵踞。治乱纷乘若弈棋，通变运筹为借箸。从来生民是邦本，本固邦

① 己酉本将“窥测舆图贵博闻”改为“窥测舆图博访闻”。

② 己酉本将“读”改为“阅”。

宁无远虑。果能亿兆同一心,纵有外侮可控御。纵横说辩薄苏张,史笔谨严重迁固。闲中开卷考前古,得人则兴失则仆。欧洲各国政事修,民富兵强耐劳苦。狼贪虎踞逞侵陵,航海梯山肆窥觑。自西徂东祸已萌,得陇望蜀心尤倨。中华边患更危迫,衮衮诸公未觉寐。棋低一着局先输,铁聚六州错先铸。若不发奋图自强,难免瓜分肆割据。吾侪深抱杞人忧,弭患广求多士助。日本早缔兴亚会,通达名流皆得与。中华仿立更推广,联合东洋互睠顾。弃嫌结好共良图,此是当今最急务。凡属亚洲有志者,皆准入会姓名署。同声相应同气求,惟直则举枉则错。内政外交悉讲求,官山府海有馀裕。同舟共济仗忠义,众志成城戒犹豫。悉泯畛域资匡襄,不使旁观[①]讥孤注。非常经济迈古今,从此亚洲延国祚。

答日本小田切总领事论亚细亚协会歌[②]

群雄兀峙五大洲,南争北战如春秋。奋起犄角共逐鹿,蹊田借口尝牵牛。俄若强秦肆兼并,英为东帝同齐侯。独逸日本呼德为独逸如燕法如楚,美方韩魏势力侔。中华贫弱莫并驾,奄奄日蹙成西周[③]。固守旧法昧通变,举朝结舌鲜忠谋。腹心贻患异疥癣,及早医治疾庶瘳。遇事因循顾眉睫,频年剥削财货搜。昏昏醉梦未觉悟,寇侵堂庑曾知不?西人著书无忌惮,痛诋支那懒且媮。虚生于世一无用,百炼钢化绕指柔。譬之淮阴遇恶少,胯下受辱曾低头。

---

① 己酉本将“观”改为“亲”。

② 己酉本将题目改为“答日本小田切领事论亚细亚协会歌”。

③ 己酉本将“西周”改为“东周”。

我侪赤手无寸枋，新亭对泣等楚囚。扫除积习期振奋，卧薪尝胆思复仇。连衡合从得休息，散从离衡兴戈矛。扶桑创立兴亚会，人材济济攀名流。中华不乏豪杰士，同声相应同气求。无论三韩与缅越，亚细亚属天一陬。唇齿之依各儆省，从今式好毋相尤。金城汤池固众志，自然外侮来无由。倘仍袖手任荐食，虢之亡兮虞亦忧。所谓同室不相恤，伯氏受欺仲氏羞。又如守望不相助，东邻被盗西邻愁。个中即小可喻大，齐家治国当预筹。春秋安攘有大义，从来休戚思同舟。愿联群策与群力，皇图巩固如金瓯。

励　志

正气留千古，忘情物累无。身心与性命，日下死工夫。

素位行其事，穷通听自然。任他云影乱，不碍月婵娟。

修真师抱朴，相地慕�松。勉力承先志，无惭夙所宗。

程品分万殊，自顾居何等。譬如陟罗浮，会当凌绝顶。

时事孔亟殊抱杞忧妄陈管见以备采择

溯自道光中，粤东海氛煽。敂关请互市，轮舟逼江岸。疆吏遽仓皇，恇怯不敢战。夷情事狡狯，沿海悉滋蔓。巨炮飞霹雳，弹丸集雨霰。我军忽惊逃，弃甲同鼠窜。叵奈议和者，立约太不善。通商五十年，陵谷屡迁变。民教常构衅，其势若冰炭。有司畏多事，莫敢照律办。草草求了结，往往遂彼愿。动辄肆挟制，国体多轻嫚。冤屈不能伸,民心渐涣散。上下日相蒙,只知防内乱。驱民致外向,失势尤愤惋。所嗟积习深,风气骤难转。泰西诸强国,诪张以为幻。德人首发难,要求肆专擅。各国竞效尤,蚕食据海甸。借口称保护,横行无忌惮。吁嗟我将帅,惜无智勇选。泰西千总以上武官皆出武备学堂。外患叹频仍,度支复贫困。危急存亡秋,变法宜决断。倘仍误因循,大局将糜烂。德法固狼贪,俄英更为患。强邻铁道通,沧桑增扼腕。印度与越南,前车鉴不远。吾侪抱杞忧,闻鸡以待旦。急则治其标,借箸待筹算。日本唇齿邦,休戚互系援。弃嫌与联盟,缓急资翊赞。请派知兵者,分省教勇弁。守望以相助,处处行团练。经费与器械,官出为督劝。试观新加坡,华商自卫扞。华民公禀石叻总督自购枪炮团练。操防法欧洲,无分贵与贱。闾里好男儿,训练成精健。并设制造局,广开储材馆。革故而鼎新,戒贪而惩慢。执政效子产,理财师刘晏。孙吴为将帅,史鱼任给谏。果有燮理才,破格擢显宦。借以御外侮,亦可靖内叛。分界立铜柱,论功赐铁券。转危以为安,输丹副宸眷。

游庐山有感[①]

匡庐之山高插天,千岩万壑浮云连。我来莲花洞口眠,濂溪墓在岩洞前。晨起策杖陟其颠,石径崎岖级累千。蝉鸣鸟语皆歌弦,夏无暑气多清泉。黄龙树大不计年,万山朝拱如参禅。谁租禅室开西筵,桑门教衰鲜的传。竹影疑踪待有缘,火龙已化草芊芊。天

① 己酉本将题中“有感”删去。

池尚在寺成田，御碑文论周颠仙。入水不溺火不燃，亭上俯视山如拳。长江襟带在目前，女儿城畔逢婵娟。大雾时行望缈绵，大小校场广陌阡。天气飒爽草木妍，宜设书院居英贤。或筑精舍共谈元，他族逼处先着鞭。牯牛岭中多人烟，洋房百有三十椽。牧师计取何论钱，鹊巢鸠占宁偶然。

书 愤

沧海苦横流，浮云蔽山岳。中国不自振，晏安中鸩毒[1]。外侮既频仍，内乱又潜伏。欧洲论邦交，形势计强弱。保护蹈波兰，狮熊英呼为狮俄呼为熊非我族。兄弟阋于墙，群雄耽逐欲[2]。海上说瓜分[3]，矿路问谁属。有利必均沾，得陇还望蜀。借端肆要求，幅幁日以蹙。欺我无人材[4]，所用非所学。兵部不知兵，武官无韬略[5]。刑部不晓律，胥吏弊易作。户部不兴利，农工日萧索。坐论推元老，部员供唯诺。事苦上不明，动为下所黩。畏难图苟安，袖手观棋局[6]。终为白种侵，生民悉挫辱。不见彼属地，暴虐任鱼肉。轻视若马牛，贱役齐奴仆。不许掌兵权，只许沾微禄。昏昏醉梦者，疾呼宜警觉。救时共发愤，变法尤宜速[7]。上行下必效，明耻以整俗。

---

① 己酉本将“晏安中鸩毒”改为“晏安误鸩毒”。
② 己酉本将“群雄耽逐欲”改为“群雄耽欲逐”。
③ 己酉本将“海上说瓜分”改为“海上侈瓜分”。
④ 己酉本将“欺我无人才”改为“欺我秦无人”。
⑤ 己酉本将“武官无韬略”，改为“武员乏韬略”。
⑥ 己酉本将“畏难图苟安，袖手观棋局”，改为“太息交征利，敷衍支危局”。
⑦ 己酉本将“变法尤宜速”，改为“变法尤贵速”。

众志借成城,剥极当占复。若再悮因循,其患溃心腹。保国即保家,聊以贡忠告。

与日本总领事小田切拟中日在沪共设各种书院[1]

亚洲各国人,泥古不知变。贵邦首维新,富强今已见。人材何所出,各种大书院。欧洲得属土,愚黔不肯建。小学如林立,只堪供书算。当此文武科,所学非所用。变法仅皮毛,八股依然重。西学供下走,月入无多俸。上下图苟安,外人安不侮。公欲兴亚洲,请奏贵君主。沪设大书院,同洲人准取。必多佳子弟,通文而达武。闭门造车辙,出行效可睹。各艺设专科,省试劳鼓舞。从此智慧开,制作超欧土。欧土亦凡民,材岂过亚人。惟自强不息,故月盛日新。良工先利器,羡鱼速垂纶。时哉勿再失,持此告同文。

挽袁敬荪刺史

修德行仁世所推,何堪谣诼嫉娥眉。千言倚马无留牍,四野哀鸿遍振饥。除暴安良龚渤海,通今博古李安期。最怜大别山头月,不复飞觞共咏诗。

① 己酉本将题目改为“与小田切领事拟联中日在沪合设各种书院”。

答邱夙源孝廉论盛世危言公法[①]

公法知难笔舌争，富均力敌始通行。只因律例分繁简，遂使中西失重轻。化弱为强明理势，用夷治夏转升平。调和刑政归于一，听讼由来贵得情。

箴言寄纪常侄

家风守耕读，趋庭贻祖训。忝称通德门，积善纳馀庆。汝今初服官，鹏程贺发轫。钦承不次恩，柏府权臬印。矢志清慎勤，庶不辱君命。虚心师修竹，鉴物悬明镜。居常娴律例，始可察利病。莫徇半分情，坚持三尺令。同寅贵和衷，折狱毋偏听。爱民惟教养，行政自操柄。变法分缓急，否则成弊政。切勿任臧获，此辈多便佞。宠用必偾事，巧言莫轻信。民教有交涉，尤当心气定。可许即允从，不许言宜峻。慎勿效模棱，延约恐启衅。重则损国威，轻亦毒百姓。能伏蛮貊心，忠信兼笃敬。数行进箴言，千里遥寄赠。可作座右铭，朝夕冀省儆。

---

① 此首诗已酉本未收。

答英国广学会董李提摩太及世爵贝思福论中外时事

群雄共逐中原鹿,连衡合从阴谋伏。长鲸掉尾莫可擒,猛虎傅翼更肆毒。中国积弱由来渐,拘守旧章自为足。财竭军孱不自振,割地偿费势日蹙。鹰瞵虎视环邻邦,柬手箝口笑当轴。维新变法下部议,其奈守旧诸臣仆。泄沓苟安不思变,变自卤莽丛怨讟。维新守旧乏通才,贾生上书徒痛哭。否极泰来参易爻,革故鼎新愿启沃。朝廷下诏求英才,广辟学堂资教育。圣明天纵一发奋,集思广益勤典学。考试策论改时文,习练枪炮废弓镞。整顿工商开利源,重订律例惩翻覆。教养十年始有效,缓不济急难超躅。所虑群雄踞要区,恃强蚕食逞所欲。俄人窥伺尤叵测,与英龃龉怨已蓄。西伯利亚铁路成,旅顺船坞待葺复。兵力粮械悉整备,借端一发难收束。既已明吞兼暗并,何异得陇更望蜀。各国纷纷悉效尤,变迁世事感陵谷。瓜分各自保利权,内乱乘之生计促。英商懋迁必大绌,或谓俄人西伯利亚铁路、旅顺船坞成,必借端先踞东三省、顺直等省,而后兼并朝鲜,不畏英、日阻挠矣。俄起,法亦乘时侵占两广、云贵,更欲与日本争福建;德亦踞山东。凡通商我国者皆思染指。英国欲据黄海以南上自西藏、下至扬子江昆连省分,浙豫均在内。恐内地土匪蜂起。云南、四川、广东又为英、法所必争,西北边界属地又为俄、英所必争,四处干戈,民不聊生,死伤必众,商务必衰,何堪设想! 火爇昆冈混石玉。逞暴如秦祚不长,尚德者王民自服。英有爵绅具远识,中西时事皆娴熟。痛陈利弊振工商,联美日德缔心腹。更有李君志愿宏,欲挽劫运免诛戮。亟译卮言告政府,请联列邦为犄角。保护中华如突厥,商务推广更辑睦。楚材晋用聘教习，边备兵强有颇牧。寓兵于民法泰西，俄法焉敢肆荼酷。聘英将如戈登者教练各省兵民，仿西国兵制，一朝有事，举国皆兵。屯廿万于东三省，联日拒俄；屯数万于滇粤，联英拒法。铁路成，征调便捷，强邻自不敢轻。华夏矿路约同盟，合股举办利源握。达权通变互得益，解纷排难须从速。只手相期挽逆流，双关慎勿观棋局。非常人立非常功，高山景行千秋独。愿扫浮云日再明，五洲同享承平福。

送吴剑华之朝鲜即次留别原①韵

内宜方正外圆融，俯仰无惭乃大公。万里扶摇期荐鹗，廿年踪迹印飞鸿。适当沧海横流日，会见殊方拜下风。临别赠言须记取，屏除倨傲守和中。

上孙燮臣师相邓小赤师帅论时事

凡事图终须慎始，审其先后知彼己。体用不明莫妄行，千古成败皆由此。朝廷近颇重商农，裕民富国振困穷。不颁商律严赏罚，外侮频仍难折冲。旷观时势已岌岌，兵学治学②宜亟立。培养多抡文武才，强邻狡计自潜戢。经济法律设专科，学优还资阅历多。茹古涵今通一贯，兴利除弊删烦苛。斯时共知练兵急，兵随将转如呼吸。泰西人才出学堂，瀛洲将领差能及。环伺海疆尽虎狼，东邻已悔

---

① 己酉本将“原”字删去。

② 己酉本将“治学”改为“政学”。

阋于墙。明知和约不足恃,姑联唇齿图自强。昔言矿产恐难守,中西合股或可久。效法美邦分段租,全省与之国何有。此时沧海正横流,蚕食何堪竞效尤。莫再因循须奋愤,维新国事共绸缪。欧洲之长采众议,中华之短多自是。上下一心国可强①,试观嬴秦识天理。

观琉球越南印度国事有感

同洲分畛域,环伺觊觎多。地蹙衣裳窄,亚洲时尚窄衣。民愁政令苛。通儒非癖古,名将岂求和。漫谓人材绌,行将咏伐柯。

十方开杀运,内外听笳声。亚洲重佛教,动称十方慈悲戒杀。有地须筹款,无人不隶兵。东西淆界限,南北任纵横。西伯利亚铁路通,由西徂东,南太平洋兵船可直达北海。弱者强之肉,何时洊太平。

题何沃生胡翼南新政书②

知己不知彼,波兰被俄灭。泥古不通今,亚洲成瓦裂。英先吞缅印,英因商而据印度、缅甸。法复踞金、越。法因教而据金边、越南③。一室自参商,内讧召人伐。缅甸、金边、印度等国皆兄弟争权,以致外人乘隙而入,所谓家必自侮而后人侮之。立国不自强,群雄肆攘夺。借口利

---

① 己酉本将“上下一心国可强”,改为“上下一心可雄视”。

② 己酉本将题目改为“题何沃生胡翼南《新政真诠》”。

③ 己酉本将“法复踞金、越”,改为“法复踞南越”。因而将“法因教而距金边、越南”小注,改为“法因教而据越南与南掌”。

同沾，藐视如瓯脱。矿路索全省，馋涎恣饕餮。抵制讵无方，南北易其辙。眈眈虎视秦，争胜非口舌。列国互猜疑，后先供龄龁。灭虢必假虞，肘免他人掣。东邻堕奸谋，阋墙计太拙。图既瓜分定，渝盟亦转瞥。执柯以伐柯，海疆恐流血。奈何秉钧衡，废食竟因噎。新法戒勿谈，时局甘阢陧。奚啻渊驱鱼，自溃何堪说。古言廉不明，贻祸更酷烈。忠愤长太息，吾华宁蠖屈。倚人终失算，须求自强策。急效俄彼德，变法求俊杰。譬如披葛衣，岂可耐风雪。将相果得人，治道有本末。借才先练兵，饷足额毋缺。民团仿泰西，志自同仇切。选匠广制造，器械除窳劣。更辟大书院，文武当循辙。省刑薄税敛，商律宜早设。上无畛域分，人心方固结。富强从此肇，外侮自可绝。何胡新政书[①]，抗议堪击节。

赠徐雨之观察

治产居时习计然，地连阡陌屋添廛。交情金石敦三世，往事沧桑耐十年。谊切同舟抒远略，术工采矿握经权。羡君晚境尤亨豫，感慨炎凉倦著鞭。

赠徐雨之观察[②]

治产居时习计然，地连阡陌屋添廛。三番共事将卅载，两代相

① 已酉本将“何、胡新政书”改为“一篇新政书”。

② 此篇已酉本因基本是重写的，故与戊戌本《赠徐雨之观察》并列。

交近百年。世事沧桑应有数,珠江失地恨无权。开平矿局招股合购广州城南地百六十亩久不完粮,违例充公,公为会办,恨权不我操云。虽遭风浪犹丰豫,不必重干意外钱。

题切音新字

中国字象形,欧洲字切音。切音简而易,象形繁而深。深则难浅学,穷年力不任。无人为讲解,字义莫可名。捷法出罗马,反切信口成。乾坤宣音韵,子母互相生。阴阳谐律吕,平仄辨浊清。天籁自然奏,空谷可传声。予友蔡福建蔡毅若沈江苏沈曲庄王广东王煜初,厥功嗣六经。新创切音学,字简而易明。迟则习一月,速则数日能。无论愚与慧,命笔随口称。似此擅绝艺,谁为达帝廷。颁行廿二省,设塾教师承。纪音以成字,妇孺皆可行。民智从此启,富强立权衡。

杂　感

太阴无摄力,安能有潮汐。水势如不流,久腐便为疫。地球无吸力,安能转日月?有一失其度,万物成砂碛。君民无爱力①,安能承宗祏?祖龙愚黔黎,二世鼎已革。天人合一理,有生必有灭。循环不自息,寒极必生热。人事观盛衰,天道看圆缺。尚力不尚德,暴得亦暴

① 己酉本将“力”字误为“民”字。

失。所以古帝尧,修治贵精一。心传十六字,万古不移易。

读　史

孤儿寡妇宋兴亡,晋魏何须论短长。天道循环征果报,捕蝉诸害肇螳螂①。

忆②大东沟战事感作

东沟海战天如墨,炮震烟迷船掀侧。致远鼓楫冲重围,万火丛中呼杀贼。勇哉壮节首捐躯,无愧同袍夸胆识。梁宏立志果不虚,生当封侯死庙食。愧煞辽东众将弁,曳兵弃甲无人色。喧传中外都惊奇,兵饷虚微尚减克③。那堪平旅如金汤,拱手让人千万亿。措置乖方咎孰归,春秋大义为贤责。粉饰因循若养痈,堂堂师挫弹丸国。我欲退步学神仙,不愿长为世所抑。富贵功名本由天,任尔畸士求不得。呜呼!流芳遗臭竟如何,懦夫贪夫听我歌。广厦千间眠七尺,良田万顷食无多。儿孙自有儿孙福,勿为儿孙投网罗④。

---

① 己酉本将“天道循环征果极,捕蝉诸害肇螳螂”改为“史册千秋征果报,前人作孽后人偿”。

② 己酉本将“忆”字改为“闻”。

③ 己酉本将“喧传中外都惊奇,兵饷虚微尚减克”,改为“喧传中外尽惊奇,兵饷虚縻尚减克”。

④ 己酉本将“儿孙自有儿孙福,勿为儿孙投网罗”改为“曷不为国执干戈,君不见蒙耻贪禄一刹那”。

怀方照轩郑心泉邓保臣军门[①]

需次春申浦,烽尘起南越。衡阳大司马,檄我佐筹策。当道不能留,电旨奉仓猝。冈头夜枕戈,常伴[②]霜天月。得识方郑邓[③],忠勇气勃勃。冬日怀其德,秋霜肃其律。威名镇遐迩,萑苻尽潜迹。自从将星堕,长城坏百粤。猛虎去深山,狡兔斯营窟。将军既云殂,盗寇时复发。凄凄鼓鼙沉,悠悠旌旆折。筹边今何人,临风怀[④]英杰。

感时即事上盛杏荪太常[⑤]

公欲兴商务,惠工复恤农。律法冀早定,学校启愚矇。医国如医病,智珠握在胸。标本分先后,方剂勿乱攻。表虚邪易袭,气弱体难丰。太医徇故步,临证误昏庸。韦脂工色笑,因循若养痈。时危共失措,无人任折冲。中东肇衅后,国势尤疲癃。俄遂联法德,居间暗交通。外观似援助,逼日还辽东。市恩于中国,借此索无穷。英亦假商务,利权频扩充。虎狼思饱噬,犬羊亦逞凶。群起执条约,利益沾须同。大言恒恫吓,厚馈相欺蒙。德船兵数百,莫敢撄其锋。自失胶州澳,咸知国虚空。海口争割据,瓜分兴更浓。兵

① 己酉本将“军门”改为“三军门”。

② 己酉本将“常伴”改为“独卧”。

③ 己酉本将“得识方郑邓”改为“得识三雄将”。

④ 己酉本将“怀”字改为“想”。

⑤ 己酉本将题目改为“感时赠盛杏荪太常”。

船来万里，煤粮许暗供。公法安足恃，汉奸为内讧。穷民艰衣食，甘为彼族佣。诋笑无教化，藐视在其中。亟联日英美，变法挽颓风。维新与守旧，共济当和衷。上下期一德，发愤励始终。师长何足耻，所耻不知戎。民团仿西例，贵贱一体崇。军械不外购，制造夺天工。奇材膺重聘①，朝廷秉至公。爱民无畛域，报国同效忠。处处严守备，百战无惰容。相持久不下，犒师费尤洪。彼民怨商困，知难必息烽。柔茹刚则吐，霸业昔所宗。联衡视强弱，举贤去昏懵。不需三五载，我愿必相从。各事无掣肘，百艺亦兴隆。兵强可卫商，商富兵亦雄。一洗历年耻，奏捷甘泉宫。迟至铁路成，决裂如穿墉。彼时悔无及，束手难弥缝。联盟不自振，终贻蹈尾凶。承平何时睹，搔首问苍穹。

书 感

梦醒南柯欲挂冠，如何犹托宦情阑。为怜中泽哀鸿苦，莫谓临厓勒马难。世事如棋争一子，光阴似矢走双丸。自称下走同牛马，厌听翱翔比凤鸾。

弃木不材遗樗栎，他山攻玉契芝兰。堂虚绿野延裴度，望重苍生起谢安。济世有心天可表，与人无竞路常宽。会当归隐飞云顶，密炼天元九转丹。

---

① 己酉本将“奇材膺重聘”改为“宪法宜早立”。

读盛杏荪太守奏请变法自强疏皆当今急务赋此志慰[①]

条陈谠议奏丹墀，独奉心肝报主知。慷慨备言天下事，襟怀雅与古人期。裕财策上师刘晏，致富书成续范蠡。变法自强资启沃，通权有术借维持。

叠膺巽命劳筹画，待建丰功仰度支。铁轨火轮周内地，屯兵筑垒镇边陲。非常事业倾中外，会计盈虚听指麾。此日朝廷求治急，苍生翘首算安危。

有友出山入官来索赠言书此贻之

士农与工商，三代有专门。惜我先王法，古书今不存。
人材根学校，无学讵能精。取士今宜变，因时望圣明。
所学非所用，何时臻富强。维新如彼德，宁不胜扶桑。
教养师西法，髫年例读书。穷民习工作，衣食可无虞。
欧美社会多，同心共研讨。人材从此出，国祚庶永保。
事非集众思，淑慝恐难辨。下情得上达，大哉议政院。
选举重人格，品端学问优。美洲换总统，正副任投筹。
有才无道德，结党共营私。买筹充选举，何以定安危。【上二首

① 己酉本将题目改为“读盛太常请变法自强疏”。

据己酉本增】

泰西重练将，举国尽知兵。巡捕如西法，安居鲜乱萌。

古仕久于任，秩迁位不移。今官若传舍，经济何由施。

求富无他术，开源与节流。群臣工聚敛，民欲隶欧洲。

刑官不读律，胥史操其权。五洲同一例，赏罚自无偏。

数里设一卡，巡丁猛如虎。勒索多中饱，国课竟无补。

清慎勤三者，循名须责实。处事莫因循，拳拳守勿失。

高丽使臣函问时事书此代柬

育材广学校，重奖励工商。日本有工商奖励法①。徒议购船炮，安能臻富强。彼强饶实利，我弱拥虚名。倒授太阿剑，何能口舌争。西国多诤臣，东邦少亮节。不顾时事危，应惭爵禄窃。成仁权在己，致富本由天。四海钦高士，吾师鲁仲连②。

上合肥傅相七排四十二韵③

熙朝良弼符名世，安国匡时借老臣。一德允孚隆倚畀，九功时叙展经纶。指挥如意平吴豫，栉沐宣猷耐苦辛。补石敢言天有阙，

---

① 己酉本将“日本有工商奖励法”小注删去。

② 己酉本将“成仁权在己……吾师鲁仲连”改为“民富国亦富，民强国自强。愚黔诚弊政，胡不法英王”。

③ 此诗己酉本未收。

运筹莫谓国无人。丁年志量倾流辈,甲第联绵萃席珍。统率一军张赤帜,纵横百战扫黄巾。楷模景武韬钤富,纪律临淮壁垒新。阵列孤虚征太乙,师行整肃令重申。解围陡发雷霆疾,降寇同沾雨露仁。名振蛮夷齐郭令,位兼将相媲曹彬。金卮赐晏兵心奋,玉尺抡才士气伸。报主誓期心若水,登台复见物皆春。重开禹迹尧封地,一洗狼奔豕突尘。国运中兴同献颂,儒宗大雅重扶轮。频年饥溺怜山左,元老恩威率土滨。虑敌忧心常悄悄,盈廷聚讼自断断。东联孙策防寒齿,北拒曹瞒恐接畛。讵料干戈兴日本,试占休咎验星辰。诸军不力屏藩撤,大局惟筹玉帛陈。莫道和戎为下策,尚期直道谅斯民。绕枝乌鹊栖难定,攀槛熊罴气渐驯。自是春秋多责备,依然坚白不缁磷。玺书今尚征裴度,父老还思借寇恂。奉诏遍游罗马国,泛槎妄托斗牛津。南洋军政多寻绎,西域贾胡悉拊循。隐隐市楼浮蜃气,曈曈海旭闪鲸鳞。使车莅止人争睹,列国联盟谊更亲。十万程途劳跋涉,九重奖誉荷陶甄。不才有幸蒙培植,传谕频烦起滞沦。志在四方惭定远,书曾十上笑苏秦。琼台早惧称孤岛,濠镜曾闻赁远邻。多病延医犹忌讳,危言警世岂呻吟。赤嵌今已侵他族,珠海休仍说闭闉。计类补牢犹未晚,事关保障幸垂询。激轮飞电收权利,织雾开山救困贫。四檄差皆成效睹,轮船、电报、织布、开平四局,先后奉札委办,幸皆获效。廿年深感受恩身。飞黄我愧无双士,贞白咸钦第五伦。台望自应尊柱石,春明还拟奉车茵。皇华复命居青琐,天语传宣拜紫宸。再整犀军资赞治,共推龙马振精神。有容始称胸襟大,不伐原知学术醇。此日圣明方侧席,待公燮理转洪钧。

述志四十韵

粤稽古良吏，功名青史载。立身才德兼，行政文武备。艰险出洪猷，盘错别利器。刑狱颂持平，疮痍起凋悴。其志在安怀，绝不贪禄位。惟木必从绳，若金堪作砺。以此涉仕途，俯仰庶无愧。余非栋梁才，敢存廊庙志。惟愤外侮多，颇亦好经济。治乱探本原，兴革穷利弊。西学资实用，绎绎考格致。七险九难过，余曾经七险九难。累深由仗义。《易言》改《危言》，冀以开民智。大地遍风行，流传同《抗议》。冯太史著《校邠庐抗议》。感荷邓中丞，特奏入告帝。旷典承乙览，颁行敕中秘。仰邀不次恩，始愿所弗计。用是得微名，以为可任使。安定中丞公，奏调办矿利。谬许识时务，兼理铁路事。亲朋愿资助，怂恿期用世。贤哉两中丞，荐剡意诚挚。自顾才识庸，恐遭宵小忌。耿直不合时，奚敢轻一试。况值时事艰，何以振凋敝。外患方交乘，富强骤难冀。羊公不舞鹤，谤言终莫避。上书一再辞，非敢自暴弃。殷殷属望心，五内志高谊。龟缘入梦烹，鹦为能言系。从此效金人，缄密口宜闭。所译时务书，久已赠知契。所译英国报馆律例①，及欧洲各国水陆商政比例通议等书，均已持赠盛京卿。愿积养生资，罗浮择片地。不踪班定远，但学金可记。唐代仙人，隐居不仕。结侣道同参，清净守真意。缘督以为经，炼形常服气。白云不出山，花开自成岁。逍遥物外情，王侯未足贵。倘逢葛仙翁，相随叩元始。作诗告同人，此志终不二。

---

① 己酉本将“律例”改为“例律”。

社稷臣[①]

古称社稷臣,休戚与国同。周公相成王,不畏流言攻。信国扶宋祚,谈笑临兵戎。古人重大节,矢志惟孤忠。嗟彼偷生辈,养痈罪无穷。

大舞台曲

世界竞争大舞台,以优胜劣霸图恢。殖民捷效如英德,上下同心议院开。英、德各省皆设议院。宪法不行政难变,《泰西新史》论宪法未行之前维新颇难。《危言》一书先已见。支那政事粉饰多,豆剖瓜分形早现。波兰自亡非俄亡,权奸偾事成参商。利权尽失若埃及,当道偏甘作虎伥。执柯伐柯论殊娇,东讨西征何日了。血战纷纷满地球,火烟酷烈人渐少。合久必分分必合,九天日月开阊阖。古今世运有循环,调元高卧罗浮塌。

偶　成

休戚须相顾,唇亡齿亦寒。如何招外侮,手足自伤残。

韬光而晦迹,坚忍以图功。雪耻师勾践,时穷变则通。

---

① 从“《社稷臣》”至“〔附〕潘兰史征君原作”,系己酉本所增。

悼赵姬

八载情缘泡影空，妒花心事恼东风。星沉镜海迷幺凤，月落珠江断彩虹。不忘蛾眉能自巽，独怜螽羽未全丰。少君重遇知何日，魂返稠桑旧驲中。

感　事

从军岭峤日，时当甲申年。皇皇起中夜，力着祖生鞭。南洋窥形势，身历程万千。思解越南困，因与缅暹联。惜哉时不偶，垂成忽变迁。掉头归去来，壮志无能宣。命宫苦磨蝎，百事俱迍邅。布局有替人，替者复卸肩。司事相倾轧，押款事纠缠。谗言达上相，煅炼若熬煎。飞书至军中，对簿未许延。同俦负洋债，迫余悉索填。义侠慕启圣，追欠复连绵。平日意气交，脱身恐株连。烦忧集一身，竭蹶张空拳。家惟千卷书，囊空无一钱。弟兄交相责，妻孥涕泪涟。我心不可转，穷通听自然。魔障应无法，一笑梅花前。

赠龚蔼人方伯

壮志凌云气吐虹，行藏真与稼轩同。吕祖乩示公乃孙稼轩后身。雕龙已著千秋业，汗马曾收百战功。忧乐动关天下计，襟期独具大王风。家声更比韦平盛,奕世簪缨宠命隆。

莽莽烽烟海国秋,防边更上五层楼。匡时望重推裴相,〔……〕筹饷功天人期得,何须重理钓鱼竿①。

赠罗星潭观察纳姬

儿女英雄遂宿因,宛同双剑合延津。异乡相见成佳偶,往事重提诉苦辛。红拂能知天下士,玉箫原是意中人。拈毫莫漫吟香草,乐谱房中别有春。

忆熊纯叔孝廉严佑之明经

铁泪因传晋豫灾,记曾苦口劝分财。余与同人于苏、扬、沪三处集捐百馀万。得随骥足邀天奖,赈竣,余力辞奖叙,蒙恩旨采入原籍省县志。为悯鸿嗷遍地哀。耳听万家生佛颂,心钦一代济时才。善人促算同凄惋,温诏追褒到夜台。熊公赈豫积劳殁于河南赈所,仰邀旷典,人皆荣之。

金苕人观察在津创建广仁堂工艺所奉寄

中泽嗷嗷听惨呻,老谋抚养费艰辛。公同办直赈,所在南省解款禀

① 按原诗如此,疑有脱文而致两首七律粘连。

请直督创建善堂，招抚穷民各习一艺，实获我心。仁风借解斯民愠，暖日能回大地春。千古穷台兴活计，万间广厦庇流氓。道山归去应无憾，善果培成证夙因。

和何梅生太守感事诗

举世脂韦色笑工，上书痛哭诉痴聋。盈庭聚讼终何益，天下安危属相公。专制空传大彼德，政归立宪始文明。历观反弱为强国，俄土何如德与英。

重游甬江

携手回登普济舟，船名普济。甬江破浪今重游。连宵旧雨谈仙迹，招宝天童胜未搜。舟山不似灵鹫岭，形势险要人所谋。记曾足蹑普陀顶，奇岩古寺石洞幽。远眺长崎列屏嶂，仰观星斗悬楼头。海中峦岫供几玩，天外云霞粘水流。我身飘飘在霄汉，思吟黄鹤上扬州。泥首大士乞解脱，龙沙大会迎仙俦。

厦门登南普陀

南普陀如北普陀，波涛四面石巍峨。悬崖曲磴通幽径，古木参天挂碧萝。尚有御碑褒战迹，尽容禅榻住行窝。诗题醉后镌莓石，世变沧桑感慨多。

华盖山

遍游华盖山,不见容成洞。丹井与蒙泉,水清寒且重。绝顶大观亭,登临游目纵。俯视沧海碧,列岫如迎送。清都咫尺间,白日疑可弄。

积谷山

游侣兴未阑,导登积谷山。飞霞寻古迹,仙篆蚀虫斑。树老穿岩外,楼高倚日间。谢公岩尚在,刘洞石常关。后会期何日,罗浮待鹤还。

登江心寺

鹊巢鸠占事难平,和尚无言佛不灵。欲化鹍鹏三万里,驱除鼍鳄靖沧溟。

鹊巢鸠占鹊高飞,飞入云中任所之。日饮琼浆化朱鹤,追随仙仗下峨眉。

福州鼓山

闽游三度兴将阑,访道探幽陟鼓山。石磴千重盘树杪,松涛万派响云间。涌泉古寺蟠龙势,渴水奇岩篆虎斑。何日丹成登绝顶,扶桑照我洗苍颜。

列国兴革大势歌

有客酷好读《春秋》,尝云兴革事有由。六国自为嬴秦灭,专施压力乱难休。古今治乱同一辙,抚我则后虐相仇。转弱为强观日本,因时变法效西欧。若不立宪政难变,危险犹如寝漏舟。干戈四起强邻迫,豆剖瓜分遂所谋。或继波兰或埃及,驱吾族类如马牛。火器酷烈人渐少,始施教养划鸿沟。不分种界分疆界,黄白婚姻意自投。崛起当年元世祖,豪举囊括五大洲。东征西讨无休息,万民辛苦天亦愁。天降圣人似黄帝,万神相助战蚩尤。列邦各有华盛顿,同效美国逐英酋。合久必分分又合,循环今古皆轮流。

客　卿

客卿竟用我,非我用客卿。所以聘顾问,各国无不争。干预我政事,反说因交情。非骗即恐吓,动辄要出京。洞识我肺腑,视我如孩婴。不见胶州案,据地恃强横。即论税务司,安得谓公平。华人不准充,岂无一忠诚。报关用西历,文字用大英。太阿真倒持,何人不看轻。同胞如知耻,发愤练民兵。

赠广东制造局总办温飏园观察

我国无人精工艺,匠头多雇碧眼翁。总办不识其中妙,司事舞弊匠欺朦。所成各器俱旧式,价高粗笨有何功。宜派学生赴欧美,各专一艺返国中。总其事者皆精晓,岂愁新器不扩充。昔闻普军胜法国,快枪快炮异人同。

送黄仙裴太史返粤

烟柳江城一笛风,知音无奈别匆匆。剧怜微雨轻寒候,况是闲愁逆旅中。此去趋庭君自得,从来守瓮我常朦。计程纵远飞轮便,芳讯相期两地通。

月下作

明月清风助朗吟,谁从大雅溯元音。横琴只作梅花弄,独抱夷齐一片心。

筹赈辞奖述意

筹赈宁存利己心，两辞荐剡薄华簪。恨无丹母烧黄白，普济哀鸿百万金。

久不接家书

不接家书一月馀，天涯游子望何如。梦魂勿惮风涛险，时向高堂问起居。

乙酉还家书以自勉

天未降大任，艰苦须备尝。譬如耕田夫，早晚受风霜。若不除蔓草，焉能稻麦芳。又如行路人，努力趋高岗。畏难不敢登，奇境安得望。英雄胯下辱，坚忍莫徬徨。

久晴必下雨，热极必生风。勤俭得富贵，骄奢得贫穷。物理当如是，中外无不同。所以古圣贤，知始必知终。诚恐满招损，居处常谦恭。霜雪任交加，不改柏与松。

祸兮福所倚，福兮祸所伏。无罪以当贵，无祸便是福。骑驴思骏马，人心不知足。行险以侥幸，求荣反得辱。烦恼皆自召，饱暖易淫欲。吾爱安乐窝，不与世相逐。

人心不可测,君子贵择交。用人如不慎,鸠占鹊之巢。世情常变幻,经书未忍抛。求地葬父母,生子学三茅。不贪富与贵,但愿救同胞。四海澄清日,云中听鼓铙。

沪上画梅赠梁纶卿

苹末风来午梦闲,客中延赏足开颜。石栏雨过苔添润,芳径花疏草不删。曝蠹虚窗翻古帙,调鹦画阁倩雏鬟。一枝写订归期约,花未寒梅问故山。

题澳门新居

群山环抱水朝宗,云影波光满目浓。楼阁新营临海镜,记曾梦里一相逢。先荣禄公梦神人指一地曰:此处筑居室最吉。后至龙头井,适符梦中所见,因构新居。

三面云山一面楼,帆樯出没绕青洲。侬家正住莲花地,倒泻波光接斗牛。

朝鲜风俗与越南相仿赋此志感

交趾与韩邦,政苛如虎狼。朝廷轻武备,科考重文章。上下人皆惰,尊卑分太狂。只知征税役,不识保工商。民怨无私蓄,官贪有宧囊。讵思百姓足，国富乃兵强。

澳门感事

澳门上古名莲峰，鹊巢鸠占谁折冲。海镜波平涵电火，山屏烟起若云龙。华人神诞喜燃炮，葡人礼拜例敲钟。华葡杂处无贵贱，有财无德亦敬恭。外埠俱谓逋逃薮，各街频闻卖菜佣。商务鱼栏与鸦片，饷源以赌为大宗。历查富贵无三代，风俗浇漓官势匈。屋价千金抽八十，公钞不纳被官封。昔有葡督极暴虐，竟为义士诛其凶。义士沈亚米恶其虐暗杀之。自谓文明实昏瞶，不识公法受愚蠢。请问深知西律者，试思此事可曲从。

题严芝楣感蓼图

吁嗟严生胡不辰，呱呱失恃伤哉贫。罔极深恩哀莫报，麻衣如雪空悲悼。此图是谁毫所挥，览之泪点沾人衣。人生最乐发迹早，富贵功名非草草。荐食春秋家祭丰，事生不能能饰终。蓼莪数章不忍读，莱衣常侍愿亦足。终天恨抱长欷歔，显扬能使光门闾。呜呼！世之自谓能养辈，碌碌安识天伦爱。

答吴瀚涛大令论路矿

路矿关家国,为人劫利权。笑吾如傀儡,愧彼任抽牵。欺压民含怨,呼号孰可怜。地方生计尽为彼族所夺。开门揖大盗,准外人开矿承筑铁路。何处是仙村。

汉阳铁厂差次祝两湖制帅张宫保六秩寿辰

文章燕许志伊周,伟抱槩槩孰与侔。忧乐同关天下计,指挥独运幄中筹。绵绵祉介征安吉,秩秩筵张许献酬。乐奏九成翔鸑鷟,道同千里策骅骝。长思盛媲汉唐世,不愧名齐韩范俦。视草久窥中秘籍,看花曾向上林游。天公降鉴奇才显,星使乘輶钜集留。百粤节持揄豹饰,重湖师总炳鸿猷。云台已擅无双誉,烟阁真居第一流。经国小心常翼翼,容人大度自休休。匡时善政孚民望,逾格殊荣荷帝庥。葑菲靡遗频锡爵,刍荛垂问每停驺。黎氓颂洽三江泽,白屋慈敷万丈裘。军立自强严壁垒,湖北创立自强军。院开广雅偃戈矛。广东创立广雅书院。理财须式桓宽论,度地还师管仲谋。不畏浮言糜国帑,只求利路胜西欧。炼钢冶铁成枪械,辟路飞轮制陆舟。西学从风多仿效,南方未雨早绸缪。欧美字语烦重译,岛屿舆图考五洲。互市通商示权变,梯山航海重怀柔。只期辑睦邦交固,不虑迢遥道里修。两戒飚轮穷亥步,八纮电檄迅庚邮。连篇奏牍推名世,叠岁恩施赈远陬。品范共钦文潞国,忠勤克继武乡侯。腾讴唱铁赤鹰曲,纪德诗编黄鹤楼。海内调元符玉烛,朝端举相卜金鸥。纶音会待飞书凤,剑气遥看贯斗牛。忆昔清威宣穗甸,许教下士谒荆州。受知有幸邀青盼,任事无功感白头。樾荫分荣叨广厦,桂枝送馥正高秋。维申令旦觥称兕,周甲延龄杖祝鸠。腰笛何当来李委,仰瞻亏月衍箕畴。

与潘兰史典籍论泰西专制共和立宪三政治演而为诗

一从揖让易传家,手握权威四海加。专制政成民气郁,征诛篡弑祸无涯。

位称总统举从民,任满瓜期有替人。官吏都怀传舍念,漫言赤手转鸿钧。

权无畸重与畸轻,上下相维政教成。立宪法设上、下议院。礼别君臣情父子,大同世运庆升平。

答吴瀚涛观察

欲固民心议院开,先言人格举贤才。集思广益知优劣,皇道无亲大舞台。

因循畏难书呆子,暴动激昂莽丈夫。两者登场皆误国,外王内圣是良图。

由粤至沪舟中见月作

浪迹辞家客，秋心共雁飞。仰看天上月，偏与故人违。破浪双轮稳，匡时百计非。肤功何日遂，归隐钓鱼矶。

俞曲园先生文孙陛云得授传胪有喜赋诗次韵奉和

喜听樱桃赐御筵，霓裳同咏大罗天。班联黄甲魁多士，翔步青云羡少年。文苑久推千里誉，名家非仅一经传。彭钱雅具知人鉴，陛云太史为彭刚直孙婿。经济还须让后贤。

朝回衣染御炉香，紫陌扬鞭日正长。万卷森森罗武库，九霄耿耿射文光。抟鹏发轫今开道，倚马挥毫独擅场。荣世词章经世绩，贻谋燕翼庆翱翔。

接王爵棠星使电委雇通事约出奇军以靖敌氛感赋

密电忽从海外来，委招通事计奇哉。情同救郑须攻楚，志在得人岂论财。万里行船宜慎重，三军战马勿虺隤，那知瞬息风云变，不到黄龙志未灰。

巧宦

作宦无如巧，权谋借老成。好官凭我择，流品任人评。祸福工趋避，炎凉判势情。终南多捷径，反手博功名。

庸臣

碌碌何为者，公然亦乘车。保身惟谨饬，泥古误经书。粉饰工欺诈，糊涂任毁誉。奄奄无振作，李志与曹蜍。

墨吏

征比列科条，苞苴用益饶。无心谈教养，肆意吸脂膏。碧玉娱良夜，黄金进下僚。弥缝无别术，独让孔方骄。

清流

亦系苍生望，虚名早播扬。好谈当世事，雅慕晋人狂。訾謷讥新法，因循率旧章。秉权同误国，犹自诩忠良。

送岑云阶方伯调任山右

中兴伟烈冠群臣,谓先德襄勤公。韩范于今有嗣人。薇苑风清严课吏,棠阴雨润惠施民。邪蒿铁面删除尽,恶草冰心烛照神。留得去思碑碣在,馀恩长作岭南春。

九州迁转表臣忠,华岳西瞻气象雄。政绩无双传杜母,治平第一媲吴公。羽仪翔翥桐栖凤,光耀腾骧剑化虹。况我石交相订久,余与公弟馥庄观察订金交。情殷借寇结深衷。

赠禁烟会董亚历山打

印度不种莺粟时,国强民富春台熙。莺粟花盛国亦覆,显干天怒夫何辞。英人弗省教精制,逞力营运畅所之。战舰东来逼弛禁,毒流无底罪归谁。亚君今创禁烟会,代天救世宣慈悲。一视同仁无畛域,如日普照光无遗。奈何利欲昏心者,一意富强图己私。烟毒害人孰不识,何须查问犹迟疑。试忆贩奴当禁日,遣员访察只如斯。继思禁酒与赌博,酒徒博徒胥相宜。尔虞我诈终无益,和衷共济何难为?人生觉性自天授,天人感应理谁知。嬴秦罗马今已矣,宜圣长为百世师。

和日本长冈护美子爵松柏园即席韵

东海群贤醉绮罗，羡君才调迈阴何。识同秋月悬空际，气似春风扇太和。兴亚深知唇齿切，阋墙回溯感怀多。神州此日嗟纷扰，忍听参军子夜歌。

外侮凭凌布网罗，弱为强肉末如何。计工蚕食偏言好，力峙鲸吞暂议和。秦晋争雄形势急，中东相爱激昂多。谁消瓜裂无形惨，万国平权画一歌。

读波兰衰亡战史书感

俛仰天地察人国，消长存亡理可测。环聚星斗成天球，汇合山海为地域。人汇精血通百骸，乃能耳目各司职。恍悟小团成大团，智者不废团体力。临莅亿兆南面王，抚驭九有贵尚德。民为邦本语岂诬，上下维系相辅翼。降及叔季专制严，民瘼膜视臣粉饰。威福专恣病闾阎，重足而立目尽侧。甚或防民如防川，箝口缚手苦遏抑。不知民智能富强，只识愚黔无曲直。一旦溃决不可收，群情涣散运否塞。股肱心膂将安求，空拥尊权成孤特。我读波兰战史篇，每为掩卷长太息。治乱休戚漠不关，驯至两雄谓俄、普割据相僭逼。若使平时早合群，开诚布公泯忌刻。君民一心互维持，奚致鲸吞并蚕食。维新善法何不行，痛为庸臣私意惑。可知专制君非英明不可。悠忽荏苒百馀年，今距波兰灭亡百有馀年。后车不鉴前车轼。令我扼腕更拊髀,鹰瞵虎视心怆恻。借词保护干内政,不独官为彼黜陟。官之黜陟、税之轻重,皆内政,竟有不能自主者。纷索租界归自治,执柯伐柯计狡极。借官势勒商民受亏,购地给官价,铁路不纳税,就占地招土民练兵。庚子辛丑约尤甚,毁大沽炮台、天津城墙,索禁地为各国租界,筑炮台驻兵防守。江山惨淡无人色。正是卧薪尝胆时,发愤为雄当石泐。非我族类心必异,楚材晋用防奸慝。俄用外人须入籍,无分东西与南北。所幸圣明庆当阳,丕振新机快胸臆。倘更独秉乾健纲,讵逊明治大彼得。发扬腾踔起争雄,百艺精通培材识。参订宪法立公民,通商惠工勤货殖。旁通曲畅隔阂情,大开民智当务亟。洞辟议院抒下情,欧美成法堪取则。况复亚圣垂名言,民为贵兮次社稷。枨触波兰发浩歌,敢□金人三缄默。寄语努力图自强,起视新运目净拭。

与乡人论各省设大小西学堂

华文学日文,通只一年久。若是译专门,业精方应手。译专门之书非通专门之学不可。较诸读西书,费薄而功厚。课本宜全译,循序以授受。日授木[①]国文,音殊义不苟。学校如林立,有普通师范、有高等专门,名目颇多。人材无不有。我国急仿行,毋落他人后。真材必易得,品亦知良莠。取士维新法,无以出其右。国体固不失,可以长相守。漫效各海关,只重西文咎。用夷以变夏,徒贻中国丑。

---

① “木”疑为“本”之误。

祝盛旭人侍郎九秩豫庆

一品仙披一品衣，遐龄富贵古今稀。采苹胜会和笙瑟，折桂华筵萃紫绯。玉笋趋庭绳祖武，公文孙已登贤书。琼枝绕室振芳徽。姮娥亦解迎人意，月满秋光分外辉。公诞恰前中秋二日。

肾书在昔登天府，千佛名经讵等闲。皓首未随商皓出，朝衣曾自杖朝颁。中兴甲子从头数，后辈元魁拜手攀。碧眼方瞳瞻寿相，朱颜宁染冻梨斑。

龙马精神海鹤姿，耆英洛社想当时。荣膺桥梓鸣鸾佩，公与长君杏荪宫保现皆晋秩卿贰。秀毓芝兰耀凤仪。孙曾绕膝，颇有问安惟颔之乐。笑指秋澄银汉夕，画眉喜咏玉台诗。公大庆后一日为令嗣莱荪合卺之喜。钓璜莫漫蟠溪隐，好为苍生作帝师。

看遍沧桑历五朝，令公华发未萧萧。清如霁月升图峤，皎若朝阳丽绛霄。鄂渚殊勋传煮海，公尝官湖北盐道。钱江深泽抵春潮。公分巡浙西后陈臬皆恩法兼尽，今浙人犹歌颂弗衰。名卿舞綵群仙会，人瑞欣占玉烛调。

赠日本伊藤侯相三十六韵

七雄纵横如战国，胜败原难审曲直。中国因循不发愤，上下交蒙情否隔。泰西公法重富强，往往干戈易玉帛。溯从英法犯中华，重关难冀丸泥塞。船坚炮利彼所恃，我军御之辄不敌。长驱直入无人当,可叹疆臣犹粉饰。朝廷洪度重怀柔,海口通商任需索。六州聚铁铸一错,铤而走险不暇择。内地传教最失计,煽惑人心尤叵测。痛深创巨若无事,率由旧章甘自画。文人八股猎科名,武士弓刀判黜陟。贪婪只顾身家肥,度支谁问朝廷瘠。暗中元气久朘削,天下莠民多反侧。图新守旧两不宜,大局竟同孤注掷。痛哉列国议瓜分,虎视眈眈伺我隙。俄人阴谋更恣肆,直欲包举如卷席。非特得陇还望蜀,不啻假途先灭虢。各国纷纷竞效尤,要求不得肆恫吓。杞人之忧何能释,忍见铜驼卧荆棘。革故鼎新不容缓,无人更正匡时策。中国最与东瀛近,形势相联共休戚。君侯天生王佐才,经文纬武奠社稷。燮理新政二十年,上行下效究货殖。救时同德协同人,练兵群策屈群力。运用之妙存一心,国中富强日裨益。急流勇退师留侯,遍踏青山访黄石。去秋乘槎海上来,得瞻颜范语温克。翩然一掉赴燕京,陛见深宫礼如客。正值朝政大变更,仓卒东归泛海舶。近闻朝廷远寓书,敦请名贤共辅翼。楚材晋用借维持,和衷共济劳兴革。会同列国议和平,保护吾华免荡析。本固邦宁无近忧,唇亡齿寒鉴陈迹。须念黄种共支流,深期赤手援饥溺。非常人建不世功,四亿苍生戴君德。於戏!四亿苍生戴君德。

读罗浮纪游作

山人最爱洞天游,罗浮是三十六洞天之一。昔尝两度探罗浮。不藉仙蝶驮诗梦,待招元鹤为从驺。余自署罗浮待鹤山人。冲虚门前有狮象,门外左右之山俨如狮象。黄龙吐珠境最幽。黄龙观下有山如珠,俗呼为龙珠。朱明羽化遗岩洞,葳蕤芳草环松楸。稚川丹灶烟火冷,人间凡骨能换不？选胜何必山阴道，眼底奇景无与侔。黄龙、冲虚、白鹤各观，华首台宝积延祥三寺，余皆历览焉。快遇羽士彭镬后，与彭凌虚炼师乐数晨夕。谭元说奥情相投。时或导我观飞瀑，恍疑天际下螭虬。松涛万壑答疏磬。清风振袂同深秋，山花无主自开落，林鸟迎客鸣钩辀。仙凡迥隔无尘俗，策杖蹑屐访浮邱。四百奇峰游未毕，家书催我上归舟。自恨未能脱尘鞅，还丹面壁来潜修。道光得诀尚还俗，薛道光。山灵勿笑难为留。回思廿载成陈迹，屈指前游已二十年矣。韶华荏苒如东流。霜压两鬓髭拈雪，余今年六十有一。悟彻身世本浮沤。桑田沧海几迁变，白衣苍狗烟云稠。但炼金刚身不坏，奚须人世封王侯。何时慧剑斩羁绊，双修性命入琼楼。河阳赠我纪游草，谓独立山人以罗浮纪游寄赠。岚云谷雨瑶编收。开卷枨触前游兴，感怀不禁发狂讴。

英美德海陆军章程录呈曾忠襄张靖达未用志感

世事如棋局，愚智分荣辱。险隘必相争，弱为强之肉。方今二十纪，兵精火器酷。各自保利权，联盟阴谋伏。借端踞要津，得陇更望蜀。亟练海陆军，分门严教育。章程采泰西，献以挽颓俗。

答汪甘卿孝廉

小中大学堂，课本宜编正。由浅而入深，教育首德性。小学知所爱,中学知所敬。大学穷哲理,有道砥其行。日本为俄欺,蒙学作歌咏。自少入脑根,老来愤其横。所以无贵贱,爱国不惜命。名留天地间,战死以为庆。人说泰西法,我说出孔孟。视臣如手足,社稷重百姓。孟子云:“民为贵,社稷次之,君为轻。”泰西能力行,东瀛称善政。明治始维新,借此以自镜。举国皆尚武,合群共争竞。图强得自存,君民守宪令。上下同一心,兴利除积病。专门学校多,人材自然盛。百艺无不精,气雄兵力竞。

怀梅岭栖云山人

老莱深隐白云乡,惟爱壶中日月长。世界繁华情自淡,天台缥缈梦难忘。不容俗士寻芳径,应有高人降草堂。金粉丛中闻妙否,相期花下细参详。

香港晚眺

万国帆樯供白眼,一天星斗鉴丹心。何当得遂筹边策,巨刃摩天破积阴。

早秋病居感怀

热血填胸独自醒,夜来闲步过中庭。草间蛩响秋三径,帘外山衔月半稜。病久渐能知药性，愁多端合念心经。班生不遂封侯愿，要学钟离事炼形。

次潘兰史征君论变政原韵

变政有先后，维新立宪纲。君民同一德，国祚自绵长。
学校贵专门，不专艺不精。人材从此出，富国亦强兵。

舟次西江阻雾

西江通五省，总汇在梧州。土产谷米麦，桂枝花生油。砚史端州著，橘柚沙田优。船艇如梭织，百物不胜收。进口货日盛，洋纱与匹头。两岸山环立，烟村草木稠。水涸深七尺，江阔可横舟。漫云西粤苦，宝藏盈山邱。苍梧县等俱谓两粤地瘠民贫。奈何安故辙，如在雾中游。清谈消永昼，把卷梦庄周。同舟诸君或相聚清谈，或掩卷而卧。外国垂涎久，争思奋远谋。狂澜谁力挽，变法障东流。

游西江即事[①]

西江通五省,总汇在梧州。土产谷米麦,桂枝花生油。多购端溪砚,船过肇庆土人携石砚至船,同人多与之购。喜食沙田柚。梧州沙田柚味甘,人皆喜食。船艇如梭织,百物不胜收。入口货日盛,洋纱与匹头。两粤人呼洋布为匹头。两岸山环立,烟村草木稠。水涸深四尺,冬天水涸,有数处深不过四尺,西水涨则有二三丈之深。江阔可横舟。漫云西粤苦,宝藏满山邱。苍梧县谓粤西人极贫苦。奈何安故辙,如我雾中游。时适遇雾,船泊不行。既往勿可谏,来者当与筹。法国垂涎久,英商欲远谋。狂澜谁力挽,变法障东流。

赠罗星潭观察

丈夫志功名,焉能惜离别。忍观虎豹来,不愤不豪杰。
黄海倭氛炽,时危战伐频。东山今卧起,漫谓国无人。
猘犬驱难尽,哀鸿听可伤。请缨眦欲裂,劳我梦疆场。
交久如昆季,同流不异源。尘嚣何日谢,高隐到名园。

① 此诗原题为《游西江即事》,载《赴梧日记》,是郑观应于一八九六年三月五日至十七日去梧州勘察小轮通航事宜,在回广州途中经马口时所作。收入《罗浮待鹤山人诗草》时,题目和内容都有变动,故将原诗附录于此。

题吴剑华准今论

剑华独负瑰奇才，经文纬武凌金台。西行东征不得志，橐笔还归沪渎来。高谈娓娓惊四座，琅环展读眼界开。地球行遍九万里，胸罗甲兵智量恢。早知东瀛欲犯顺，上书请讨毋徘徊。相公笑呼为狂士，割地求和酿祸胎。热血喷激东海水，英雄无力随波颓。狂澜欲倒待谁挽，天时人事交相催。五强环伺欲逐逐，棋局纷争历盛衰。何日车书归一统，吾将高隐返蓬莱。

得罗星潭观察陈次亮部郎手书

留侯少伯建奇功，勇退潜修际遇同。可惜后来名将相，神仙不作作英雄。

言路宏开又访贤，诏书邸报万方传。庄周不仕休征辟，救世心存学剑仙。

不求大道出迷津，纵负雄才岂达人。爵位愈高年愈短，水中明月镜中身。

古今富贵似云烟，欲立功名敢爱钱。毁誉不惊存正气，襟怀朗对月中天。

乙未元旦作

抚年五十四,旅食沪江滨。淮勇羞降敌,台湾恨属人。鬓斑心益壮,血热语嫌频。棋局因循误,枢垣粉饰新。忠贞怀邓左,邓世昌、左宝贵血战阵亡。豪气羞吴陈。吴剑华、陈次亮。何日逢知己,乘时荐国宾。危言随毁誉,愤世独悲辛。北望云天近,东瞻岛国邻。求成当岁首,史笔记王春。

别粤寄内并示诸弟

青山绿水尽吾庐,野鹤闲云任所呼。堪笑鹊巢争未已,岂知拔宅是良图。

得失穷通听自然,放怀漫学杞忧天。平生爱读夷齐传,忍让何妨效昔贤。

寿张弼士观察六十初度

忆昔浮槎奉使年,堂堂岁月老风烟。屿坡旧迹轺车纪,粤汉新猷铁轨连。公创办粤汉铁路。金殿隔炉咨李泌,玉軿持节继张骞。昂头碧海明如镜,朗诵黄华四牡篇。

咨度询谋独任劳,垂怜桑梓竭脂膏。輶轩破浪勤筹箸,原隰耕烟欲卖刀。海岛愿联西士袂,琼台常建汉家旄。公曾条陈当道拟约西人合租琼州以南以杜窥伺。箕畴介福今周甲,寿世丹忱烛九皋。

冬日南檐燠气深,一阳来复见天心。梅开庾岭香千树,松老徂徕荫百寻。应有寿星临玉宇,更看乡月照瑶林。濡毫预写台莱颂,想见称觞庆盍簪。

山庭表异骨权奇,雪鬓霜髯晚景宜,唐举鉴观应不爽,张膻荣显莫嫌迟。灵钟大浦翔华候,嘏祝瀛洲奉使时。杖国杖朝期有待,长生曲奏合华夷。

乙未感事

世界循环若转轮,天涯何处避嬴秦。鹰瞵虎视来欧种,蚕食鲸吞伺亚人。财政暗侵开矿路,利权显夺踞关津。急求立宪开民智,上下同心抚字仁。

世界如棋一局输,谁教边境祸堪虞。楚材晋用非长策,富国强兵是霸图。献策关中思邓禹,立勋江右待夷吾。御戎自古须良将,莫恃羁縻作远谟。

天险难防地利穷,傍观碌碌笑诸公。司农终日筹军饷,比户何时息盗风。教养不知谁爱国,守攻无术但和戎。如何轴秉钧衡辈,割地行成亦纪功。

不辞汗马矢忠勤,密约同袍靖海氛。甲申年曾约同志拟暗袭西贡。计定楼船趋间道,指挥乡道伏奇军。阴符熟读行兵策,阳历新翻变法文。却惜良谋成画饼,空馀壮志郁风云。

且刑白马更修盟,中外交通政贵平。种类虽分黄与白,灵魂不灭死犹生。学兴切戒风潮作,教立须忘水火争。一视同仁无畛域,受廛占籍即吾氓。

学校欲兴科举在,重文轻武失雄心。猖狂底事翻横议,泄沓谁能御外侵。国势反因专制弱,邦交未悉诡谋深。关怀大局危如许,痛哭陈书泪不禁。

管鲍相交世所稀,和光混俗任人讥。乾坤正气神当鉴,仙佛真传愿未违。九转待来金鼎药,七情早息汉阴机。蓼辛荼苦都尝遍,何日丹成跨鹤飞。

驻俄法日各公使奏立宪法不成有感

立宪维新本,安民定国基。若非贤宰辅,英主亦迟疑。

天视我民视,何殊议院成。共和宗古法,得众在公平。

愤世

变政无智勇,畏首复畏尾。上下习因循,事事皆委靡。大权日旁落,外人任供使。非但各海关,邮政亦如此。路矿不自开,利源能有几。民穷国亦困,赔款尚未止。群雄似虎狼,暴虐无伦理。驱我作马牛,反笑不知耻。普告满汉人,相依如唇齿。愤志学东邻,爱国同生死。合力求振兴,宪法从斯始。君民能一心,富强犹可企。否则继波兰,祸至悔无已。

自　勖

身经百炼似金刚，外则圆兮内则方。律己未严虞放荡，交人以敬法温良。清平志气功名澹，保守精神道业昌。嫉恶叔牙嫌已甚，漫言忧世接舆狂。

世事旁观似奕棋，臣心如水鬼神知。率情岂敢趋时变，素位何妨任所之。漫惧因循防急躁，几经患难过仁慈。万金散尽图忠孝，访道寻山尚不疲。

彤管遗芬录题后

越中古多奇女子，曹娥朱娥纪于史。成名而去各千秋，继其后者有魏氏。魏氏生成冰雪姿，许字王郎未结缡。女儿花好春风妒，蓦被吹残连理枝。连理枝上鹃啼血，生不同衾愿同穴。奈何独上望夫台，事隔三旬议不决。议不决兮叔欲行，柏舟矢志愁中更。仰天饮药甘如醴，了却尘缘表女贞。女贞之木拱荒阡，留得遗芬录一篇。愧煞须眉千百辈，偷生畏死苟延年。

刑　狱

酷吏用严刑，冤诬以成谳。拷掠无完肤，桁杨血及跣。惨状不忍观,众相地狱变。狱卒更私刑,勒索延残喘。孥戮及牵连,非刑概当免。律例与监牢,悉从西法善。长禁改苦工,功德良非浅。

拳　匪

学法袁天罡,识数助天子。哀哉义和拳,暴动国之耻。未读石函记,安知其秘旨。符咒偶有灵,枢臣信可恃。始纵烧教堂,继则杀公使。震动五大洲,八雄乘势起。八国起兵来华。俄德兵最凶,杀人如犬豕。淫奸复枪毙,妇孺全惨死。京津遭毒炮。绿气弹最毒。屋宇成棘枳。玉石谁为分,兰艾同时毁。春秋救邻国,大义岂如此。列邦各怀私,强秦更奇诡。俗呼俄为秦。官商归不得,告急呼桑梓。救济救急会,派人相料理。局船比慈航,招商局船不收客价。生还皆欢喜。北望泪沾巾,烽烟何日止。车驾盼东还,新政从此始。

训　子

勉尔勤修趁少年,虚心愤志业精专。经书烂熟方西学,博古通今事大贤。

日用随人称有无,东坡家法画前模。非衣恶食何须耻,能屈能伸是丈夫。

诸葛一生惟谨慎,吕端大事不糊涂。先哲格言。嘉言懿行宜多识,学贯天人乃大儒。

积德行仁期在我,穷通得失听于天。须求颜子箪瓢乐,勿受人间作孽钱。

静观世态感炎凉，腹剑还防笑里藏。莫漫逢人结知己，耳馀列传细参详。

教子当如高密侯，各精一艺胜良畴。慎馀堂名慎馀勤俭成家法，容忍真能解百忧。

不耐饥寒非志士，能兼气节是全才。英雄自古多磨炼，勿谓艰难志遂灰。

画虎不成反类犬，文渊示子诫粗豪。先贤家训宜多读，谨守谦和法最高。

和沈小园太守六旬述怀原韵

门第清华世泽昌，碧梧高荫读书堂。万家赤子沾恩泽，三径黄花挹晚香。骥尾青云同景附，鸿嗷中泽感荒凉。为歌介寿南飞曲，箓纪东华日月长。

滴露研硃释道经，客来谈笑两忘形。电传机括音尤捷，夜订章程笔不停。富国裕民常上策，乘风破浪快扬舲。登云笑捧瑶觥饮，龙马精神更锡龄。

无　题

驽骀毕竟受人羁，举目新亭事已非。将士何堪输马服，海疆先已偃龙旂。杞人有泪忧天坠，节帅无谋任世讥。寄语边民须激励，从来贻误习脂韦。

祝郑慎之观察七十晋一寿诗

飞轮激浪来殊族,五千馀年辟奇局。战不在兵权在商,纷争何恤同蛮触。惟君运筹捣中坚,操奇计赢工懋迁。南溟岛屿供流览,飘飘不数地行仙。昔力埠号寸金地,惜乎未尽自然利。君运精心延丱人,验苗钻洞发宏议。宝藏直探碧海隅,购机探锡炼洪炉。酌盈剂虚善居积,仰食奚止千百夫。阿芙蓉税谁厘定,得君勾稽义俱罄。贤劳懋勉著欧洲,英廷宠锡带鞶称。君才赡富德润身,既利己兮亦利人。手握商政数十年,中朝异数叨恩纶。识君忆在甲申岁,余时奉檄从王事。暹罗越南策马馀,相见恨晚心如醉。我籍阳江君东州,苔异岑同情谊稠。和易坦率无崖岸,孝友肫笃空凡流。羽书千里催归辙,情深转觉难为别。临歧赠我连城珍,承惠金钢钻指环。订交比石坚如铁。此别匆匆十稔过,海南沪北相思多。君既杖履娱清福,我犹宦海惭蹉跎。屈指三豕渡河候,为君七十开眉寿。今庚海屋一筹添,梅花破腊春光逗。衣冠跄济齐称觞,芝兰玉树竞含芳。克绍前徽昌厥后,寿与古佛同无量。长天云路须凫舄,恨无仙吏王乔术。遥飞一盏祝千春,身其康强子孙吉。龙马精神海屋姿,祥霞高护灵椿枝。驻颜不借金丹诀,适性奚过餐璚芝。远瞻茂荫照瀛海,队队斑衣欣舞綵。杖朝载献冈陵诗,锦堂想见群仙蔼。

盛宗丞赠六十寿诗次韵奉和

崧生岳降富经纶，雅量汪洋更迈伦。马首孤寒惭国士，龙门高抗萃畸人。公门下多奇士。老莱斑綵家庭乐，公绪吹嘘万物春。诗扇奉扬时在手，仁风披拂上罗巾。

【附】盛宗丞赠诗

二三豪杰今谁是，才识如公孰比伦。夹漈著书关国计，岭南学派有传人。海天旧雨尊前话，山馆停云劫外春。丹荔已过卢橘熟，芰荷香里漉疏巾。

六十初度书怀

花甲初周鬓已班，少君底事未安闲。李少君闻道未修因贫而仕。惊看海上银涛起，静守壶中玉液还。夜告苍穹恒自勉，赵清献昼有所为，夜必焚香告天，不可告天者不为。余师其法以自勉。日行素位复谁讪。何时得遂旌阳愿，驱孽除蛟靖海寰。时拳匪乱，江西蛟水大发。

蟠根错节气犹雄，探敌援台奋厥躬。法越之役，彭刚直公委赴西贡等处察探敌营，又檄委援台湾。屡塞漏卮纾国困，创办上海电报、机器织布、造纸各局，总办轮船、矿务局、汉阳钢铁厂。叠邀旷典振民癃。筹赈晋、豫、顺直，力辞奖叙，两次奉旨饬将父子兄弟名载入原籍省县志乘。著书敢谓匡时论，《盛世危言》孙尚书、邓中丞谓是时务切要之言，同时进呈御览。

课艺曾教博考工。昔年余课上海格致书院,肄业诸生题询泰西士农工商等学,创办机器、织布局,曾委员赴欧洲博考其艺。恭祝翠华回驭早,日新盛德庆风同①。

花甲初度感怀两律承亲朋赐和赋谢

《危言》感诩烛先机,但恐扶持国手稀。厝火讵知谋曲突,权衡徒自惕襦衣。合群立宪维新本,独守成规创业微。拟借鲁戈挥日驭,拨开云雾见清晖②。

六十年来愿未酬,南辕北辙访庄周。诗成遍荷佳章和,身老应求大药修。宦海风波怜将相,蓬壶岁月傲王侯。诸君共有匡时略③,我欲从师跨鹤游。

前世荷花今是我,何劳介寿祝同俦。寻师欲识长生诀,却老须求大药修。宦海风波怜将相,蓬壶岁月傲王侯。《参同》《周易》谁能识,愿结卢敖汗漫游。

---

① 《六十初度书怀》又收于《待鹤山人晚年纪念诗》,题名《附录六十生朝自述》,将"著书敢谓匡时论,课艺曾教博考工。恭祝翠华回驭早,日新盛德庆风同"改为"上书愧未酬虚愿,课艺何妨补化工。一瓣心香求立宪,唐虞盛世亚欧同"。

② 这二首诗最早刊于《俟鹤山人六秩寿诗唱和集》,收入《待鹤山人晚年纪念诗》时,将题目改为《花甲初周感怀两律承诸亲朋赐和赋此志谢》;将"合群立宪维新本,独守成规创业微"改为"文期豹变难占吉,道尽狼当早见微"。

③ 此诗最早刊于《俟鹤山人六秩寿诗唱和集》,收入《待鹤山人晚年纪念诗》时,将"诸君共有匡时略"改为"诸君合抒匡时略"。

商务叹

富强由来在商务，商出农工须保护。商律颁行宜认真，精其事者管商部。农工学生虽卒业，未经历练毋轻雇。中华矿产冠五洲，自然之利天所与。取之不竭用不穷，矿路宏开国自裕。可惜民间习气深，开采每为风水阻。风水岂能阻外人，徒为外人守其土。试看奉天可类推，不识时务惟泥古。且叹开者资本轻，贸然举办无次序。不先钻穴验矿苗，凡开矿，西法必先请矿师用机器钻验煤层多少厚薄，化看矿质。往往无效失资斧。虽闻漠河获利厚，无如饷重贼难御。金匪猖獗勇粮极重。轮船电报开平矿，创自商人尽商股。国家维持报效多，试看日本何所取。办有成效倏变更，官夺商权难自主。开平矿股价大涨，总办擅自合洋贾。开平借庚子之乱，不集董事会议，竟擅自与西人定约入股合办。地税不纳被充公，利失百万真乳腐。代购广州地百数十亩，因久不纳税，闻被充公。电报贬价归国有，不容商董请公估。轮船局权在直督，商欲注册官不许。总办商董举自官，不依商律由商举。律载大事应会议，三占从二有规矩。不闻会议集众商，股东何尝岁一叙。不闻岁举查账员，股息多少任所予。调剂私人会办多，职事名目不胜数。改归直隶总督管辖，札委会办、坐办、帮办共八人，提调、稽查、董事共十三人。不洽舆情无是非，事事输人糜费巨。用非所学弊端多，那得不受外人侮。名为保商实剥商，官督商办势如虎。华商因此不及人，为丛驱爵成怨府。忆余会办轮船局，龙旗两换安海宇。甲午、庚子之变，轮船局产皆余经手换旗，安然往来海上，事后赎回，只给领事注册费。代购沪东两码头，获利百万非无补。宏羊底事受排挤,嫉恶如仇性愚鲁。熟读中外平准书,感慨时艰告君父。

挽袁爽秋太常

忆昔论交笑我痴,清刚例不合时宜。当年公勉官应语。庸知抗疏扶危局,忠比椒山事更奇。

读汉书适闻电报局督办及招股创办董事易人有感

是非公论听旁观,开国元勋猎犬看。世事纷争如博奕,人情反复似波澜。从来正直招尤易,毕竟清刚挫节难。我学子房甘勇退,追随黄石炼还丹。

和王爵棠中丞小饮西山洗石庵原韵

春水环城涨碧波,绿回山草雨初过。愿从玉笥参禅理,待听金铙奏凯歌。羽箭星驰狼燧炽,云堂风劲鸟声和。衔杯添取新诗料,窗外峰蟠几点螺。

岩花红媚佛灯青,月满浔洲入画屏。寺观安居幢作护,萑苻未戢战难停。戎装督阵云山立,将令宣威石洞听。捧檄缉私梧港澳,追随未获叩禅扃。

铙歌一阕奏平蛮,伏虎威留异俗间。健骨据鞍雄顾盼,壮谋结阵妙回环。范铜作柱曾铭绩,谤薏成珠任逞奸。此日大滩瞻庙貌,千秋心迹印清湲。

战迹应推新息多,炎方远定汉山河。丹心独具筹边策,赤手能平大海波。像画云台图妙肖,功成露布墨研磨。羡公指日歼群丑,一样殊勋颂止戈。

癸卯春奉檄查缉港澳私贩军械兼粤汉铁路购地局事夏初又委统梧州三江缉捕感赋

年来戎马粤西东,叠获枭渠胆气雄。自愧安边无远略,只知报国矢精忠。鸳江细柳屯营绿,犵路蛮花映节红。土寇海氛何日靖,舟车努力建奇功。

广西土匪谣

山巅石洞广且深,悬崖峭壁不容趾。欲登凿路或攀藤,盗贼逋逃恒聚此。中多瘴毒气阴寒,晨昏云雾山腰起。淮军湘勇失地宜,疾病难行半生死。贼探兵民势可欺,月黑下山劫村市。有钱入会可保家,无钱破家掳牛豕。贼去兵来更可怜,明知贼踪不敢指。贼来倾囊犹得生,兵来破家复遭毁。如欲保民须练团,派兵防护同清理。乡团练勇力能支,不惮贼氛祸方已。治病必须穷其源,教养兼施乱乃止。我曾电告岑制军,驻节左江将策拟。敢存五日京兆心,早祈捷报天颜喜。

左江道署留别

勋业多从乱世来,艰难困苦见奇材。萑苻未靖思良将,西省游土各匪剿抚未净,前月复有绥远军三哨溃逃,如有良将何至如此。赈济频筹御旱灾。在广东省时曾与两粤广仁善堂各绅董力筹巨款购米西上施赈平粜。欲靖闾阎巡警设,仿天津、广东章程在南宁倡设巡警军。冀通时务学堂开。改左江、蔚南两书院为中小学堂。徘徊终夜惭才拙,投匦求言弊欲裁。辕外创悬匦椟,凡有劫抢等案可具禀投入。

持节南来志未伸,匆匆瓜代又归轮。横州江上擒魁逆,在横州江口拿获匪首罗二大王、黄先锋。那重滩头访善人。闻广仁善堂伍绅押米赴隆安路经那重被劫。号令不从非失算,调兵遣将剿匪护商阳奉阴违。训辞广布渡迷津。招兵捕匪添新债,好积阴功答玉宸。

【附】武芝鹿广文和作

炎荒五月渡江来,水陆欢迎管乐才。察吏观风崇治本,飞刍挽粟恤邻灾。下情深恐舆台隔,悬匦收禀以通民情。民智先从学校开。裁并书院倡设学堂。为靖萑苻无暇晷,出奇制胜费心裁。

修真有志未遑伸,奉檄南邕驻鹿轮。西顾睠怀忧大局,东来说法衍畴人。公拟在邕城仿西法设工艺院,议甫定已瓜代行。合群义在联同种,公以"义重合群"四字匾赠南宁广东会馆。遗爱名应字郑民。归去罗浮看鹤舞,双清堂上净无尘。

癸卯五月朔奉王芍帅札委代理左江道越十日舟过乌蛮滩又名起敬滩有感

起敬滩头礼伏波，将军庙宇遍西河。乌蛮十里涛声壮，大岭分流雪浪多。水激暗礁疑擂鼓，舟穿怪石似抛梭。层峦络绎成天堑，猛虎强狮奈此何。

书东三省俄兵暴虐事

俄志图北省，法欲据南方。昔创兴亚会，两国颇惊惶。戊戌年初春与沪上日本领事创办兴亚会。俄询日领事，何故意参商。中西皆友睦，邦交不可伤。冀我会不成，迭问谁主张。佯言广贸易，不贪人土疆。假我旅大口，修葺乃舟航。言甘似仁义，心狠若豺狼。动辄肆阴谋，遑恤背盟章。所谋如弗遂，压以兵力强。朝廷惟忍辱，日月暗无光。驱人下河海，视我如犬羊。驱民数千下海。兵来占官署，兵去毁民房。暴虐竟如此，何时天罚彰。世界谁公道，盗贼亦披猖。谋生固不易，何处可行藏。终受瓜分变，何如战疆场。练团造利器，勠力当勤王。

吊东三省

民心似散沙,西士笑中华。不识合群力,偏工害自家。为谁除马贼,迫我退官衙。何日王师至,灾氓望眼赊。

呈胡蕲生中丞

鲰生遭患难,志大而术疏。粗求经世学,不甘为小儒。出门寡所欢,箧盈谗谤书。岂无国士知,执乎伤歧途。幽兰非当户,亦复遭刈锄。

问　俗

入国须问禁,入乡须问俗。勿犯人所忌,同居方友睦。否则怪无礼,笑我如野畜。轻被责失言,重致起驱逐。官绅宜自重,毋为外人辱。

霸主歌

中华五千年,历受外人侮。王者抚四夷,何反畏如虎。矢口称黄祸,调兵保商贾。实欲继强秦,志在占疆土。反是以为非,伤人说自取。纵兵毁民房,暴虐奚堪数。只图略地多,不计殃民苦。复想匡天下,奉渠为霸主。懋迁恃势力,欺人如乳竖。娄索不从心,强夺兼用武。群雄竞效尤,轻藐我政府。官吏末奈何,情同法制晋。争学拿破仑,与及元世祖。不思未百年,国破身被掳。天道本无亲,惟德以是辅。何分黄与白,凶残天不祐。英俄德法文,将尽译为极。怀哉葛苏士,令我气一吐。

送粤东抚部院李勉师擢闽浙制府

衡岳钟英迥异常,迭生名世应休祥。辖兼闽浙新猷广,化格猺黎旧泽长。课吏有方崇治本,备兵无患靖岩疆。赈饥惠及西邻远,亿万苍黔一瓣香。

名臣风度本端凝,历遍崇阶不自矜。关榷宣勤孚众望,柏薇持正到今称。东瀛奉使颁纶綍,南越分疆断葛藤。亮节英声中外仰,在公犹复惕渊冰。

官好难留可奈何,粤风日下似江河。撂捕遍地民财匮,荆棘盈途盗警多。正本清源资教养,补偏救弊涤烦苛。使君还我兼圻愿,会见珠江绿不波。

识荆沪上笑颜开,粤峤重逢感化裁。商战卅年知世味,宦游两次值兵灾。未同流俗撄时忌,为守家风不自谋。卧辙留鞭无可献,赋诗聊比一枝梅。

答朝鲜刘清岚并寄奉天陶在东孝廉

上无大彼德,中无英政府,下无华盛顿,人材无可取。终日言富强,于世竟何补。由是外人欺,君民同受苦。急效法扶桑,维新勿泥古。迟恐继波兰,印度遂为伍。奴隶我子孙,何以对吾祖。上下勿徇私,同心亟御侮。爱国立宪法,民情知鼓舞。方今东三省,凄凉不忍睹。与其身家遭敌害,弗如舍命酬君父。

阅东三省俄国铁路章程

外人入内地,筑路造兵房。托词防盗贼,保护各行商。大权操自彼,视我若犬羊。各省恐如是,先筹抵御方。

寄示长男润林肄业日本

欲作人间大丈夫,必须立志勿糊涂。专门望习农工矿,先哲辛劳记得无。

刊中外卫生要旨备急验方书成题二十字

久病怜人苦，搜罗简验方。卫生中外旨，编刻当慈航。

书抵制美国禁华人入口

华佣出外洋，政府无保恤。劳苦得工资，竟为土人嫉。讥我如野蛮，作工不守律。嗜赌争斗多，会党名不一。严禁不准来，苛刻例难述。何独轻吾华，偏以为口实。相劝各自重，公理要详悉。中国农工商，心同更志一。势力不用兵，抵制亦有术。来货我不购，雇工我不出。利厚我不贪，兵威我不怵。上下争国体，主权守勿失。

自题戎马小像

昔年戎马粤西东，曾探骊珠入海中。中法之战曾探西贡等处敌情。弹雨枪林全不顾，要除暴逆救哀鸿。广西之乱曾带勇拿获横州匪首罗大王、杨先锋。

保主权

立宪政体重主权,权分上下居民主。太阿不假外人持,上下同心拓土宇。中国专制尚维新,势同彼德效易睹。如何鼻息仰他人,自卫奚殊伥引虎。引得群虎自西来,佯言为我守疆土。谁知各自踞一方,遂欲瓜分兼豆剖。拒虎不得复进狼,狼狈为奸矜跋扈。主权反授虎狼操,荐食何时能饱肚。纵横之术似春秋,权谋险诈悉难数。财政大权在海关,海关税务司兼管邮政。商征邮税供天府。专司总钥为赫德,副以华员亦不许。海关税司用西人,不是西人不许雇。西人怀私顾彼族,往往蔑视吾商贾。洋船往往内地免验,华船须泊关前候验。关税所入系度支,国家命脉相依辅。请看印度公班衙,国脑已(彼)〔被〕英人盬。矿产五金中土饶,权应采挖属农部。天生宝穴不自开,惟予外人纵斤斧。利权尽为外人握,国旗变色纷纷树。幅帧已在人掌中,保护犹烦我卒伍。铁路筑费借外洋,工司工匠由他举。纵然筑得铁路成,保守何从固吾圉。借款多时如埃及,邦交每易生龃龉。一朝鼙鼓动地来,内外交攻孰能御。我闻灭国有新法,欲取先与为基础。堂堂中国岂无人,何以事权偏授彼。或谓西人操守廉,华人好货不足恃。尝闻镇关有西人,名马臣,镇江海关税务司。私购军械谋不轨。曾与会党暗相通,缉私受贿犹常技。中外亦有良歹人,惟在权衡操诸己。又如铁路美工司,黜陟重权归总理。薪水十倍厚华人,自应立品端行耻。讵知以公济其私,弊窦颇多尤鄙靡。党同伐异善弥缝,颠倒是非任誉毁。铁路未筑先绘图,按图购地有定指。缘何图线屡改更,测量不准可知已。轨道高下无参差，平如砥兮直如矢。工完时复高改低，且未试行先倾圮。艺学西人素精工，黔驴之技竟止此。华人薪俸视西人，何患良材无杞梓。当道不识外夷情，通商税则徒利彼。大权日落祸渐生，严禁华人往澳美。招雇之日语何恭，被逐之日意何訾。苛例骫立不平等，凌虐吾民如牧竖。弱肉强食心理无，惟有权力为英武。昔如狼虎今狐狸，变相又复施狐蛊。或用猛力或阴谋，我国利权思尽取。动挟天子令诸侯，亟效扶桑保天子。我今欲告主权人，听者幸勿嫌逆耳。

训子侄之肄业日本者

借地规则厉，发愤做工夫。坚忍方成器，卧薪尝胆无。
立志在青年，老来悔已晚。须观有用书，学业身之本。
蜘蛛能结网，仰食愧为人。一艺不能学，何由寄此身。
失业因鸦片，倾家为赌钱。富由勤俭积，花酒勿流连。

哀黄人

天地有正色，建中皇立极。黄人居中原，世为天下则。底事为白人，动辄遭反侧。只因弱役强，保护不为力。慨自海禁开，招工来美国。出洋人日多，只为觅工食。大埠开金山，草莱辟荒薉。黄人为经营，商务冠南北。岂料下社流，不以我为德。焚杀肆凶狼，灾患生不测。苛禁我黄人，不容履彼阈。爪哇非律滨，一律令摧抑。英国号文明,通商有定式。如何彼属岛,现亦多驱逼。澳大利、坎拿打抽华人身税极重,否则不准上岸。俄占我远东,虐民更残刻。戮屠如犬羊,焚掠甚马贼。公理岂全无,祸心存鬼蜮。列雄皆效尤,分踞我邦域。立约尤不公,谳讼多反仄。黄人居外洋,异族招忌剋。定谳归洋官,罪名任罗织。白人来中华,岂尽无邪慝。犯罪隶回国,按律究不得。黄白若交控,状师舞文墨。黄人理纵长,能使枉者直。末吏顾考成,外人工偪勒。瞻徇迁就多,不计民智塞。事或涉教堂,索赔多不实。办理如未善,大吏任黜陟。洋舰保洋商,内河恣游弋。兵房占民居,举步皆荆棘。最惨远东人,无辜遭杀殛。灾民空呼吁,官吏但缄默。却为狐假威,遂教虎傅翼。白人日益骄,黄人祸益亟。再不图自强,瓜分当在即。哀哉我黄人,外患何时熄。近传南啡洲,民情刚且愎。又来招华工,垦荒与种植。黄人惯出洋,踊跃去如鲫。当道立约章,外交果洞识。有无领事官,保护设专职。利益宜均沾,科条毋掊克。中西准入籍,相待仪不忒。国体各遵崇,兆民自允殖。哀哉我黄人,教养无辅翊。乏本作生涯,无田供稼穑。饥驱涉重洋,为人力沟洫。彼族多野蛮,很心少恺恻。圈禁似猪豚,鞭策如犊特。恶食杂沙泥,破衣灭要襋。生为异国奴,死作殊邦魊。暴虐我华工,暗如地狱黑。当轴不闻问,太平工粉饰。前车鉴古巴,立约当谨饬。国以民为本,安危系社稷。有民不知保,驱而纳诸罭。哀哉我黄人,伤心罔不爽。黄人不自哀,吁嗟长太息。

潘兰史征君以四十书怀寄示次韵奉和

采芝遥忆故山春,鱼跃鸢飞悟此身。久羡通经称博士,君随使西海,洪文卿星使保送国子监可得典籍,君未就。还容入社集遗民。胸罗武库倾东粤,光炯文星拱北辰。按剑欲谈当世事,海天万里溯伊人。

麻姑介寿献香醽,遥驭飞鸾抱玉瓶。曾泛仙槎游海国,可堪杯酒劝长星。钓鳌三岛波涛静,倚马千言笔砚灵。赢得新诗留异域,双鬟按谱唱旗亭。

脱手奇文万口传,杏花深处且停鞭。弦摧锦瑟吟孙楚,草映池塘梦惠连。振策西樵游画里,扬舲南浦落吟边。人间独具回澜手,未许青山枕石眠。

何日归田赋遂初,迷途深藉指南车。摛文敢诩千秋业,变法犹勤十上书。上年拙著《盛世危言》蒙邓中丞敬进御览。世运艰难馀太息,人才洊擢竟何如。华堂促膝知非远,先染蛮笺问起居。

题梁佩琼女士飞素阁诗集

无端锦瑟溯华年,憔悴黄门感逝川。嘉耦宛如天上月,一生能得几回圆。

一曲离鸾最怆神,画帘微雨惜馀春。棠梨满树开如雪,不见明妆觅句人。

天长地久记相思,絮果兰因并入诗。未免有情难忍俊,远山依约皱蛾眉。

飞素遗诗字字珠,酒阑高咏唤仙乎。长离阁外开生面,想见冰心映玉壶。

友道叹

旧雨来申江,怜余病且贫。云受栽培久,惭未报姻亲。今有生财路,集资已足数。预留股万金,稍迟则难附。商战数月间,倍蓰利可还。屡中不可失,藉此慰愁颜。因为发私蓄,称贷兼鬻屋。电汇恐稽迟,不见一字覆。逼托友坐收,盘费须应酬。仅敷收者费,索借据回头。复求一大老,减息代追讨。易得股票回,珍重以为宝。庸知股息减,贬价犹难沽。股名弗许改,意计皆模糊。嗟哉人心险,贪利不知餍。由来伪君子,礼重言多諂。

赠西蜀王仙巢孝廉

辋川诗画冠词宗,西蜀应多闲气锺。舌涌文澜源汩汩,孝廉批赠命纸引子平命理不下数百言。胸罗武库甲重重。命宫偃蹇知磨蝎,时局艰难起卧龙。回忆旧游登剑阁,巫山倚剑最高峰。

观风岂复望真除,泡影光阴悟六如。服气未知丹篆诀,炼神承赠赤松书。孝廉来书教以服气炼神。归山尚待云中鹤,乐境闲看水上鱼。一卷青乌真妙谛,慈航普渡遂怀初。

与朱晓南观察论时局

维新不立宪，变法时纷争。聚讼盈庭，朝令夕改。积币终难改，良材不易成。赴美肄业生中途而废。因循遗大患，粉饰累苍生。政治如英德，何虞外侮横。

羊城感事赠李直绳观察

睹劫纷纷起乱萌，乡愚械斗辄相争。梨园花舫歌长夜，醮会灯场费万籯。教养未敷民智蔽，萑苻四出客心惊。观风粤海颓风挽，雏凤贤于老凤声。

粤汉铁路感怀

铁路瓜分界，群雄诈力施。利权非我握，侵蚀有谁知。铁路借款不问督办任洋总理支销。伐异偏同党，因公以济私。乡民频叫苦，地价植物房屋补费减给动恃势力。饮恨紫须儿。洋匠往往滋事，有枪毙人命偷骗等案。

感　事

特兰士化国,矿产五金多。荷族先侵夺,英邦复搜罗。慢藏原诲盗,病弱故招魔。立宪同坚守,强邻奈我何。

甲辰客沪江作

我昔莅申江,利权拓商政。甲辰复重来,三易寒暄令。人事已全非,洋场益繁盛。烟户似鳞排,士女如云靓。回首鸿爪痕,旧迹多未竟。却喜公学堂,蒙童堪养正。善会设救生,中辍心犹病。复集诸同人,买舟援溺命。沪上善士多,江浙人犹劲。募捐合万金,好义群钦敬。有志事竟成,安澜欣共庆。慈航渡众生,功德及游泳。

书中国医士讼师与泰西不同

医道关生死,律师定死生。国家不立法,任彼肆横行。人命时遭陷,家财辄被倾。急宜开学校,精益求其精。卒业给执照,注册纪姓名。堂讯有陪审,贪官无任情。病者得良医,人间少怨声。不才非好辩,志在启文明。

庸　医

庸臣误人国，庸医误人命。医理本极微，医生何太盛。悬壶遍街衢，牌匾相辉映。未读王叔和，自称能去病。不通多素经，粗识本草性。秘授夸祖传，板方集医镜。不图贫者延，惟冀富家聘。偏补或偏凉，药常不对症。杀人不用刀，酖毒甚枭獍。陷命律难容，诓财罪尚轻。亟设医学堂，考验严功令。良医给文凭，庸医示惩儆。为国保生灵，与民除陷阱。

归田官

致仕归来好著书，藉将利弊告宸居。如何但作樗蒱戏，满道荆榛竟不除。

题潘征君独立图

图名题独立，救世大文章。举国皆如是，何愁不富强。

有才能独立，倚赖是无才。富贵无他术，都从发愤来。

答福州含晶道侣

待鹤归去来,不与世驰逐。为无炼丹资,救贫复干禄。爰邀两知交,访友三山曲。同乘飞轮舟,波静鱼龙伏。水面如镜平,俯视深且绿。远望数峰青,三五分断续。遵海探奇境,怡然豁心目。访问商民性,濡笔纪风俗。

月夕值中秋,船泊马江头。地势天堑险,千门万户稠。独慨甲申事,元戎何失谋。法酋曾肆虐,铁舰付东流。韩范今何在,澄清慰隐忧。我欲飞灵剑,斩尽鲸鲵俦。餐霞东道主,酌酒谈瀛洲。不须朝玉阙,愿与赤松游。

轻气球

气足球园断所纵,扶摇直上御云行。平肩日月双轮转,俯视山河万里清。得到玉京仙佛并,不须铁杖鬼神惊。有形未若无形妙,那怕罡风一霎倾。

和忏庵感时原韵

国耻待谁除,潜修读异书。道成驱虎豹,时至化龙鱼。东亚销兵会,西欧任我居。万邦归一统,高枕梦华胥。

汉书言道迎善气读而有感

形上谓之道，形下谓之器。气散为人物，气聚为天地。有聚如无散，万物何从出。有散如无聚，天地亦闭僿。大哉一气中，造化无不备。阳施则阴受，成形种族异。修善气清明，清明生慧智。智由性中生，福自慧中致。富贵大寿考，皆性分中事。性分中带来，前生修得至。作恶气昏浊，昏浊变异类。白起变为豕，郗后化蛟螣。此事信非诬，史书多载记。善观人气色，知其善恶意。人之头上有气升，长短不一，有黑、白、红等色。同类气相感，西学有新义。人血有铁质，恶狠血熏炽。遇雷为所击，雷与铁相食。气随神所聚，神去气亦止。头上走马灯，为人气所使。希圣与希贤，悉从养气始。

自　责

责人贵委婉，含蓄毋太直。自愧性方刚，不容奸宄贼。小忠而大奸，淫恶与吞蚀。是以群小愠，到处被挫抑。毁谤无中生，诡谋不可测。清白天所鉴，终荷鬼神力。一朝遇知音，不为谣诼惑。会当奋南溟，得展鲲鹏翼。

卫生歌

屋宇东南向,或东或南或东南方。门窗透日光。有日光到潮湿不生。绒衣能护热,寝室贵通凉。多开窗户呼吸空气。蒸水除胶质,酸磷益脑浆。柠檬宣胃汁,果实润肝肠。欲节精神壮,体操筋骨强。晚飡宜少进,晨酒勿多尝。散步依昏晓,遵行寿且康。

赠上虞五誓斋主人

邯郸梦醒复何求,时事犹烦借箸筹。正气歌怀文信国,小心景仰武乡侯。奕非审势休轻举,策贵知幾莫浪投。晚节黄花期共勖,和光混俗免招尤。

余涉历世事备受艰虞聊赋长歌以诫儿辈

余生负奇气,浮华非所尚。利不竞锥刀,名未资禄养。仗信屡见疑,守忠数获谤。蹀躞走风尘,敢云志矫抗。境备历艰辛,甘被俗人诳。窃比卢惠能,涉世惟退让。抱一学长生,静坐垂蕙帐。邯郸梦未醒,葫芦画依样。遥闻青城山,云梯绝倚傍。上隐真仙人,时闻步虚唱。何当抛世事,万里远相访。奈与素志违,难脱旧魔障。回忆廿年来,如蚁行磨上。僮仆各营私,懋迁资斧丧。同侪惧贻害，诡言求摒挡。厥后竟食言，掉头远方飏。落井复下石，无风亦激浪。受累因同人，罹灾占无妄。债主屡搆讼，经年未了当。明恐累知人，变产悉代偿。忍耐学吃亏，犹然不原谅。置田傍申浦，沙拥滩日涨。斯时适返粤，织布局初创。竟为人盗卖，阴谋不及防。达观无所争，并出原契饷。迩来地价增，值金五万两。指望开利源，商务日推广。仰慕姚启圣，汪洋征度量。生平具仁慈，代人认亏帑。弃职复从戎，百战气益壮。万里建奇勋，超迁膺将相。明德既日新，多福自天降。伏波诫子书，言言均晓畅。谨饬可保家，游侠终无状。慎言无怨尤，轻诺最诳戆。大凡势利交，虽亲莫放旷。百事忌因循，一生免惆怅。仲由衣缊袍，颜子居陋巷。家贫道不贫，心清自无恙。垂训戒儿曹，书绅莫遗忘。

读泰西新史感言

专制重愚黔，愚黔如自缚。自缚手足乖，国势焉不弱。国弱被人欺，大权日旁落。共和欲民智，民智多材略。材多国富强，朝野欢声作。上下悉同心，何畏强邻恶。唤醒梦中人，鼾睡当早觉。立宪自文明，倾颓因暴虐。优胜劣必败，聚散由厚薄。普告秉钧人，刻意求民瘼。

与潘兰史征君论时事感怀得五绝二十六首

立宪不可迟，群雄虎视时。兴亡在此举，当轴漫狐疑。

官吏睡如狮，士民贱似蚁。若无下议院，积习终难洗。
畏人谤者云，议院宜缓开。何待数年后，中华不乏材。
欧洲举议员，首要问人格。品学兼优者，方能备选择。
列强图支那，受制如埃及。变法诸大端，一线延命脉。
土国仍专制，利人不利己。彼族欲愚黔，动辄挟天子。
昔者法兰西，议院立最早。始嫌人格低，终知固结好。
列邦争问鼎，噬脐悔无及。不信看波澜，难期宪法立。
多少无书读，难筹十数金。善哉新日本，义学密如林。
生寡食偏重，国家焉不穷。急宜开学校，竭力振农工。
广开实学馆，研究农工商。肄业分门类，功专器自良。
国弱强邻迫，体虚百病侵。一剂服良药，振起固民心。
邦交时变态，如虎亦如狐。理势非通晓，必为彼所图。
教养开民智，国家自富强。若如英德日，何愿不能偿。
各扫门前雪，全无爱国心。苟安图自利，大陆为谁沉。
新法何多阻，都因碍老臣。善哉元老院，调济免顽嚚。
只爱眼前利，不知后患深。民愚无远识，邻国故相侵。
国民优胜劣，霸术假仁义。强夺托文明，沾恩求大利。
教习要维新，监司欲守旧。风潮由此生，凡事戒鼠首。
内讧招外侮，党祸肇风波。贻笑黄髯客，执柯以伐柯。
少年有大志，极欲挽颓风。垂老未如愿，犹奔西复东。
志士性坚忍，岂无沉毅力。事前讨论精，不惧人摇惑。
奸邪多触忌，孤直不趋时。世上谁知己，归耕镜海湄。
仗义必疏财，急公忘却私。平生犯此病，妻子怨无资。
经营数十载，小屋十三间。自愧理财绌，抛家欲入山。
西林岑少保，邀作出山云。母病方求药，吟诗谢使君。

路矿歌

路矿之利普而丰，裕民裕国财政隆。泰西富强半出此，独惜支那聩且聋。廿二行省多宝矿，五金耀日山色红。奈无轨道运不出，守府徒嗟国帑空。怀宝迷邦不自保，开门揖盗来群雄。外交时复多迁就，与国要求术愈工。借口为我承路矿，侵吾疆土邀吾功。当途不察辄轻许，无异割地沟划鸿。法自越南入滇粤，俄从东北袭满蒙。德踞胶州略齐鲁，英承汉口及广东。所馀各国难枚举，路矿权归彼掌中。合兴公司尤狡黠，股票私售与比通。洋匠横行毙民命，工程陋劣违合同。湘人发难争废约，众志成城气贯虹。三省路权思共挽，义举洵足愧凡庸。从此外人来揽造，我须力拒毋通融。先筹善策储资斧，勿顾私囊只顾公。或分地段招商办，奖赉从优达圣聪。或拨帑藏先建筑，功成保息召承充。如无八厘息国家补足。绅商合股共分利，税仿欧西补正供。中国地大兼物博，殷商谁不乐输忠。总之集股非无法，取信先求有始终。若复予人纵伐斧，何殊授刃灭社宗。感怀路矿歌已辍，茫茫世事将焉穷。

伤赌叹

赌乃盗之源，此癖人皆诋。胡为蚩蚩氓，痂嗜甘如荠。破产及亡家，隳名复丧体。耽此摴蒱戏，男女防越礼。女摊阵可迷，劣绅馆又启。三冬赋无衣，入口嗟缺米。谁中鸩毒深，雪尽沧江涕。奈何资本流,时髦夸济济。纳帑弛巨禁,筹疑陈当陛。赌业承作商,公用以私抵。饷重弊益多,局奇眼易眯。十输难一赢,万贯沉海底。昨晨富百万,今日贫如洗。父可训其子,兄可勉其弟。哀哉阱斯民,此罪无可诿。清夜试扪心,忸怩颡有泚。

沪上救生会同人曾君少卿来电云美工虐待华侨请告同胞以不用美货为抵制名曰拒约会赋此纪之

乙巳年孟夏,沪上有志士。吾友曾少卿,拒约不畏死。因美虐华侨,苛刻无人理。壮哉冯夏威,舍生冀雪耻。遗书嘱同胞,勿用美货耳。以此为抵制,不废约不已。凡有热血伦,闻风尽激励。中美绝交易,响应遍遐迩。美商颇震慑,窥探我宗旨。只求准禁工,馀约皆可毁。我答是友邦,相待无人己。往来须一律,大道岂偏倚。昔增鸦片税,今年藏事起。政府问英廷,彼答商印使。印度总督。斯事关华侨,不宜商在此。应在旧金山,会商得原委。既然延状师,磋磨定所拟。必须电各埠,同胞无异议。胡为功垂成,忍心败中止。民志实可嘉,国权失护庇。嗟予病在床,闻之痛抚髀。

乙巳腊月羊城官绅集议粤汉铁路风潮陡起纪事

会议有定例,无论官与商。摇铃各就位,肃静戒喧狂。主席居中坐，议员坐两旁。观听人坐外，环列数十行。先由主席起，布告会宗旨。互相辩论明，数以多者是。如有言不合，即令勿启齿。主席令不从，驱出而已矣。会有纠正员，不许乱离群。复有访事者，旁坐记所云。登诸日报纸，优劣自然分。劣者众所诋，优者众所欣。乙巳岁腊月，铁路起吾粤。当道议抽捐，官绅致冲突。委员叫拿人，拍案骂无歇。总办当主席，奇哉语不发。

虐婢歌

万物人为贵，国家当教育。犬马尚爱惜，婢仆何残酷。若是不听教，宜送自新局。暴虐必招殃，上天报应速。英美放黑奴，国强而富足。禁止卖人口，五洲皆钦服。违作野蛮看，遵是文明族。西例已偏载，华律宜纂录。

赠伍秩庸唐少村两星使

刚柔互用伏戎羌，泽被梯航政益彰。宪法新编维地轴，新定清律宪法。英文极品破天荒。晓英文而官居极品者自公始。欲存国体争交涉，为忆家居论古狂。漫说长生惟茹素，要参佛偈读仙章。

答陈蔼庭观察论税员

海关税务司,各国皆获用。惟吾中华人,学优选不中。托词作弊工,实因非同种。公理已沦亡,欺侮何偏重。太阿成倒持,言之有馀痛。

劝农歌

中华旷土多,夫岂非官守。农人终岁勤,谷熟盗焚蹂。广东沙田耕农被盗勒索不遂屡被焚劫。慼粮不保农,试问谁之咎。法堂设巡警,炮船守涌口。香山围田时被打单。招垦定新章,承垦分先后。免税若干年,岁辟若干亩。田成作己业,照章事无苟。如违即注销,业归他人有。借此警游惰,亦可别良莠。天时与地利,化学深研究。硗瘠变膏腴,肥料美称首。美国新酵田饼肥田丰收数倍。机器制新巧,便捷胜人手。尝闻东三省,土肥失耕耦。一望千万顷,田原荒芜久。况富五金矿,林森物并阜。南省近海隅,鱼盐亦利薮。彼族欲东来,我何向西走。急讲殖民术,期莫负君后。复设赛珍会,奖励较妍丑。农牧为工本,工是商之母。非但利民生,国饷资丰厚。

广州商务总会告成拟设工艺院纪事

甲辰夏五月，组织总商会。联合众商情，免受外人害。集股共维持，苦口相劝诫。天演有公理，优胜劣必败。生当商战时，众志胡可懈。工艺须精良，种植宜蔚荟。上下弗讲求，大局成危殆。土物日销磨，洋货尽绮贝。利权归他人，财竭应负债。动辄被欺凌，束手嗟无奈。众商闻我言，晨钟醒梦睡。拍掌表同情，联名欣投盖。商会今告成，扶中筹制外。拟创工艺院，收养及穷丐。既庶加富教，宣圣言犹在。试看东邻兴，合力团体大。富寓农工商，人材国所赖。奖励有良法，自古否复泰。漫诋下议院，其中多驵侩。

粤汉铁路风潮歌和大埔李縠生韵

丙午岁三月，茕茕值居忧。广东集路股，协众运同筹。公举总付理，未雨先绸缪。努力尽义务，约期岁一周。股款若招足，洁身入罗浮。讵知股逾额，违约仍挽留。忍辱为大局，分谤慨无俦。章程未尽善，改良愿难酬。十羊九人牧，庞杂不自由。邪正讵相容，风潮安得休。假公以济私，真是罪之尤。大局成瓦解，利权入西欧。何如泯意见，协力同心谋。平心忘毁誉，公道无恩仇。惟望铁路成，毋为中国羞。

粤路感事

直道不能行,所苦快在口。规过人所憎,劝善人不受。以此游人间,往往致愆咎。独立无援系,周子言非偶。周仰琴等笑无党援。知音良独难,操瑟等击缶。自省本无私,党援何必有。顾我则顾公,惟问尽职否。有道以为然,财货不可苟。古来忠正气,可以贯牛斗。旁观笑其迂,安得绾印绶。所以名利虚,产业不能厚。见识各不同,品性自天授。书此叩彼苍,皓月为吾友。

自任路政备受谤言大局已定洁身而退赋长歌一章见志并示同人

翳昔读古书,敬佩董生语。明道不计功,正谊不谋利。壮年思设施,持此涉当世。筹边佐军门,曾佐彭刚直公军务。商轮维国计。曾总办招商局轮船事。兵备绾桂林,左江任繁剧。署广西左江兵备道篆。陶潜赋归来,铁路议纷起。粤汉路南干,往岁曾总理。曾总办粤汉铁路购地局。利权归美商,动辄受挟制。哀歌告邦人,慷慨言兹事。咸知患灼肤,人人心愤厉。自从新法行,民权已萌蘖。况值美公司,资本告匮缺。乘机议争回,协筹自办策。官民表同情,上书请议决。政府商美廷,端仗使臣舌。驻美公使梁诚。备资准赎回,楚粤同欢悦。共议集款方,合谋公利益。疆臣张与岑,公忠能体国。路政赖维持,股款资擘画。岑公令健者,恩威震南粤。衅起代表人,黎公国廉。非罪縌缧绁。群情怒汹汹，大势几决裂。幸有许尚书，登堂为演说。许筠庵尚书往明伦堂演说。劝人毋暴动，路股须速集。善堂与行商，苦心费组织。公举总办后，入股更踊跃。未举总协理时，共计招得一百六十万股，现已招得八百数十万股。中外诸绅民，臂助俱得力。论事贵持平，公道毋可失。好事笑老夫，亦忝与厥责。前为启发人，眼见事成立。尤幸愿已酬，息肩当有日。况复身多病，茕茕在墨绖。长揖归田庐，潜修丹经诀。无奈解脱难，同人劝勉切。岑帅更挽留，权许一年职。章程第十条，奏表明心迹。只求大局成。事权附贤德。依然赋遂初，名山访黄石。何图事变生，疆帅忽更易。水火起局中，树党相攻击。疑谤幻楼台，百口莫解释。喜未操财政，皎皎砺清节。川溃口难防，天高心可白。自怜德望轻，劳怨将焉避。此任重千钧，欲行行不得。谁为知己人，解我心蕴结。权理届满期，开会约在即。合众举贤能，辞命谅可获。唯愿风潮平，唯愿银行设。学堂培人才，鼓铸炼钢铁。黾勉同经营，路政奏伟绩。破怀胡忍心，大业中道蹶。利恐归渔人，相持成蚌鹬。时议有归官办理之说。同心何龃龉，异议多扞格。一败与一成，荣辱须审择。惭愧谢同人，歌此明心臆。扁舟吾去矣，归弄罗浮月。

书免挂销号禁白鸽票二事有序

粤东病商害民以挂销号税白鸽票为酷，绅民请裁请禁久矣。岑云阶官保濒去任，力陈，卒得旨允准。粤人欢声载道。其实出督署幕府前南海县姚伯怀力也。忆余与姚大令同往勘粤路美工程师索开南属之壶芦冈石山，舟次纵谈白鸽票与挂销号税二事为病商害民大弊,乞代陈岑督筹抵免抽严禁。大令归,复与幕友高而谦、岑盛之二君会商,因请岑督先将白鸽票奏饬严禁,惟挂销号岁缴银八万两,方能奏免。省佛廿馀商号签名担认,余与左小竹京卿代省佛各商具禀遵照办理,并乞管税大臣唐少村侍郎维持,冀除积弊。幸商会各当道均以恤商艰除民害为己任,数百年积弊一旦悉除,各乡货艇不下万艘欣无留阻,众情鼓舞,全粤之幸也。为纪以诗。

挂销号税真邀免,白鸽票场永不开。起点壶芦冈上客,赞成大府幕中才。百千乡艇欣无阻,八万金钱惜未裁。歌诵皇仁依部议,去思碑立越王台。

宝藏感怀

吾乡多宝藏,合力同保守。因其有利害,所以不敢苟。立法极严明,包罗无弗有。凡事集众思,用能办良莠。群雄虽觊觎,畏我团体厚。列强虽狡狯,苞苴拒不受。风霜任蚀侵,日月绝尘垢。合群能自存,大名垂不朽。治国亦如斯,立宪方能久。迟恐悔无及,浮云变苍狗。只要有人格,何待十年后。因循误至今,尚复不知咎。危急存亡秋,群雄思豆剖。濡笔和血书,痛哭告我后。

怀王爵棠中丞并呈盛宫保

宏羊怀抱匡时志,知我无如鲍叔牙。诗史未能追李杜,著书欲学贾长沙。

口占留别粤汉铁路公司董事并序

丙午秋，公司成立集股过额，价亦飞涨。老喘复发，禀请粤督饬董事另举贤才，承批勉留卧治，仍践原约，固辞。

功成身退吾何敢，践约今当老病休。大府爱才难卧治，秋风濠镜放闲鸥。

追感彭刚直公

忆昔追随办粤防，方平威望镇边强。虎门炮叠公常在，鳇滘羹汤我共尝。公驻兵大鳇滘，手制菊花羹赐诸将士。笑画梅花留纪念，委探柴棍返商量。士人呼西贡曰柴棍，公命往侦探情形。衡阳逝后无知己，回省鱼珠欲断肠。公守粤时在鱼珠所筑水闸，今已拆去。

挽王爵棠中丞

湘军劲队守琼州，定蜀平蛮免外求。抚粤口碑怀李广，使俄手泽继曾侯。桂林馀匪闻犹炽，珠岛黎民念不休。忽听将星南楚落，凄凉同学纪勋猷。与公同侍彭刚直公帅幕。

赠陈省三观察

粤路起风潮,片云易阴翳。众口成铄金,敢说无私弊。忆余忝总理,自识难抵制。力辞众弗许,官商责干济。谓须顾大局,岂惟桑梓计。商办若不成,瓦裂谁罪戾。政府抱杞忧,外人常睥睨。欲谋大公益,何必论声势。勉力为其难,当道允护卫。强登大舞台,一任虎狼噬。惟虞负所托,策躬益自励。仰赖力维持,大才匡不逮。尤幸各绅商,多识吾世系。不为谣诼惑,入股心更锐。数增一倍馀,百事遵商例。公司已成立,卸肩谢时世。义务尽一年,原欲免排挤。拟从赤松游,利禄不我系。回溯贤太守,才德龚黄继。福力能自全,深浅任厉揭。判牍无私曲,谋事有智慧。三领五羊郡,爱民如子弟。去年闹抢米,平粜发官币。(令)〔今〕年告水灾,施粥挽流殪。集议工代赈,修堤堵河溢。救饥复拯溺,捐廉又免税。大府美所请,鸿恩锡自帝。德泽遍广肇,勋名矗天际。洊擢劝业道,更恐言路蔽。委员接商人,研究农工艺。添设制造厂,贫民沾实惠。丰功伟业多,愧未得详细。容作去思碑,贞珉永不替。

清明追感三子幼殇

桂折兰摧长恨情,伤心此日是清明。一杯酹汝知何处,命若蜉蝣勿再生。

赤子何辜屡幼殇,怆怀欲问转轮王。最奇死值吾生日,天道难知似梦场。

挽韦文圃

沪商称善董，大义播华夷。告老食长俸，芳名去后思。出言真忼爽，遇难必维持。忽听为神去，梦神请接任。凄凉复解颐。

赠潘剑士

酒兴诗豪一散仙，醒时工部醉青莲。投荒不让东坡老，游倦归来月满船。君独游竹仙洞。

大文醒世本平和，惟是诗人例坎坷。究竟浮云难蔽日，须臾复见旧山河。

【附】潘剑士和作

能住名山即散仙，爱公舌本拥青莲。道书准备三千卷，九子潭边好放船。

击筑歌魂起大和，更求剑术访荆轲。羔羊白酒吾能醉，昨梦军声唤渡河。

戊申夏秋大病屡濒于危感怀寄匡庐居士

前生恩怨看妻儿,聚散悲欢有定期。夙债清偿人已老,何时提拔赴瑶池。

故友频亡病屡危,杳中警报不容迟。速修更比龙眉切,稽首匡庐泪欲垂。

戊申冬久病未痊感怀

愿学旌阳炼剑方,扫除魔障试锋铓。群雄震慑干戈息,万里诛妖一电光。末句张紫阳语。

久病都缘医药误,何如家学祝由科。按摩导引兼符水,著手成春疗宿疴。

寄赠沈星海观察

侯官道法继旌阳,求雨依期救旱荒。德政口碑歌楚郡,奇门神技慑秦狼。同学龙公赴日本阅操,曾试其神技,外人震慑。因人受累怜同病,愧我修真苦备尝。乱世功名何足羡,相期归隐白云乡。

寿邓宫保小赤师

顺德尚书未为奇，中丞宫保自公始。乡举重逢八十一，两宫得奏天颜喜。头衔特锡念勋劳，更许归田乐桑梓。今年淫雨决基围，水高于屋其鱼矣。万民无栖露天宿，泽国茫茫走千里。公为灾民登会场，语不成声泪不已。卖物场中慈善会，价添十倍犹未已。公为善长振臂呼，各埠闻风亦兴起。以工代赈修堤防，力挽狂澜不再圮。可惜各县无工师，地当孔道无人理。低洼不独行路难，强邻蚕食亦在此。回溯昔赈顺直灾，公任云南最称美。捐廉慨助人罕知，菩萨心肠有如是。阴德耳鸣福必增，富贵寿考天所使。祝公百岁我登堂，蓬岛归来献甘旨。

景皇帝挽歌

嗟我景皇帝，圣德迈唐虞。天潢继大统，五载陟闳区。乾纲承毅庙，文母定皇图。冲龄膺大宝，郊祀敬以愉。回氛扇西鄙，简帅命驰驱。一月奏三捷，拔擢荷恩殊。酬庸画紫阁，入相居黄枢。万里销锋镝，独断仰宸谟。南顾启法衅，疆圉杜觊觎。谅山奏铙凯，琼岛慎师徒。能和亦能战，如火复如荼。羁縻欲勿绝，大智信若愚。东瀛事兼并，异辙实同途。帝笃念屏藩，经营重海隅。平壤耀金甲，三岛骋甲舻。鄰国祸久伏，上相谋乃粗。干戈易礼币，条约当不渝。下诏广言路，爱国出野夫。《危言》邀乙览，饬布化拘迂。

拙著《盛世危言》由邓宫保、孙翁两相国进呈,荷蒙乙览,饬总署印行宇内。大局穷思变,维新帝曰俞。中兴根教育,融液道之腴。武功先步伐,文学首之无。帖括尽淘汰,弓刀戒执拘。九洲遍学校,四裔返鸿儒。拳党谁所纵,忍不教而诛。端庄诚跋扈,刚赵肇逃逋。蒿目烽连火,关心鼓并枹。狼奔犯殿阙,狐啸及棱觚。西狩风传警,东旋日未晡。约自亲贤定,恩深罪不孥。殷忧益启圣,励精神易殂。神功卅四载,方冀庆覃敷。尧年竟不获,穹苍阻吁呼。鼎湖龙上驭,薄海泪成枯。丹心萦谱牒,白发哭江湖。犹幸垂帘圣,仓皇立帝模。贤王赖监国,仁政后来苏。立宪期诸速,日月手重扶。小臣拜草野,望治效歔歈。

题潘兰史征君画梅次韵

琼树经霜色更新,冷香入座四时春。冰魂玉颊旧相识,我是当年踏雪人。

【附】潘兰史征君原作

风骨棱棱老更新,空山独放不知春。愈经霜雪身愈健,岂与凡花媚世人。

罗浮待鹤山房谈玄诗草

罗浮待鹤山房谈玄诗草自序

浮生若梦，富贵靡常。风灯草露，石火电光。不修大道，终落空亡。参同悟真，警世谆详。观应童年，愿学老庄。寻师向善，艰苦备尝。所闻小术，语半荒唐。不入空寂，便是邪狂。徒劳精力，心命惶惶。初师东海，筹置丹房。未经入室，已致倾囊。罗浮访道，复叩彭张。讲活子时，返照回光。先天祖气，药中之王。重游沪上，遇师万扬。始知元妙，四个阴阳。体隔神交，火候甚详。九还七返，既寿且康。居易俟命，以待输将。混迹廛市，觅侣求黄。潜修夙志，何日相偿。聊摅所得，寄托诗章。附录敲爻，白龙洞歌，言简意赅，莫不包罗。蒙奚敢和，步韵非他。敬述蠡测，用以切磋。方内散人，南宗九律。金丹真传，若合符节。北派九律，龙门口诀。辨道之诗，一腔热血。汇付手民，公诸贤哲。以期参证，同登金阙。

光绪戊戌中秋罗浮偫鹤山人郑观应谨序。

闻道自警[①]

三教道无二，旁门有万千。不知周易理，必堕野狐禅。
世传千载鹤，狐鹿亦可仙。人何不如物，寿罕满百年。
魔随私念起，百病此中生。心死神方活，良知印月明。
万籁声俱寂，端居似坐禅。心空无障碍，奚虑伴花眠。
花好看将放，蛾眉月出庚。黄鹂歌报晓，人静水澄清。
尘缘未许谢，忙里学偷闲。玉液无心得，金丹有大还。
修真难亦易，由我复由天。若不积阴德，群魔作障缘。
金丹无价宝，父子戒轻传。授不论贫富，惟凭德与贤。
龟鹤交神气，修丹事恰同。不将衣带解，施受法真空。
鼓罢没弦琴，还吹无孔笛。气交形不交，元性如禅寂。
北派功清净，须臾不可离。南宗宜老弱，符火各须知。
铅生于癸后，阳产在铅中。信至依时采，真金透鼎红。
阳火升从子，阴符降自午。一周十二时，调燮分文武。
有象不为有，无形未是无。一灵常寂照，漫说堕偏枯。
心如絮坠泥，肯逐晓风迷。夜静月明处，一声春鸟啼。
汞是离中物，铅从坎内生。汞铅归一处，丹道自然成。

① "外集"将题目改为《闻道自勉》，且内容改动也较大，故将《闻道自勉》编于本篇后。

闻道自勉

三教道无二,旁门有万千。不知周易理,必堕野狐禅。
世传千载鹤,狐鹿亦可仙。人何不如物,寿罕满百年。
魔随私念起,百病此中生。心死神方活,返观见月明。
万籁声俱寂,端居似坐禅。坎离交媾乐,犹胜伴花眠。
性要闹中炼,外园而内方。抱元常守一,阴极自生阳。
修真难亦易,由我复由天。若不积阴德,群魔作障缘。
金丹无价宝,父子戒轻传。授不论贫富,惟凭德与贤。
北派功清净,须臾不可离。南宗栽接法,老弱最相宜。
清净非顽空,栽接需奇器。气交形不交,橐籥法天地。
花好看将放,蛾眉月出庚。黄鹂歌报晓,人静水澄清。
阳火升从子,阴符降自午。一周十二时,调燮分文武。
铅生于癸后,阳产在铅中。信至依时采,真金透鼎红。
黄白神丹论,擒砂只用铅。砂铅非矿产,一炁本先天。
半斤砂里液,八两铅中精。二气相交感,西邻寄体成。
九池九鼎后,砂死汞能干。三转黄轝土,点金诚不难。
神室黄轝铸,金溶火化中。丹成功行满,拔宅上天宫。

闻道漫成

浮生若大梦,富贵无穷期。知幾师范蠡,冲淡慕希夷。名与身孰亲,殉名良可悲。爱身为天下,藏器姑待时。清为浊者源,静是动之基。知白守其黑,雄刚播于雌。归根复天命,常德不可离。处中而制外,无为无不为。

答汀州理学社王孝廉胡茂才诸同人

读书为穷道,三教有精义。得诀当自明,灿然无不备。
多难因豪侠,奇穷见性情。好名犹有我,无我亦无名。
无我还真我,人心异道心。危微十六字,千古一知音。
守中不可离,造次必于是。应物本无迹,我心如止水。

读阴符心经有感①

色即是空空是色,恩生于害害生恩。问谁悟彻经中旨,同上蓬莱礼至尊。

寄罗浮苏道人、武夷沈居士②

饮罢蟠桃酒,仍须咽玉津。口传真妙法,河车若转轮。
紫府石函记,无私法乃灵。飞行如电闪,变化可潜形。

---

① 此诗"外集"未收。
② 此诗系"外集"所增。

读吕祖师海山奇遇有感

宋将姚平仲，战败走深谷。青城遇钟吕，令彼洞中宿。静养九九天，出神知祸福。钟日是阴神，终归生死录。金液乃阳丹，授尔须混俗。试看薛道光，仙躅谁能续。

望辛师祖有感

驷马尚可絷，去日难以追。王侯未足贵，位高势愈危。妻子多俗累，转眼皆同归。讵如参大道，跨鹤游天池。真仙何日遘，瞻望苦萦思。青鸟忽相告，速修犹恐迟。洁身仍小节，扁舟访鸱夷。

四十初度感赋

世人笑我何学仙，我欲九祖同升天。严父古稀尚矍铄，萱庭见背已卅年。食贫茹苦抚吾辈，寸报未获伸庭前。子孙富贵有何益，建醮斋僧亦徒然。旌阳昔日登仙籍，全家拔宅万古传。世间大事莫逾此，忠孝当知事弗偏。康节潜虚师吕祖，留侯燕相皆英贤。学道何尝身独善，穷通得失乐随缘。

赠壶中天诸友

名利未忘犹著相,忮求尽泯欲无诗。真人指我回澜讯,终日如愚独守痴。

备历冰霜志益坚,能空万念始求仙。浮云富贵须臾事,静对梅花不计年。

登吕祖阁有感①

访道寻真数十秋,东南西北独遨游。苦心毕竟天开眼,得诀归来雪满头。悟彻色空登彼岸,难忘花月下扬州。驹光如驶囊如洗,叩罢仙师怅倚楼。

仙经云法财侣地缺一不可赋此代柬答张道友合泰

人生宇内似浮沤,急访明师跨鹤游。万卷丹经须口诀,莫凭臆度误阎浮。

得法无财告上苍,何年获遇马丹阳。道光幸倚张环卫,功德双

① “外集”将“有感”删去。

成姓氏香。

英雄退步即神仙，勇烈何人效昔贤。结伴宜招生死侣，莫交酒肉浪谈玄。

自古名山面壁场，洞天福地好潜藏。须知赤县神州境，即在通都大邑旁。

读悟真篇云不求大道出迷途纵负贤才岂丈夫又云大药不求争得遇遇之不炼是愚痴赋此志感

铅汞足时贫亦富，精神衰弱富犹贫。须知栽接非邪术，不识玄机岂至人①。

难得②海蟾辞相位，丹阳远隐弃家财。炼丹仍③是贪名利，千古痴人唤不回。

五十初度感怀柬同志青城罗浮道人

五十年华瞥眼过，神仙富贵两蹉跎。著书岂为留名计，炼剑将祛乱性魔。籍检韬钤驱虎豹，波翻江海慑蛟鼍。迟余买得岩阿地，静室潜修互切磋。

① “外集”将“岂至人”改为“莫误人”。
② “外集”将“难得”改为“解脱”。
③ “外集”将“仍”改为“若”。

世欲希道德而又不能忘情于酒色财气故作四箴以自警兼勉同志

酒是消愁物,诗人惯与亲。微醺能助兴,过饮便摧神。遘难悲金谷,因媒眷玉人。黄炉常忆旧,红友漫为邻。骂座终贻祸,侵宵最损身。编经题百悔,《清异录》刘乙尝醉与人争妓,既醒渐悔,集古今因酒致失者编以自警,题曰《百悔集》。宴客仅三巡。病叶狂花喻,风灯石火因。既知能乱性,修士勿沾唇。

倾国更倾城,身家共一倾。温柔伐性斧,沉溺陷人坑。祸水惩千古,迷津误一生。鸡鸣催雨梦,狐猸逞风情。命注红颜薄,禅参白骨轻。厌听金缕曲,绝意玉钗声。漫赋桑中喜,宜师柳下贞。修真不若是,安得大丹成。

见利当思义,行赇不惮劳。羞言阿堵物,莫逞孔方豪。金埒讥王济,钱神箸[1]鲁褒。官嗤贪墨败,奴鄙守财牢。富已同千乘,悭难拔一毛。欺贫权子母,肆虐吮脂膏。癖笑[2]和长孺,晋和峤字长孺。廉称孙叔敖。孰知铅汞足,囊涩亦清高。

唾面娄师德,忘情阮嗣宗。慎言能履道,侈口每兴戎。莫按驱蝇剑,虚弯落雁弓。胸中消芥蒂,胯下屈英雄。颐藉微词解,冠嫌怒发冲。再思裁季子,百忍守张公。渐灭心头火,休听耳后风。由来成大业,折节学卑躬。

---

① “外集”将“箸”改为“笑”。

② “外集”将“癖笑”改为“癖重”。

晦朔有感集张真人句

月本无光借日光，显从晦朔定阴阳。神交体隔谁能会，对境忘情认本乡。

静　坐

如醉如痴物我空，杳冥恍惚气冲融。憧憧来往魔千状[①]，低首无言拜下风。

中宵复至天开子，五鼓平明人在寅。要退睡魔盘膝坐，垂帘塞兑静凝神。

呈西蜀狮子坪黄瑞亭先生[②]

景仰先生道德高，心香远祝梦魂劳。曾闻救众消兵劫，更荷飞书佐节旄。昔年闻四川总督骆宫保委带家信，由蜀至粤往返不过三日。被害灌河潜水遁，有徒恨先生久不传授，同行至灌河推落水中，徒未回先生已在家。幽居蜀岭藉禅逃。何时得授金丹术，西望慈云感二毛。

---

① “外集”将“状”改为“伏”。

② “外集”将题目改为“寄西蜀黄瑞亭先生”。

自遣答无名子有路山人

梦醒黄粱不计年，著书往往惯逃禅。徇名逐利甘居后，见义当仁不让先。任侠每多朋友累，飞灾徒为缴官钱。备尝艰苦心尤定，筹赈依然告大千。

与沪上黄孙两道友

欲泛张骞海上槎，同盟曾约访仙家。精诚不怠天终格，积善应知福倍加。富贵浮云原是幻，松乔长日乐无涯。如何为德偏难卒，独抱冰心对月华。

贤师益友叠劝出山赋此答之[①]

百年光景五旬过，勋业无成两鬓皤。昨遇至人传一语，忘形忘物养冲和。

道成法备救苍生，四海何难奏底平。不忍海氛重乱日，哀鸿遍野客心惊。

① “外集”将题目改为“师友叠劝出山书此答之”。

与高要梁见真

修真心既空名利，肯为儿孙作马牛。重道轻财能实践，自同宜甫上瀛洲。

采战伤生误鼎炉，谁知一炁产虚无。身中造化非枯寂，识得些儿是丈夫。

兰花盛开垂珠欲滴闻有吸以养颜者赋以遣兴

花珠甜似蜜，采吸贵知时。西望蛾眉月，无情有所思。

丁酉杂感

祸兮福所倚，甘向苦中来。居易以俟命，讵贪不义财。

养性鹤栖松，惊心驹过隙。卫生岂不知，人境苦多厄。

药产坎离交，乐如鼓瑟琴。关通行火候，沐浴兔鸡临。

多难似磻溪，亦因福慧薄。邱师应我怜，同赴鸿[①]霞约。

学道行阴骘，有容解夙冤。湛然心不动，得一炼三元。

---

① “外集”将“鸿”改为“红”。

命为性所主,性即命之神。道器本相济,玄肤论最真。
不向今生度,何生度此身。诚勤恒不辍,仙佛我同人。
吾师回道人,无为无不为。三复敲爻歌,知者果伊谁。

述道篇敬步孚佑帝君吕祖师敲爻歌原韵

浮生逆旅身为客,万象无心不可测。识得本来面目真,色亦是空空亦色。身是骨,心是肉,身心所嗜皆成欲。人心能作道心看,食气岂惟充口腹。仙洞酒,天厨禄,心游万仞无拘束。拘束岂是修行人,我代修行人一哭。绝名利,戒嗔淫,蒲团枯坐仍消沉。蒲团不是长生具,欲乞长生原在人。得道人,自了汉,觅财觅地觅同伴。西南地内有良朋,坤元先把爻辞玩。敲爻诀,饮琼浆,万古丹经大道昌。此经无字亦有象,解人难索思还乡。还本乡,吾是客,他乡不比故乡乐。同类仍寻故里花,有情即是长年药。收药物,采花心,先天祖气回阳春。一阳初动月华现,此时一刻值千金。千金宝,在虚空,虚空本是万物宗。巍巍天地惟始气,吾身亦有昆仑峰。昆仑峰,有何物,杳杳冥冥生恍惚。恍惚之中信最真,内产金华坚玉骨。坚玉骨,识金根,前三后三天地春。天地斡旋凭两卦,日月积累成一斤。采月信,转星宫,真铅真汞坐垂温。神剑铸成能斩鬼,仙丹吞后又还魂。日逢望,月又生,金鼎玉炉一处烹。妙理细参新日月,元机重整旧乾坤。庚未生,甲未生,庚甲未生道未萌。先天三日分明说,不解先天道不成。庚既生,甲既生,乘机下手汞铅烹。一般铅汞分六候,此是先天太乙精。三家相见一团圆,火候无差道始传。炼已先须(全)〔金〕①玉汞,得丹终要索金铅。铅就汞,汞留铅,铅汞能凝我掌权。霎时停蓄为夫妇,两土相抟共一团。性要定,情要专,金情木性互援攀。先向源头分洁浊,更从火力辨抽添。十二时,火力烁,分武分文惟守一。兔鸡沐浴谨防危,守定丹田休暗泄。丹已得,仍要炼,中央筑就长生殿。温温养足十月胎,刻刻还将九鼎炼。刀圭霑,形貌变,伐毛洗髓年年遍。黄芽白雪满地生,番风廿四排花宴。丹头结,道初成,垂帘塞兑不闻声。此日无为人共见,当时有作谁能形。移一炉,更一鼎,地元变化重开境。两个乾坤互坎离,二弦水火交壬丙。丹又结,道大成,此去天仙只一程。五千四八相逢日,黍珠一粒通天灵。通天灵,顷刻成,一片冰壶贮水晶。临炉铢两不可失,密视深窥辨至诚。窥测准,得清真,其中药味惟平平。平平乃是通灵宝,诚则能通通则灵。彼自送,我自迎,迎送之中伏至精。和同二象惟一气,一气回环入紫城。相调合,细调停,倒挽天河到上清。醍醐灌顶浑如醉,沆瀣交凝白玉京。罢争战,戒满盈,颠倒乾坤二气瓶。云中白鹤翩翩舞,火里青莲顷刻生。万法空,一粒饵,群仙拍手同欢喜。此是仙师亲口传,莫空悟此参同理。悟此理,解炼丹,初阶学步先通关。筑基炼己循序次,入室功夫不等闲。未入室,难成就,早下功夫早寻偶。知之不炼是愚痴,人生岂有百年久。达此诀,非寻常,万劫难逢觅至阳。下手速修犹恨晚,不炼何能答上苍。急择地,快驾舆,入室方知道不虚。道不虚传吾岂妄,此诀简易原无奇。翘望天心原了了,虚空粉碎一物无。一物无,急入道,从今改换寻常貌。尽将世事付飞尘,尚望真师垂戒诰。望师诰,鉴此情,许我肘后飞

---

① 据"外集"改。

金精。消除烦恼魔障灭,超出人天神鬼惊。散为气,聚成形,九万云程比掌平。已尝甘苦人间味,愿结因缘天上荣。寻善士,访丹财,同安炉鼎脱凡胎。普愿龙沙同大会,会中倘许待吾来。修真愿,不妄说,妄说愿将身禄折。欲担大道万觔肩,先办诚心一点血。诚心人,发愿切,盼望仙师垂手接。此生何处求长生,不得长生不肯歇。问功行,自思量,五十年来无寸长。当仁不让今犹昔,无限良谟献守疆。曾著《易言》、《危言》等书。得口诀,识真常,履薄临深不敢伤。爱河欲海思超劫,利锁名缰欲散场。窥阴阳,知妙窍,师自心传我自要。何时脱网入蓬莱,尚望九天丹书召。道何道,我何人,立愿求仙先济贫。万缘屏绝万虑息,此念惺惺志不分。贪可除,嗔可改,不欲将身沦苦海。海蟾丹阳富贵人,何时离尘全不睬。彼非贱,我非尊,岂为老诗恋子孙。入山倘遇桥边侣,出世焉知马后尘。觅汞铅,调水火,珍重此生须早计。由人笑骂我方酣,下士蝇声空鼎沸。得至道,免沉沦,优游月窟与天根。三十六宫春意满,不知何处长随君。君不见,我方悟,不识仙方谁肯做。知之不易行更难,不办诚心行不去。急抽身,莫回顾,但愿仙师时救护。一笑相逢入我门,我门只有回头路。先修性,复修命,性命双修除百病。一念能消千丈魔,但使超凡终入圣。接命根,还本性,此理天人同一镜。星辰手握洞房春,倒转银河操斗柄。敲爻之理玄又玄,本是中流度法船。我今闻见赓此语,要凭后起接薪传。

【附】恭[①]录吕祖师敲爻歌

汉终唐国飘蓬客,所以敲爻不可测。纵横顺逆没遮拦,静则无

① “外集”将“恭”字删去。

为动是色。也饮酒,也食肉,守定烟花断淫欲。行禅唱咏脂粉词,持戒酒肉常充腹。色是药,酒是禄,酒色之中无拘束。只因花酒悟长生,饮酒戴花神鬼哭。不破戒,不犯淫,破戒真如性即沉。犯淫丧失长生宝,得者须由道力人。道力人,真铁汉,酒是良朋花是伴。花街柳巷觅真人,真人只在花街玩。摘花戴,饮琼浆,境里无为道自昌。一任群迷多笑怪,仙花仙酒是仙乡。到此乡,非常客,姹女婴儿生喜乐。洞中常有四时花,花花结就长生药。长生药,采花心,花蕊层层艳丽春。时人不达花中理,一诀天机值万金。谢天地,感虚空,得遇仙师是祖宗。附耳低言玄妙旨,提上蓬莱第一峰。第一峰,是仙物,惟产金花生恍惚。口口相传不记文,须得灵根坚髓骨。坚髓骨,炼灵根,片片桃花洞里春。七七白虎双双养,八八青龙总一斤。真父母,聚中庭,金公木母性情温。十二宫中蟾魄现,时时地魄降天魂。铅初就,汞初生,玉炉金鼎未曾经。一夫一妇同天地,一男一女合乾坤。庚要生,甲要生,生甲生庚道始萌。拔取天根并地髓,白雪黄芽自长成。铅亦生,汞亦生,生汞生铅一处烹。烹炼不是精和液,天地乾坤日月精。黄婆匹配得团圆,时刻无差口付传。八卦三元全藉汞,五行四象岂离铅。铅生汞,汞生铅,夺得乾坤造化权。杳杳冥冥生恍惚,恍恍惚惚结成团。性要空,意要专,莫遣猿猴取次攀。花露初开切忌触,锁归土釜勿开关。玉炉中,文火烁,十二时中惟守一。此时黄道会阴阳,三性元宫无漏泄。气若行,真火炼,莫使玄珠离宝殿。抽添火候切防危,初九潜龙不可炼。消息火,刀圭变,大地黄芽都长遍。五行数内一阳生,二十四气排珠宴。火足数,药方成,便有龙吟虎啸声。三铅只得一铅就,金果仙芽未现形。再安炉,重立鼎,跨虎乘龙离凡境。日精才现月华凝,二八相交在壬丙。龙汞结,虎铅成,咫尺蓬莱只一程。乾铅坤汞金丹祖,龙铅虎汞最通灵。达此理,道方成,三万神龙护水晶。守时定日明符刻,专心惟在意虔诚。黑铅过,采清真,一阵交锋定太平。三军搬运珍珠宝,送归宝藏自通灵。天神佑,地祇迎,混合乾坤日月精。虎啸一声龙出窟,鸾飞凤舞出金城。硃砂配,水银停,一派红霞列太清。铅池迸出金光现,汞火流珠入帝京。龙虎媾,外持盈,走圣飞灵在宝瓶。一时辰内金丹就,上朝金阙紫云生。仙桃熟,取吞饵,万化来朝天地喜。斋戒等候一阳生,便尽周天参同理。参同理,炼金丹,水火薰蒸透百关。养胎十月神丹结,男子怀胎岂等闲。内丹成,外丹就,内外相接好延寿。结成一块紫金丸,变化飞腾天地久。丹入腹,非寻常,群阴剥尽化纯阳。飞升羽化三清客,名遂功成达上苍。三清客,驾琼轝,跨凤腾霄入太虚。似此逍遥多快乐,遨游三界最清奇。太虚之上修真士,朗朗圆成一物无。一物无,惟显道,五方透出真人貌。仙童仙女彩云迎,五明宫内传真诰。传真诰,话幽情,只是真铅炼汞精。声闻缘觉冰消散,外道修罗缩颈惊。点朽骨,立成形,信道天梯似掌平。九祖先灵悉超脱,谁羡繁华贵与荣。寻烈士,觅贤才,同安炉鼎化凡胎。若是悭才并惜宝,千万神仙不肯来。修真士,不妄说,妄说一句天公折。万劫尘沙道不成,七窍眼睛皆迸血。贫穷士,发誓切,待把凡流尽提接。同赴蓬莱仙会中,凡景熬煎无了歇。尘世短,更思量,洞里乾坤日月长。坚志苦心三五载,百千万劫寿无疆。达圣道,显真常,虎兕刀兵更不伤。水火蛟龙无损害,拍手天宫笑一场。这些功,真奇妙,分付与人谁肯要。愚徒死恋色和财,所以神仙不肯召。真至道,不择人,岂论高低富与贫。且饶帝子共王孙,须去繁华锉锐纷。瞋不除,态不改,堕入轮回生四海。堆金积玉满山川,神仙冷笑应不睬。名为贵,道极尊,圣圣贤贤示子孙。腰金跨玉骑骄马,瞥见如同隙里尘。隙里尘,石中火,何苦留心为久计。昼夜煎熬唤不回,夺利争名如鼎沸。如鼎沸,永沉沦,失道迷真业所根。有人平却心头棘,便把天机说与君。命要传,性要悟,入圣超凡由汝做。三清路上少人行,畜类门中争入去。报贤良,休慕顾,性命机关堪守护。若还缺一不芳菲,执著波渣应失路。只修性,不修命,此是修行第一病。只修祖性不修丹,万劫阴灵难入圣。达命宗,迷祖性,恰似鉴容无宝镜。寿同天地一愚夫,权握家财无主柄。性命双修玄又玄,海底洪波驾法船。生擒活捉蛟龙首,始知匠手不虚传。

杂　感

身世等浮沤,残棋苦未收。何时功行满,勇退羡留候。

可道非常道,动功讵外功。些儿真造化,恍惚杳冥中。

有静方能动,无私合自然。神光时下照,真意采先天。

垢辱何伤性,迍邅藉炼心。三空观自在,抱一任升沉。

麝为怀香猎,龟缘入梦烹。知几犹未晚,韬晦学长生。

处世先端品,修身贵意诚。言如不顾行,何必问云程。

行住坐卧四箴

行将趋蹶戒,步履自安详。大道从容中,歧途着意防。周规兼折矩,入室与升堂。心目随双脚,优游在帝乡。

住立无偏倚,如斋学习勤。足跟安地稳,耳底绝风闻。自在观如此,逍遥志不分。心存腔子里,性体绝纷纭。

静坐忘言守,修真孔孟同。万缘空象外,一念定规中。养气存神候,明心见性功。程张师范在,铭戒列西东。

流俗醒犹睡,真人睡却醒。神魂收紫府,精气满黄庭。枕石忘年岁,焚香梦日星。曲肱寻孔乐,大蛰五龙形。

游庐山御碑亭读明太祖石刻御制周颠仙传歌以志感[①]

唐代有张颠,宋世有米颠。释家有济颠,道家有周颠。以颠寄其迹,三教同一源。佯狂以玩世,笑骂亦真诠。卢生因梦醒,爱读指玄篇。识得虚无窍,诀破地中天。秋风动游兴,远陟匡庐山。屏峰九叠列,瀑布千仞悬。芙蓉真绣出,云雾甚幽闲。欲识真面目,不惮穷跻攀。此中开悟境,悠悠世虑删。怀古发遐想,穹碑树瑶坛。摩挲细辨审,建自洪武年。钦惟明太祖,御笔洒文瀚。详载周仙事,修名千古传。来去颇秘幻,体用自方圆。谷神常不死,从此妙玄玄。入水既不溺,赴火亦不燃。绝食竟无恙,治疾则易痊。言事悉有验,来告太平先。神奇莫能测,此之谓真仙。后有张三丰,避世离尘寰。犹龙不见尾,相逢须有缘。世人不信道,辨论肆讥弹。试以此碑证,当复释疑团。海疆正多事,况复财力殚。愿求点金术,飞剑诛楼兰。神仙如首肯,庶以拯时艰。何日告太平,泰卦

① "外集"将题目改为"游庐山读明太祖石刻周颠仙传"。

演坤乾。举头望霄汉，度此蹑飞鸾。

遣　怀

生不愿封万户侯，亦不愿识韩荆州。但愿追随古列子，朝游北海暮罗浮。化身亿万安苍赤，九祖同升驻十洲。贤哲有缘齐度脱，手招黄鹤入琼楼。

读吕祖寄白龙洞刘道人歌感作与同志并序[①]

吕祖寄白龙洞燕相刘海蟾道人歌，言警意赅，诚度人之衣钵。俟鹤闻道有年，日尝捧诵以警身心，今次韵和之，如科场对策，不悉能否中肯，尚乞有道正之。

为谁甘苦为谁忙，卌载风尘两鬓霜[②]。一切有为皆幻境，何如见性放毫光。放毫光，无宿疾，浩气常存同白日。身在尘中不染尘，住气凝神精勿失。纵有名媛在目前，无情那怕彼牵缠。功名富贵非吾愿，但求得药命长延。延年之道无他术，离即火兮坎即水，填离取坎返童颜。未炼还丹仍住世。仍住世，换仙方，重安炉鼎静商[③]量。不向山中寻药草，还从身内觅真阳。觅真阳，事有别，阳产铅中不是血。

① “外集”将题目改为“读吕祖寄白龙洞刘道人歌并序”。

② 《晚年纪念诗》中此句改为“老阅风尘鬓已霜”。

③ “外集”将“商”改为“思”。

及时采取仗黄婆,金逢望远过时节。过时节,退气人,青衣女子别婚姻。是谁癸尽铅生日,素练郎君未破身。夫唱妇随入帷里,丁公呐喊挺然起。六门紧闭守黄庭,任他奔腾如鼎沸。上下升降听自然,忘形忘物无神鬼。须臾和合化成丹,似有元珠在泥底。屯蒙温养日长成,防危虑险抱真精。胎元十月婴儿现,顶门出入性通灵。非凡事,识者稀,不是寻常人得知。若非前世有仙骨,此生如何得遇之。得遇之,宜速炼,浮生光景急如箭。自思得诀已多年,欲访良朋炼汞铅。偏遇奇灾频告急,寒儒还想愿回天。世风日薄人多诈,诡计悭贪窃道者。富而且贵说同修,问发丹财如聋哑。或言不敢望休粮,或说家贫无所长。岂不见吕祖寄刘道人歌里诀,言警意赅法最良。纵然富贵子孙多,无常难免不分别。世间惟有道尊贵,知君向善倾怀说。

【附】恭[①]录吕祖寄白龙洞刘道人歌

按草堂自记吾作白龙洞刘道人歌,道人即海蟾也。龙洞在首阳、太华两山之间,并非会仙山白龙洞,亦非桂岭南溪之白龙洞也。海蟾隐此,吾作长歌寄之,他日度紫阳即以此歌为衣钵,故此歌亦载于《悟真篇》中。盖紫阳即吾作而润色之以度人者。所易字句比原作稳洽,可照悟真参之。

玉走金飞两曜忙,始闻花发又秋霜。徒夸篯寿千来岁,也是云中一电光。一电光,何太疾,百年都来三万日。其间寒暑互煎熬,不觉容颜暗中失。纵有儿孙满眼前,都成恩爱转牵缠。及乎精竭身枯朽,谁解教君暂伫延。延年之道既无计,不免将身归逝水。但看古往圣贤人,几个解留身在世。身在世,也有方,只为时人没度

① “外集”将“恭”删去。

量。竞向山中寻药草，伏铅制汞点丹阳。点丹阳，事迴别，须向坎中求赤血。捉来离位制阴精，配合调和有时节。时节正，用媒人，金翁姹女作亲姻。金翁偏爱骑白虎，姹女常驾赤龙身。虎来静坐秋山里，龙向潭中奋身起。两兽相逢战一场，波浪奔腾如鼎沸。读涨。黄婆丁老助威灵，撼动乾坤走神鬼。须臾战罢云气收，种个玄珠在泥底。从此根苗渐长成，随时灌溉抱真精。十月脱胎吞入口，忽觉凡身已有灵。此个事，世间稀，不是等闲人得知。夙世若无仙骨分，容易如何得遇之。得遇之，便宜炼，都缘光景急如箭。要取鱼时须结罂，莫待临渊空叹羡。闻君知药已多年，何不收心炼汞铅。休教烛被风吹灭，六道轮回难怨天。近来世上人多诈，尽著布衣称道者。问他金木是何般，禁口无言如害哑。却云伏气与休粮，别有门庭道路长。岂不见阴君破迷歌里诀，太乙含真法最良。莫怪言词太狂劣，只为时人难鉴别。惟君心与我心同，方敢倾怀向君说。

【附刻】方内散人南北派九律辨道十律[①]

南北小引

北派南宗，流传不灭。印证丹经，昭然若揭。作用虽殊，成功则一。前圣篇章，宏深肃括。如《阴符》、《道德》、《黄庭》、《参同》、《悟真》等书，无所不包，不落边际。后来著述，宗旨多失。拘守一家，难明诸法。是此非彼，门分户别。遂令学人，奴出主入。惟大宗师，贯通鲜执。要知清净，亦是栽接。北派清净真传，大非顽空枯坐及搬运诸家可比。其一已取坎填离，返还妙义，亦即自身中栽接之法。纵曰阴阳，仍完玉洁。南宗

① 此篇中的“北派九律”与“辨道十律”“外集”未收。“辨道十律”原书实系九律。

秘诀,体隔神交,冰清玉洁,从用阴阳,仍与清净一致,大非御女采战诸邪术可比。奉劝志士,矢盟歃血。参访玄宗,虔求妙术。法财两用,丹侣速结。共出迷津,同参宝筏。爰记诗章,用传口诀。

北派九律

炼己

一条坦道走奚疑,克念原为作圣基。立地顶天才是汉,登山涉水为寻师。功归四勿心常守,境任千磨志亦持。昼夜影衾期不愧,到时时措自咸宜。

调药

性命双修是的传,非无非有悟先天。交融水火调灵药,和合神情种佛田。自此炉中堪点雪,凭他火里好栽莲。时来静极还生动,蔼似春风软似绵。

炼精

炼精化气气方奇,顷刻周天任我为。制汞须逢庚见后,采铅莫待癸生时。降升律度宜精细,沐浴工夫虑险危。数足抽添还止火,从兹大药已培基。

还丹

已现三阳大采来,漫愁无路到蓬莱。五龙捧出神咸护,六景潜萌怪尽摧。银海精光常灿烂,华池金液自潆洄。灵珠一颗收回后,温养胎元又细培。

结胎

虚心实腹陆行仙,男子怀胎笑辗然。温养中宫无间隔,默调神息自延绵。精华团结常涵一,智慧潜生别有天。从此六通堪叠见,玄中之妙妙中玄。

脱胎

叠通智慧乐无涯，白雪漫空正此时。迁向上田旋出入，冲开天谷好扶持。三花聚顶功方足，五气朝元效可期。谁是臭皮囊解脱，有为之后又无为。

乳哺

乳哺三年始老成，仙胎初出莫遐行。放收有法神宜聚，保护无端念贵诚。厌视形骸妨两脱，远追妖怪恐添惊。几多功力修方到，慎勿贻讥半路倾。

面壁

这场大定最微玄，终日如愚不觉仙。无汞无铅亦无火，忘人忘我且忘天。虚空粉碎形神妙，寂静灵明性体圆。还转本来真面目，顿教古佛语同年。

圆满

圆满三千德动天，丹书下诏世称贤。云衢浩荡同携手，尘海苍茫漫比肩。利物济人仁怛怛，调元赞化道渊渊。有时跨鹤冲霄去，也慰从前猛著鞭。

南宗九律

筑基

功资同类莫猜疑，橐籥开关首筑基。赏月拈花须辨鼎，鼓琴敲竹为填离。爻铢老嫩明真候，子午抽添补旧亏。下士闻言休大笑，接梨寄柳也应知。

得药

采铅制伏此阴精，侣伴黄婆共矢盟。虎啸山头潜有应，龙眠海底寂无声。两弦配合金和水，七日醺酣死复生。遍体香熏神炁爽，谁知药采本源清。

结丹

保全精气养元神,六六宫中别有春。水性金情方恋配,水升火降漫停轮。灵明一颗珠旋朗,烹炼多番汞愈纯。却喜内丹初结就,阴魔退尽已仙人。

炼己

自昔叮咛炼已难,重安炉鼎别开坛。水金八两刚柔配,九六周天度数完。布德俟时铅易采,防危虑险汞方干。渐磨倘见砂凝后,更欲殷勤了大丹。

还丹

阳里先天迥不同,候生黄道判鸿濛。二分水火机关密,一点金精夺取工。白虎青龙交战斗,婴儿姹女两和融。三车运入昆仑去,全赖丁公呐喊功。

温养

温养工夫较谨严,屯蒙水火慎抽添。寅申要识滋生旺,卯酉休忘沐浴潜。昼夜六时防恣肆,朝昏十月戒寒炎。丹成胎熟须超脱,定有真身现仰瞻。

脱胎

白雪漫空景自知,中宫温养几经时。雷声忽破天门顶,霞彩争围臭袋皮。抚养渐成无滞碍,坐眠随意任行持。功成直入天仙列,百万神兵谨护随。

玄珠

九年面壁大功完,天上神丹降一丸。龙女献珠成佛体,鸾舆拱驾访仙官。置身蓬岛形神妙,俯首尘寰眼界宽。待到三千功行满,金书玉简下云端。

飞升

虚空粉碎与天符，羽服飘然著六铢。丹诏下颁朝玉阙，紫云遥逐赴琼都。众仙同有霓裳咏，万劫终无堕落虞。从此飞升天上去，也教鸡犬入云衢。

辨道诗并引[①]

癸未习静于道观，往来谈元者甚多，大半习闺丹炉火之术。又有伪托仙传诈称佛降，借长生为骗局，假财色以愚人，惑世诬民莫此为甚，招灾惹祸到老无成。竟有妄诋名真，狂排上乘，宗风扫地，一至于斯。余目击心伤，不忍坐视，爰作辨道诗十首，专诵性宗，未及命理也。

忠恕慈悲感应同，用成句，指三教。渊源不必辨西东。江河日下谁真学，门户徒分总俗衷。漫隔身心寻道妙，为参性理悟穷通。而今会得环中趣，痴爱贪嗔字字空。

自家性命自家修，底事昏迷向外求。点石休教萌幻想，采铅外道有采女子红铅服食一法，与南宗之所以采铅者大异。何事信邪谋。回光便是长生诀，语本邱祖语录。克念端为作圣猷。弃伪崇真方合道，凭谁砥柱在中流。

旁门外道世何多，为悯群迷动着魔。身未长生心便死，福难偶召祸争罗。三家妙旨非关是，万种邪言可奈何。目击情伤中夜起，鄙人因此发狂歌。

五经四子尽丹经，总是庸儒眼欠青。漫把中和腾口说，须将精

---

① 此诗“外集”未收。

一勒心铭。修身立命重重证,过化存神着着灵。圣德如天垂万古,何拘住世羡留形。

分门别户总猖狂,说有谈空亦渺茫。无量无边仙佛道,大经大法圣贤章。休萌龟鹤遐年想,肯与蜉蝣幻化量。恶死轻生都属妄,如如不动守真常。

伪托仙传太自欺,诈称佛降更魔痴。从来真道除群障,自古名儒懔独知。诞妄丛生徒堕落,虚灵不昧杜支离。狂风四起堪惊耳,一点丹忱用写诗。

曾闻导引亦旁门,况溺邪淫种孽根。误采丹铅身外炼,迷将污秽口中吞。后天浊质嗟何用,大地愚徒痛实繁。除却心头无别道,好依三圣觅真源。

能拒邪言即圣徒,此中关系莫模糊。惟将雾障千层拨,便把乾坤一旦扶。参透三才存妙道,贯通列圣自真儒。有谁具此修行志,方算人间大丈夫。

我人众寿相俱捐,自是仙家上乘禅。须识长生为借境,且教大死学名贤。李二曲先生云:学问不大,死一番必不能大澈大悟。贪心妄想都忘却,正法真传总自然。一念万年真面目,静从太极悟先天。

醒　世[1]

感慨寻真受坎轲,旁门曲径何其多。熟读《参同》与《周易》,高谈妙道如悬河。竟云已得真仙诀,不助丹财不肯说。招摇撞骗为

① 从《醒世》到"【附录】《吕纯阳祖师传剑二首》",均为"外集"所增。

贪淫,讵知报应如电瞥。我闻修道不求荣,但脱尘网了死生。富贵功名非所愿,法财相济到蓬瀛。

题佩璋修士入室谱论周天火候口诀

火候从来秘不传,羡君入室说周天。卯申巳酉宜参考,余得师授者不同。子丑寅辰说妙诠。百刻寒温忙里准,六爻文武静中权。愿同豪杰师前圣,勇退潜修渡有缘。

癸卯六月初二日交卸左江道篆东旋初十夜道经梧州宿南宁舟次忽蒙老君示梦起志一诗

六月十一梦老子,身长玉立空中起。伏求超脱返蓬莱,仙露浇背凉无似。叩求之际忽蒙仙水洗背,清凉透入骨髓。仰视丰颐聆法言,同寓太阴太阳理。斯言有理愧愚蒙,形神相契真欢喜。

呈通一斋主人

相识满天下,知音无几人。只求长富贵,不信可修真。
欲知山下路,须问过来人。梦授与乩示,相传恐未真。
学道如牛毛,成真似麟角。鼎炉已粗备,毋遗世人谑。

功业原无尽,年衰两鬓斑。病多家累重,急玉出尘寰。

护师先入室,屈指第三次。力薄赖同人,相扶遂我志。

书 怀

得授真传四十秋,欲图巨室作仙俦。立竿见影非虚语,购鼎安炉不易筹。漫笑有方何致病,只因无药未潜修。谁能假我扶摇力,一举同升在十洲。借龙眉子句。

寄杨绶卿太守

富贵讪于人,曷若贫适志。阮籍咏吟多,马援招谤易。毁誉不动心,有容成大器。仁义修在我,祸福任天赐。权势未可恃,雨云翻复异。始愿学神仙,不作冤孽事。时存救济心,热侠脑根识。神鬼赫有灵,欺人勿欺自。善恶终有报,斯言诚非戏。知人自古难,大奸亦多智。阴柔易相处,阳刚必招忌。相知贵知心,鲍叔能仗义。麦舟赠故人,尧夫重友谊。芝兰气味投,何必矜势利。贤哉沈万山,护道倾家攸。至人鉴其诚,特出丹母饵。点石可成金,三丰集所记。自顾德浅薄,何敢存希冀。惟是求大道,艰苦无不试。迄今四十五,上苍感诚意。两次遇真师,秘诀曾相示。访侣探真铅,安贫待时至。下士必大笑,不仁休妄觊。愿公如慧通,成道奉天使。修使入珠楼,细检琅函秘。父母亦超升,同登欢喜地。

呈梅岭栖云山人步龙眉子对月感怀原韵

海上经营四十秋，备尝艰苦我深忧。护师入室无多效，访侣求铅未竟修。惆怅何年登阆苑，绸缪此日选神州。几遭魔障仍前进，终望功成上十洲。

【附录】龙眉真人中秋对月感怀诗

手握天机六六秋，年年此夕不胜忧。神功妙乏三人就，黍米灵无二八修。信道龟蛇须福地，要知骑鹤上扬州。谁能假我扶摇力，一举同迁在十洲。

敬步吕祖师呈钟离祖师原韵

三著《危言》祝太平，心存救济利名轻。贾生痛哭终无补，九转丹成问上清。

政体天心一样平，无分畛域重和轻。欲求点铁成金术，普救灾黎四海清。

呈蜀西辛祖师

夙存宏愿与人同，愿学旌阳道法通。访诀东南无实义，瓣香西北有真宗。慈悲蜀郡辛师祖,点化香城郑守中。传谕十年犹两厄,回思五秩已三逢。

自怜弱质惊蒲柳,谁授神丹御雪风。杖引张刘何处觅,师许以我师为张、刘二公也。剑传钟吕会当逢。婆心自在无今古,仙骨因人有异同。朝罢三清愿辞职,只求住世度豪雄。

赠剑华道侣

道义相交臭若兰,飧霞同约弃衙官。立功岂藉三千善,入室期修九转丹。通慧再无为广孝,君为姚孝师后身。豪情仍似梦邯郸。此行果获真仙诀,勿负当年订岁寒。

狐　仙

世人笑我愚,我笑世人迂。忘命贪富贵,积财为妻孥。不识长生术,焉知易象图。猿狐可变人,仙佛安得无。吾友王策丞,昔年遇女狐。相爱情不断,形容日槁枯。劝王节色欲,运气润肌肤。有仆私相论,自打骂狂奴。此说彼已知,岂非是仙乎。

读张三丰真人闹中苦次韵敬和

升沉感慨饱炎凉,读罢仙诗泪两行。世路难行师遍历,人情苦况我都尝。忧民忧国心常赤，求药求仙鬓已苍。指引慈航祈早渡，功成政府救中央。

罗浮彭道人

积气已通关，如何犯色欲。转身性莫迷，终得长生箓。

汀洲胡处士

同寓华林寺，潜修见性光。惜哉魔障起，各自返家乡。

峨眉罗居士

得采南宫法，心神气作基。入山无退志，奚虑不如师。

匡庐黄居士

福慧双修难，劝君早炼丹。驹光如过隙，底事尚求官。

述怀寄同门诸道友

立志学神仙,首当端品行。三空师佛老,四勿遵孔孟。是非不动心,与世无争竞。养气忘言守,吕师成句。应物同明镜。功贵诚勤恒,无恒道不晟。漫言采外药,先要炼心性。回光时返照,垂帘如入定。万籁声俱寂,日出浮云净。阴极阳自生,归根以复命。昔曾遇此境,快乐言难罄。始信坎离交,周身酥且兴。惜哉家累缠,所行未究竟。无念方能静,有念机不应。而今铅汞枯,生机无把柄。救护思南宗,丹财何处赠。宝精以裕气,精足气自盛。气盛关自开,关开除百病。到此绝色欲,身体自强劲。火候载丹经,得诀知门径。忆昔客申江,经营遇枭獍。艰苦无不尝,始终惟守正。藉此炼身心,和谒化坚硬。富贵本由天,不畏魔障横。薄俗鲜知音,忠信与笃敬。当此危急秋,年老益忧病。穷欲善其身,不敢谈朝政。自愧不能文,何敢耽吟咏。惟是有所知,赋此供清听。成己欲成人,普天同忻庆。或笑无神仙,经史可为证。明初周颠仙,水火不能儆。明太祖试以水火皆不能伤。飞升张三丰,永乐曾书聘。有为亦若是,勉力希贤圣。

集吕祖师句赠尺木子

息精息气养元神,精养丹田气养身。梦醒黄粱休再恋,穷通得失付前因。

呈彭师法忠步吕祖师传剑二首原韵

卅年和淑忽相逢，喜若庐山吕叩钟。稽首彭篯求速渡，愿随鹤驾斩蛟龙。

万里云程一日还，扶危济困见尧天。道成法就无私意，不是贤豪不乱传。

【附录】吕纯阳祖师传剑二首

按《草堂自记》："吾有二剑，偕传自火龙先生，中条老姆派也。一曰法剑，以术治成，必得英爽绝俗正直无私之士而后传之，否则偏用私用，必遭天罚。即传者亦有过焉。及其扶危济困，扫尽不平，然后以道剑传之，斩断魔根，同归仙岛，此剑仙始末也。残唐之际，干戈草草，天下多奸邪辈，吾传以法法剑者盖十馀人，使其往来海国，拔救群生焉。"

东山东畔忽相逢，握手丁宁语似钟。剑术已成君把去，有蛟龙处斩蛟龙。

朝泛苍梧暮却还，洞中日月我为天。匣中宝剑时时吼，不遇同人誓不传。

待鹤山人晚年纪念诗

感赋七律八章藉纪身世[①]

观应来沪屈指六十年矣。自愧樗材，空怀大志。初服贾于航业，继从戎于粤防。旋又侦敌西贡，备兵左江。艰苦备尝，惊须发之易白；心力交瘁，慨事业之无成。兹因公返粤，感赋七律八章，藉纪身世，录呈诸大雅教政。如蒙赐和，不拘体韵。

七十八龄瞬息间，卫生忙里亦偷闲。谁传弱水神仙箓，勘破尘寰名利关。复我天心云吐月，任他人海浪排山。是非得失何须顾，只对高真不觍颜。

学书学剑两无成，南北东西独远行。历挽商权原鹿梦，曾与同志创设机器、织布、造纸、电报、煤矿、开垦、粤汉广东铁路公司、广州总商会，又曾总办上海电报、织布局、轮船招商局、汉阳钢铁厂、开平矿务粤局、广东总商会协理、全国商会联合会广东商会代表。屡筹义赈悯鸿声。曾与苏、扬、镇三处同人，筹办河南、山西、顺直等处义赈。西航冒险曾侦敌，奉彭刚直公札委赴西贡侦探敌情。东粤防边幸息兵。曾奉督边粤防彭刚直公奏调差委。横海即今思将帅，老来何计答苍生。

寄迹申江六十秋，寻真访道遍遨游。尝闻固命须修性，多积阴功免悔尤。《悟真篇》诗有云："若非累行积阴德，动有群魔作障缘。"摄篆

① 题目系编者所加。

左江擒巨憝，从戎南越遇奸谋。世间多少难平事，投笔班生志未酬。

当关道阻虎兼狼，兄弟无端痛阋墙。民迫饥寒沉苦海，官争权利为私囊。只愁罗掘中原尽，难御交侵外侮狂。鹬蚌相缠[1]渔得利，蜃楼变幻几沧桑。

公学仙坛及广仁，前偕同志捐资请上海英界工部局在租界设华童公学，现与招商局同事复设公学，总理广州两粤广仁善堂，维持上海道德会、崇道院两处仙坛。维持善举与修真。筑基炼己求真我，得药还丹论色身。频刻仙经思普渡，遍求佛法救沉沦。函关紫气东来满，浩浩登台大地春。

昔年入室到扬州，捷法工夫未许求。入手初功先止念，凝神端坐要含眸。谁能混化通天地，我盼灵光射斗牛。南派北宗嗤党见，那知三教一源头。

修养追踪小祝融，郑思远真人号小祝融。诛妖灭怪慕南宫。剑仙系南宫法。倾囊护法逢方士，挟策从征谒相公。甲申随彭刚直公从戎粤海，总办粤防营务处，法越之役，曾拟条议，为李相、左相所采纳。增订《危言》邀乙览，重刊《志果》启愚蒙。明年可是龙沙会，海宇澄清万国崇。许真君《龙沙谶》云：一千二百四十年后龙沙大会，庚申岁有地仙八百出现救世。

激昂慷慨与谁俦，深愧人夸侠士流。仁泰昌当事叶某私欠庄款甚巨，牵累股东，同股嘱余一人担任，认后，被参受累，始行清理。未与子孙遗孽果，欲回天地入扁舟。夙怀五愿嗟难达，挽救三期刦未收。乩示蚩尤头期，武王二期，目下三期大劫亟宜解救。漫侈飞机潜水艇，竚看法

① “缠”字在《待鹤山房唱和集》中为“持”字。

力定蚩尤。

庚申己未两岁秋感[①]

庚申己未两岁秋感，不足云诗，其中论时事者，愿同胞悉吾国积弱之原，知耻爱国，合谋公益，而亟求自强；论大道者，愿同学知性命双修之旨，舍妄求真，励志潜修，而同登兜率。语有来历，述而不作。尚祈阅者诲之。

百岁光阴只廿年，法身将见色身捐。偶吟下里巴人句，竟获阳春白雪篇。去冬返粤感怀诗承诸君赐和。因设乩坛求善士，乩手须有善根，始能感召神灵，若非善士，冒仙佛乩示，骗人钱财，往往致获天谴，故乩坛以求善士为要。爱看道藏访神仙。曾蒙二圣传丹诀，陈、何两祖师。何日追随入洞天。

夙怀五愿靖边陲，曾谒三丰张祖师。乞赐丹砂开道院，丹砂，即点化之丹母；道院，即七教之丛林。炼成金液傍瑶池。拟随天上诸仙佛，不问人间有是非。漫笑痴狂多妄想，先儒立志本如斯。

金钱不惜植仙材，功效毫无志讵灰。仰望先师垂法雨，提携后学上瑶台。气腾坤腹地心注，神守乾宫天目开。斗柄斡旋通任督，内丹成就外丹来。

人生若梦谁先觉，一点灵光永不离。坐卧昏迷须照顾，行藏急忽要操持。如鸡伏卵氤氲候，似鹤凝神瞌睡时。养出端倪才进步，真心觑定莫教驰。

---

① 题目系编者所加。

明心见性是真师,心性功夫切莫离。常净常清须定慧,不闻不问合希夷。灵台无物求真土,寒谷生春可筑基。采药归炉勤煅炼,延年何必服灵芝。

招摄先天假后天,宜穷父母未生前。无声无臭生无炁,道自虚无生一炁。勿助勿忘顺自然。莫使识神迷本性,尽除杂念得成仙。谁知顺逆静中动,终日如愚学坐禅。

七尺身躯大丈夫,百年世事竟何如。每思沧海愁飞艇,欲挽狂澜读异书。物我同游缘混俗,见闻具泯似逃虚。世间谁是调元手,九转丹成德不孤。修道人必先积德,欲大功德须结同志。

太公以后鲜奇才,谁识于今变局开。豪气已从忧里尽,新诗多是劫边来。有生总被形骸累,无念方知祖炁回。深叹当年唐宰相,唐李林甫少年遇吕祖师,谓林甫宰相,如从我游可望成仙,惜林甫不从。竟将富贵误蓬莱。

要识五行颠倒颠,水升火降汞投铅。常教白虎山头坐,频唤青龙海底眠。一气本从虚里兆,两仪须信定中旋。老来救护时难得,钟祖师去,老来修行,必先救护难得者身中之时。寄语知音猛着鞭。

久欲逃禅机未逢,潜修何处叩仙翁。尚教养晦春申浦,协助重修八景宫。湘省南岳八景宫,广州广化善堂、吕祖殿,均嘱募助。古佛劝捐施法相,昔呕金佛济祖师现法身梦示宋太后捐修净慈寺。后人求募乏神通。茫茫谁是张环卫,坐罢凭栏听晓钟。

竹破还将竹补宜,抱鸡当用卵为之。借他铅鼎寻真种,点我凡躯入圣基。雪向静中飞白点,芽从虚处长黄枝。始于有作无人见,及至无为众始知。集张紫阳、张三丰两真人诗句。

欲把尘缘谢世间,未能救世暂偷闲。华池玉液时供吸,丹室玄坛日掩关。万籁无声人不寐,一轮方照夜将阑。年来白发频更换,自笑童颜失故颜。

生死轮回第几番，一生忙碌未能闲。欲空色相无边处，先断攀缘名利关。不遇圣贤防失足，只求真诀破愁颜。何时道德神仙降，道德会仙坛。面授玄机炼大还。

收敛神光学坐禅，垂帘塞兑息绵绵。且升阳火烹金鼎，却降灵泉灌玉田。交结只于牛渚外，分明正在鹊桥边。功夫九六宜双数，此是琼山白祖传。

平生访道复寻真，策杖逍遥四海滨。处世外多抛垢辱，修心内省祛尘昏。频年为厌人间事，何日忻逢紫府宾。两荷先师传秘诀，炼精炼气炼元神。

花落花开春复秋，壮颜不觉变苍头。秦宫汉阙人安在，德帝俄皇业已休。既悟此身如露电，何劳苦志望公侯。孔颜佛老成仁处，大海茫茫一叶舟。

还丹玄妙岂难论，惟采阴阳二气温。擒汞入铅金并木，摄情归性魄交魂。精神冥合夫妻媾，心息相依婴姹婚。法象千般皆比喻，董真教我效乾坤。

恍惚阳回暖气冲，董仙教我起屯蒙。坎男先赘朱陵府，离女同归紫极宫。探得红铅藏锦帐，取来黑汞贮丹垄。云收雨散箕裘立，蕴养胎仙藉土功。集董仙咏采取口诀。

一孔玄关要路头，非心非肾最深幽。膀胱榖道空劳索，脾胃泥丸莫漫搜。神气根基常恍惚，虚无窟里细探求。张师教向灵台觅，身即乾坤勿外谋。集三丰仙师咏玄关口诀。

气败血衰宜补接，张师玄要篇中说。华池玉液逐时吞，桃岛琼浆随日吸。绝虑忘思赤子心，归根复命仙人业。丹田温暖返童颜，方是后天真口诀。集张三丰仙师咏后天口诀。

我爱张师玄要篇,修真诀要识先天。五千日内生黄道,三十时辰认黑铅。不在乾坤分判后,只于父母未生前。若人采得吞归腹,何虑凡夫不作仙。集张三丰仙师咏先天口诀。

学仙何日似陈抟,高卧白云一味闲。撒手不迷真捷径,回头返照觅玄关。六根清净无些障,五蕴虚空绝万般。寄语同门张道侣,早离世网练金丹。

谪降尘寰八十秋,夙怀五愿几绸缪。求真须辟修真院,劝学重开讲学楼。主教六通谁不服,高人万里远相投。无分种族兼中外,大道惟凭善士修。

优差美利得犹失,不与人争听自然。曾梦仙曹叨注册,夙知生命本由天。吃亏耐苦消前孽,泯怨忘功结善缘。愿学渊明甘退隐,高车驷马让时贤。

频年两梦神人说,邀助天家上法台。辞乏真才难应诏,募修道院未曾开。欲除霸主强兵策,宜待飞仙活佛来。魔自心生当自勉,身非我有岂惊瘳。

不明大道欲安刘,纵得封侯学未优。非内圣外王之学。百岁光阴如闪电,一生身世等浮沤。德王霸业强何在,俄帝焚亡恨乃休。俄帝与后被革命党推落火坑。其恨乃休。以力服人终自败,穷兵黩武罪之尤。

鸦片未除又纸烟,无端岁费万千千。国因暗耗嗟胡底,纸烟之耗较鸦片为巨。民失卫生殊可怜。医生云吸烟最伤脑根。政府允当严禁止,仿美国禁饮酒办法。同胞勿被再牵缠。世间自古无难事,总在人心奋励坚。

赌博从来下九流,倾家荡产总因由。昔时纵许称殷户,转盼输成变楚囚。处世最宜安本分,持身尤重戒贪求。年来东粤官开禁,举国如狂夜不休。粤督莫荣新开禁。

色为削骨利钢刀,误尽许多英与豪。自昔圣贤垂训戒,只今男女竞投牢。桑间濮上偷期会,促寿亡身败节操。海上台基成旅馆,蜂媒蝶使罪难逃。

我国通商在日前,日能强富我依然。维新只制葡萄酿,祛病难除鸦片烟。抵制坚持宜自造,空谈交涉问谁偏。伤心南北争权利,虎豹临门尚论钱。

商政如何得改良,屡闻考察效扶桑。虚名寡实难求验,有法无人易召亡。匪特会场宜整顿,还期国法细参详。多财善贾非今日,莫使金钱动上方。

底事公司不及人,黠商垄断计纷纭。大股东欲垄断。前期组织股东会,利口安排演说文。党羽发言齐鼓掌,律师驳论辄伤身。会场党羽纠众交殴。茫茫公理今何在,报纸徇情亦失真。

粤路倾危讵忍论,六州铸铁错难翻。大权操自交通部,总协理董事均要交通部选定。一席都争董事门。包办未成虞杜弊,公司执事与运石者,恐利源不稳,百般阻抗。军输无着竭来源。政府日提车利应交军饷。朝朝明令兴商务,空说共和宪法存。

乩手诳人世鲜知,昔年粤督事尤奇。叶督名琛误听扶乩失守省城。神仙垂示无庸战,英舰传闻有退期。沙面船中忽放炮,观音山上竖降旗。通番得贿应天谴,底事逍遥任所之。

海关司榷权綦重,惟有华人不许当。西人大小执事薪水多于华人数倍,且另有房租。动使西文难土著,得封英爵利洋商。前总税司赫德英王以有功于洋商,遂封英爵。挂名监督如神像,作弊巡丁似虎狼。只有归装惟载石,任他倒箧复倾箱。

英雄谁见造时势,才调全凭演说优。宝剑悬腰终有变,金丹入口始无忧。神仙富贵随人择,道德文章本自谋。八载共和争利禄,民生涂炭几时休。

共和底事国仍危,上下凭公乃济私。各报论中俄改革之乱未已,由于上下假公济私。痛愤台湾林氏产,惊心俄堡党人碑。俄京彼得堡社会党势力颇大,定贫富产业均分主义。儒家漫说无因果,报应分明有早迟。富贵何如三不朽,同胞幸勿蹈波斯。

烽烟四起羽书忙,底事寰区叫恐慌。护法争权因党系,督军踞地逞豪强。内讧剧烈招人侮,外债频加促国亡。不练民团无保卫,兵来较贼更猖狂。《盛世危言》《民团》上篇论请仿俄、德、法军制,以民为兵,免逃溃、省军饷,如早照行,安有客兵之累。

豺狼当道不胜愁,政客纷争借箸筹。万姓馀膏将削尽,一丝元气有谁留。《危言》良法人皆弃,救世奇文我未酬。何日随师朝上帝,求颁恩诏靖全球。

路矿税捐成抵押,客卿总办利权移。东邻待我同高丽,西报讥吾若小儿。完用联盟诋失策,高丽李完用与日本联盟。贾生流涕枉伤时。外交如此兵如此,兵无纪律,到处抢劫。幕燕何知大厦危。

夙闻上下交征利,只说图存一字私。富极贪婪邀党誉,贫虽淡泊被人欺。却缘政府无良策,遂使兵船有漏卮。报载广州兵船走私盐运私土。搜索民脂千百万,不求公益为孙儿。

政出私门争党系,不言道德重权势。议郎论法要无私,督军省长应由总统设法采取民意简任,不应各督军强政府指放何人。各部长应由总理选用,方能如身之使臂,臂之使指。各议员应由乡举里选,须合资格。而各邑绅商不宜放弃任由党人运动,庶免结党营私。藩镇拥兵聊自卫。内讧迭起岂共和,外侮频仍忆专制。各省乏粮须截饷,中央借款为生计。

议员饱学多经验，不是宿儒是富商。泰西各国议员均是饱学及有经验之官商，只知国利民福，不志在薪水之多寡有无。底事权操诸省长，议员本是乡举里选，中国选举何以权由省长操纵。徇私滥举少年郎。中有甫毕业之学生。既知局赌伤名誉，何忍风流入醉乡。太息共和无法律，互争私利总颠狂。

追忆万式一先生

忆闻跨鹤泪沾巾，虚约仙槎问去津。未得传衣夸入室，曾观演法露全真。素琴弹落天边月，师好弹琴。玄酒倾残瓮底春。用张仙句。桃李满门书满架，疑团满腹向谁询。

与张一明道友论修道须外功相助

黄芽白雪不难寻，达者须凭造德深。斯是晤真诗警世，尚期入室士虚心。木能生火烽宜敛，汞得真铅势可擒。自顾老来精气少，奈何时事更相侵。

劝君穷取生身处，须学婴儿真息全。默默灵光存炁穴，绵绵命蒂蓄丹田。玄关呼吸随时转，宝体精神逐日圆。调合汞铅成造化，后天妙用复先天。集张真人、董真人句。

长男乍饮西方酒，震爻历兑变乾阳。曾向龙腰采木火，因来虎口取金浆。西池玉醴忘情酌，南谷琼泉率性尝。饮得如醺成大药，紫微宫里合玄黄。集张真人、董真人句。

富贵功名水上沤,罗念庵句。沧桑几变羡留侯。德皇俄帝今何在,猛将谋臣尽已休。默想此身成鹿梦,胡劳苦志建鸿猷。不如修道积阴德,莫为儿孙作马牛。

不在他身在目前,人人具足可通玄。元神安定情为汞,浩气流行性作铅。水火浮沉应采取,阴阳交合赖烹煎。修真妙理无多语,只要专心效法天。集陈真人、董真人句。

人老难生活子时,荣枯造化理当知。雨滋丛萼新红吐,霜缀柔条晚翠辞。丹经有谓秋叶霜前落,春花雨后红。阴肃衰林摧陨箨,阳和芳苑洗繁枝。既明万物皆如是,复命归根及早为。集董真人句。

痛惜愚夫假作真,黄金乱性色伤身。因财弃命忘因果,托梦扶乩冒鬼神。几见伟人遭报应,要求侠客救沉沦。灾黎拯出刀兵外,妙法神通捷罕伦。

张三丰祖师赐诗次韵感怀

五愿无非救世音,任人狂笑我犹歆。雄心未已魔难阻,圣德勖扶乐不禁。惟畏风寒常作喘,尚思丹饵拯衰沉。何时主教临尘世,早定章程座右箴。

闻噩报有感去岁式一子在扬州羽化今年老弟老妻在粤病殁

维扬凶耗未经年,迭奉广州噩报传。性命双修方免劫,形神俱妙乃成仙。任他天外风云变,顾我壶中日月旋。为守圣师玄要诀,夜深起坐学参禅。

感事

忆同弼士访仙翁，十万黄金撒手空。闻筑丹房和日埠，和兰之日丽埠。惊游月殿广寒宫。张君弼士忽于日丽埠中秋日逝世。难寻护法张环卫，不见安邦渭水熊。张君七十七岁有安邦之志。自笑求真数十载，金丹未得志犹雄。

昌言五愿类颠狂，先望成真起道场。各教统一修真院简章译西文普告中外。既荷玉皇曾准奏，仰求教主勿参商。年来道念魔频阻，晚近善心事更忙。善堂社会赈捐均嘱代为劝募，曾致书南洋殷商。我欲随师居洞府，内丹成就访金郎。

顺直奇荒古所无，树皮食尽更霜乌。顺直奇荒时值秋寒。可怜妇女填沟壑，不见官兵拯道途。公使会商筹赈济，督军始说要匡扶。如何博得点金术，遍救灾黎庚癸呼。

如聋如哑类疯狂，此是修真避世方。托病辞官汪梦九，韬光晦迹李高冈。须知有作无人见，漫使征求下诏忙。多少隐居名洞府，儒装改服道家装。

怀张欧冶周铁丸真人曹一峰法师

叩谢琅函许炼丹，奈何病阻欲行难。何年得赴龙沙会，此日求登太乙坛。会起风云三岛黯，怒抽霜剑十洲寒。削平天下不平事，畛域无分一例看。

赠赵法师

备尝难苦弗言劳,磨折千般气尚豪。抚己不甘终嫁线,与君相订入仙曹。每谈五愿心犹热,争说三期首自搔。欲救残棋先布局,及锋方试善藏刀。

读吕祖寄白龙洞刘道人歌感作与同志并序[①]

吕祖集中有寄白龙洞燕相刘海蟾道人歌,言警意赅,诚度人之衣钵。虚空吕祖师赐名虚空闻道有年,日尝捧诵以警身心,谨次原韵和之。如科场对策,不悉能否中肯,尚乞同学正之。

道院感怀敬呈张三丰祖师

通济张祖师赐名通济底事学长生,欲行五愿对天鸣。特求主教神通大,圣道宏开宇宙明。看骑黄鹤云中舞,空前绝后无今古。移山塞海事非奇,尽摄魔王归紫府。学道须学第一乘,主人常在有此

① 题目为编者所加。此诗已收于《罗浮待鹤山人房谈玄诗草》,此处存目和序文。

凭。炼至形神俱入妙，九天宫殿任吾登。创设修真院非易，集款定限从俗意。道院成立有奇材，捐款不劝而自至。分院经费办不难，先求至人炼神丹。神丹既得有基础，名登天榜震人间。奇材异能应留世，暂为总院仙籍隶。分院主教育奇材，冀酬五愿得维系。维持道德要无私，指道德会言。无私何惧神鞭笞。通济通玄同一志，苦衷应有鬼神知。何年得副名通济，尚盼恩施赐详细。双修性命返灵丹，看整乾坤定大计。斯言毋责狂且迂，世人讥笑毋乃愚。任他毁谤遭磨折，此身本是一寒儒。敬聆圣训无忘日，何年奉箓名山出。到处度人并救世，恕其狂狷言直率。

张三丰祖师赐和有感叠韵敬答

天发杀机死复生，著书拟作晓鸡鸣。四观人海尽云雾，五愿匡扶日月明。玉诏准行足起舞，全球安静无今古。修真院就出人材，不求天爵登天府。各教统一宗上乘，从此无争有所凭。仙佛愈多元气厚，旁门仰望不容登。自兹邪教回头易，人心向善转天意。对此时局不胜悲，遵候因缘时节至。清净无功服食难，外丹难得乞灵丹。灵丹闻是延年药，长愿留形驻世间。留形驻世为救世，此身如属天之隶。四方奔走不辞劳，六亲断绝无关系。只为公兮不念私，如有私意受鞭笞。少时立志学圣贤，皇天后土鬼神知。昨承赐我名通济，神通普济事非细。能令万国皆咸宁，天下穷民得生计。漫谓庸儒笑我迂，休说家人笑我愚。我心不变如金石，炼成铁汉一通儒。庚申四月廿七日，文义虽庸自心出。伏冀慈恩赦妄狂，愚昧无知语粗率。

张三丰祖师赐和有感三叠韵敬答

六贼猖獗戕吾生,频年脚痒耳常鸣。寒侵喘作夜益甚,披衣静坐待天明。伏案呻吟难起舞,亲朋虑我或作古。哮喘一停仍服役,此身何异在地府。好善寻真求上乘,挥手十万何足凭。落魄还家苏季子,炎凉世态语难登。始知义侠行非易,被拘参官出好意。一为保杨某为洋行买办,一为代友肩认合股之累。虎口馀生出敌营,奉彭刚直公委探法人敌营。群魔恶态乘虚至。自惭学道较人难,屡求师侣炼金丹。讵知道法均无效,徒留笑柄在人间。老病仍然思救世,时流笑我甘奴隶。我谋公益非谋私,梦醒不为财色系。学道学法贵无私,有私例被神鞭笞。普劝世人宜猛省,人有善恶天必知。度尽众生开普济,此是吕祖师大愿。五愿包括无巨细。天道无亲爱善人,休与留难磨炼计。深愧愚钝狂且迂,眼不识人为所愚。师借慢传索供应,十载方悟非通儒。指前遇之师。传人品行查往日,陈迹良善诀可出。闭泄天宝均有罪,因怜后学语粗率。

读寒山诗自励并训后人

我生虽下愚,欲学寒山子。任人辱与欺,忍让不为耻。代人受灾难,为好义保人做洋行买办亏累,一为代股友担认清理合股公司之经理私亏,亦受累。如消宿债耳。迭次被诳骗,修道应如是。人生无百岁,底事忧不已。阎浮是寄居,窃以古人比。寒山诗有云,立身先励志。顾具此形骸，岂可忘名义。苟不务姱修，朽木何以异。学业贵有恒，工夫无废坠。穷通随遇安，出处行素位。儿曹诵诗书，应识义与理。讲求年复年，能否窥奥旨。心以静而专，学以勤为美。寸阴惜圣人，日短悲志士。囊萤富焚膏，映雪可继晷。磨砚铁亦穿，刺股血至履。泡影曾几时，驹光去如驶。进修及少年，青春不足恃。蓬蒿生麻中，不扶而自直。砂石出他山，攻玉胜雕刻。主善则为师，师资众矜式。责善在友朋，朋簪辨淑慝。水淡异醴甘，赤别墨黑黑。里仁宜自求，楚咻勿自惑。歧路泣于杨，素丝悲于墨。昌言圣拜嘉，闻过贤喜色。内患凛晏安，外诱虑鬼蜮。谨录训后人，崇德须努力。

张三丰祖师赐诗有时至赐丹丸终是人中仙之句赋此敬答

感激老祖师，恩德大如天。此身何以报，追随亿万年。欲行五大愿，海上会群仙。先设修真院，育材结善缘。惟是吾道衰，异教频相煎。须有大神通，方可招豪贤。救灾如救火，当仁不让先。自惭无药产，何敢说玄玄。时近黄昏候，急思脱俗缘。仰乞慈云荫，勿致再流连。

陈张两祖师以诗见慰并赐仙水次韵敬答

昨日奉师谕，诲训意缠绵。慈爱如父母，保护更周全。蒙赐神水服,其中甚玄玄。时至有神丹,忧道不忧钱。修炼宜秘密,同志皆善缘。五愿在必行,得闻喜若颠。只求达目的,盛世大同年。先设修真院,主教皆神仙。男女有区别,分东、西两院。妙处不能宣。要俟人材出,中外方可传。待人无畛域,立志无私偏。七教能统一,万国自安然。劳苦不敢辞,借此答拳拳。令我长不死,恩德莫大焉。我身能不死,原为救大千。赋此以自勉,磊落对青天。

陈抱一祖师与陈履白真人度式一子赋诗纪之并述近怀

真人治病胜卢医,符水沾灌称神奇。万师一饮六蛇出,万师式一之病一服神水即吐小蛇六条。如焚五窍肝胆披。夙疾潜消体清爽,从兹颖悟无庸思。教读丹经与梵典,默想即到祛悬疑。斯人遭遇岂常福,一济陈祖师赐名一济敬祷大慈悲。自授玄科炼朝夕,绝却身向名利驰。漫谓妻孥索夙债,莫将姬媵惊狐狸。酒色财气业捐尽,无人无我自无私。经云老残须救护,急求栽接苏枯萎。护师数四修无效,室人交谪众所嗤。世态炎凉甚季子,卫生反病惭无词。道高一尺魔一丈,神炁相守坚不离。窃比蟠谿甘忍辱,仰乞超渡脱藩篱。痰喘频年增老态,神丹何日拯衰危。有询大隐居廛市,南洋日丽地或宜。惜恐前生孽障重,勤修阴德任人欺。护法求真曾变产,急公好义倾囊资。虎口馀生探西敌,保人受累身被羁。备历艰辛须发白,邯郸梦醒身何为。曩刊诗书数万卷,借此救世醒迷痴。两捐巨款筹公学,昔与同志集资要求工部局创办华童公学,今又与招商局各同事将花红捐出办公学。栽培后进与贫儿。复思神医世鲜睹,瓣香爇向火龙师。郑火龙真人善以符水医百病。留形驻世阅千载，云游四海拯疮痍。三千功行愿未足，尚冀共登春台熙。夙盟斯愿非今日，达此目的嗟何时。途穷日暮时局迫，子房甘与世长辞。相偕黄石谈元妙，琼浆玉液甘如饴。蓬莱咫尺望可即，泠泠御风随所之。

陈抱一祖师命式一子传谕一济到扬入室志感

行世七十八，求道六十年。家贫因好善，立志继前贤。遍处寻仙侣，北还复入川。忆遇两术士，自称道法全。约我同修炼，索造丹房钱。誓词应无假，如何信渺然。护师三入室，亦非获真诠。自惭德行薄，叠遇野狐禅。幸蒙我祖师，垂念道心坚。捐资助道院，准谕万师传。先授玄科诀，后讲复命篇。奈何精气薄，三宝不能圆。外丹嗟未得，无力采真铅。欲乞神丹服，通关病可痊。如前治万师之病，一服神水，即通关病痊。道成出救世，度人亿万千。同赴龙华会，随侍大罗仙。五愿或可达，跨鹤上青天。

寿吕海寰先生八十

阴云重重蔽天光，或吹散之风则狂。古来阴阳交征时，但有戈戟无圭璋。欲化堇荼为甘饴，我生精意注于斯。才人学人世不少，风俗屡变迷所之。酿成大变到今日，辄复纷纭言学术。云守旧者旧何在，云维新者新更失。我为思虑数十年，力任救弊而补偏。未用于世用于书，《危言》敢自夸言诠。聋者那闻迅雷震，瞽者不睹怒潮信。雷火焚身潮灭顶,但说临时未谨慎。势迫禅让变共和,党系犹争战事多。慰廷要学拿破仑,督军拥兵税敛苛。下无纪律上无道,南北东西尚征讨。图功利者疆场逐,崇节俭者林泉老。公推会长辞高官,红十字会长。我亦追随结善团。余充红十字会评议员。明年倘附耆英会,同乞旌阳九转丹。北方五省荒灾大,同人组织筹赈会。公与蔡杨为领袖,蔡君耀堂、杨君少川。追随劝募函中外。曾代致书南洋各富商。忆昔戊寅筹赈时,曾募中外百万资。筹赈救灾如救火,须求散赈有良知。救灾宜速,散赈人有良知,饥民方沾实惠。

寿郭春秧先生六十

锦簇花团景色新,华堂此日寿筵陈。我公恰值年周甲,应是蟠桃会里人。沪上乩坛尝表示,云有明神曾莅止。私降凡尘数十春,比较公年无乃是。公生闽省隶漳州,长赴南洋壮志酬。糖业大张三宝垅,亿则屡中复何求。系出汾阳名世胄,义方又类燕山窦。生平守道广行仁,多子多财兼多寿。家资千万陌连阡,兰玉阶庭复满前。善量宏开春似海,筹添海屋寿长延。笑我壮年即好道,拍图亦慕香山老。予与伍秩庸、梁纶卿、唐翘卿诸公九人共拍一图,名九老。我年八十苦求丹,若欲双修宜及早。学堂医院等星罗,善事何妨创立多。更助京城孔道会,宏开圣教快如何。非常功德君谁匹,各教纷争宜统一。尤能创建总教院,名震寰球圣人出。总教会修真院成,上帝准大神通之真人莅院主教。

病次感作

日来两凶报，胞弟曜东与继室病故。伤心涕泪涟。又误嚼荔奴，生桂元。哮发废食眠。蒙师赐仙水，获饮仍未痊。神丹不易得，陈师与张师均许赐神丹。有劝即乔迁。或如疗式一，或学刘和仙。张师昨批示，各有各所缘。有屋何必借，烦恼宜去先。继思屋古旧，惟恐难久延。所刻救世书，尚要待磋研。分送各同志，组织一善团。张友表同情，力薄难重捐。欲假数年长，无病绝魔缠。修真院成立，主教六通全。各教必统一，直至大同年。精诚不畏苦，心等金石坚。环顾五大洲，谁是大圣贤。

呈万式一先生

清净无功服食难，不得已乞女金丹。昔年承教应如是，老须借此救衰残。福薄不敢乞灵药，老态日增喘频作。无殊义仆堕沉舟，呼救无人泪双落。《参同契》与《玄要篇》，悟真与金丹真传。诸书妙谛皆言鼎，何以训诫采真铅。老来健忘戒用脑，思索头晕人欲倒。近年不复看丹经，纵知难行增懊恼。玄科诀炼过三年，去春遵谕炼先天。活子不生无药产，夜来静坐病依然。大厦将倾如闪电，恐不及成修真院。是否寿有十年长，救世人材望出现。学道理应五蕴空，常清常净太虚同。未许辞差难清净，讵能定静炼玄功。命算辛酉年羽化，相评甲子乘云驾。风雨飘摇日暮时，真阳不生谈空话。如何方得真阳生,如无药产丹不成。合师之法功无间,日则不暇夜常行。或谓救老须用鼎,借彼开关气冲顶。却垂死病妙更玄,《金丹真传》云:初节工夫却垂死病,甚验。《玄要篇》聊试验妙更玄。非师指示不能醒。势迫干渎救垂危,故将苦况诉天知。如蒙怜悯无药产,不赐灵丹赐玉芝。

拟筹办七教修真院感怀

稽首慈悲佛,南无观世音。维持修真院,遴派主教临。主教神通大,后生有所赖。人人崇道德,民安国亦泰。仰体菩萨心,久旱获甘霖。七教能统一,万众涵古今。

赠上海道德会医士徐君亚东

当今医士多如毛,未工制锦先操刀。谁能自信匹和缓,徐君亚东医中豪。素灵真奥少已得,洞坛特识折芒毫。马费陈赖皆折服,马培之、费伯鸿、陈莲舫、赖松兰。悬壶海上超群曹。心存济世活人众,良医良相功同高。仁人自具寿者相,宅衷和蔼乐陶陶。日施门诊百数十,汗流脊背不言劳。所得号金只留半,馀为道德会所叨。着手成春有神助,天人相庆天嘉褒。

专制叹

为官日少为民多，请君入瓮立法苛。不顾子孙顾自己，富贵升沉一刹那。九合诸侯骄焰失，穷兵黩武鉴德俄。以德服人国必王，以力服人若电过。民团制度省兵费，以民团自守地方，各县守望相助，何有客兵之患。自治无私万世歌。古今尧舜华盛顿，择贤禅让名不磨。欲求万世家天下，强秦洪宪今如何。

伍秩庸先生辞总裁仍护法巩固共和赋此志喜

公持护法弃总裁，沪上欢迎东粤回。不忍桂军遍蹂躏，竟致全省苦兵灾。关余拟办专门学，底事不行尚耽搁。乔梓均是法律家，名播五洲学问博。素讲卫生重灵魂，能致寿长数百春。有时梦游多奇境，此非阳神乃阴神。我倡各教统一议，已蒙上帝准行矣。尚祈各教统一心，协力同心急奋起。大同世界泯战争，民康物阜万国宁。不分畛域无强弱，专崇道德重文明。九老图中是谁大，闻已组织圣教会。道高德重比冲虚，伍冲虚真人。宏开道院福无艾。

庚申夏日感作致道德会同人

愧无智慧且老伧,乩示玄机多不明。识者又恐泄天宝,缄口弗言任悲鸣。我心不忍求分别,恶如黑云善如月。此语乃乩示。善者不明宜解释,莫更使之终迷没。世间多少修道人,备尝艰苦不遇真。故辑还丹下手诀,代天宣化渡迷津。复拟先设修真院,主教神通能督劝。非主教神通大即要兵力强。不论艰难不惜钱,何时达我平生愿。

万式一先生临坛赋此志感

先生炼炁近如何,善举犹惭我未多。欲乞上苍行五愿,全球从此息干戈。

阴阳服食两难期,清净功夫下手迟。药产不生无活子,漏舟飘荡欲何之。

修真救世访知音,几费栽培亿万金。艰苦备尝无效果,空馀吴粤论张林。信道笃者粤之林君泽丰、吴之张君一明。

咽津纳气是人行,有药方能造化生。《悟真篇》句。鼎内如何无活子,老来三宝欠元精。

日间佣作得薪水,半为妻孥半为人。长夜不眠因气喘,披衣静坐待清晨。

寿张一明道友六十

君本西僧偶念差,重生震旦缙绅家。黄粱梦醒求仙诀,指日丹成上九华。欲隐于九华。

福慧双修六十年,丹阳夫妇对谈玄。和光混俗春申浦,崇道院称小洞天。

随宦端江为省亲,龚黄政绩有来因。克家令子能承志,富贵神仙有替人。

同侍乩盘经两载,圣师救劫恩如海。去冬建醮降鸾书,监守神坛君主宰。

与张道友一明谈玄兼论时事

崇道院兼道德会,一言开化一修真。约章屡变劳参定,同体师心普渡人。

七十馀龄瞬息间,无钱博得一身闲。时流笑我非同调,幸对高真不靦颜。

迭闻师侣忽西归,老叟怆惶涕泪欷。俗累病魔时扰攘,求仙指示出重围。

仙家金液大还丹,曾与同仁仔细参。欲创修真成道院,访寻巨室费长谈。

修齐平治书三种,曾印《危言》十万编。各书肆云不必禁已印送十万编矣。博采名篇求警世,任人翻刻不需钱。

年将八秩体衰羸,入室求铅问一明。空窍如何能自觉,虚空法度曰玄曰窍。先天还假后天生。

训　子

古今因果已三编,勿与人争宿债钱。天理流行人欲净,真吾常在可延年。

立志须求一等人,专崇道德莫忧贫。英雄出处多穷困,功业由来俭与勤。

得便宜是失便宜,多少阴谋尔未知。守正不阿存善念,自然福禄获天施。

马援训子宜谨饬,究竟奢华不久长。素位而行量出入,先机预蓄隔年粮。

养生古法功无间,觉岸同登理莫忘。须有精神求福泽,事凡过度必身伤。

欲无后累须为善,各有前因勿羡人。烦恼皆由多妄想,不能容忍不安贫。

大富由天枉力争,能精一艺可谋生。切毋行险图徼倖,熟读经书理自明。

人生富贵似云烟,道德能留亿万年。休自殉名兼殉货,存心养性学先贤。

与通邃道友谈时事感作

且刑白马共修盟，从此欧洲尽偃兵。天以艰难资振作，世将中外合升平。纵横漫肆苏张论，朝野宜消水火争。各省民团应速练，毋劳筹饷累苍生。

旂分五色接三台，又见螺舟海底来。车马曾歌出塞曲，金缯待筑会盟台。交通披露求英俊，草野陈书起逸才。货殖更遵平准论，急兴工艺勿徘徊。

世事如棋一着输，致招异类共窥觎。楚材晋用资援助，兴利屯兵借翼扶。献策关中思邓禹，立勋江左待夷吾。御戎自古无良法，莫恃羁縻作要图。

家居炼巴胜于山，逢静处喧亦解颜。真息动时常似病，习心忘后尽能闲。姓名不到凌烟上，著述应传阆苑间。为五大愿各教统一会表文屡求各祖师商办。寄语时流休笑我，终随老子出函关。

寄寿叶誉虎交通部总长

四十欣逢强仕年，盛名煊赫冠幽燕。国权日替资维挽，路政风颓仗斡旋。整顿交通垂巨策，研求实业访能贤。牛刀小试皆游刃，异日勋劳孰比肩。

南瞻粤路愈倾危，国有收归且莫迟。总理离差谁任事，员司植党笑营私。我惭老迈难为力，公贵坚凝独保持。百万商民同感戴，九如遥颂口皆碑。

【附录】六十生朝自述[①]

花甲初周感怀两律承诸亲朋赐和赋此志感[②]

【附录】七十生日书怀

庚戌初夏,上海轮船局议归商办,公推观应入都具呈请工商邮传部注册。窃念忝居董事,事关公益,义不敢辞,时年七十,濒行得书怀四律,留别沪上吟坛,并寄修真道友。非敢言诗,聊志雪泥鸿爪,尚祈有道正之。

鸠杖还从京国来,道人底事尚登台。己酉冬,承轮船招商局股东公举赴都,请部注册,准归商办。今又奉部委会办,再至都门。梓桑负责惭清誉,总理粤汉铁路公司及创办广州商务总会,皆欲节省经费,故不受薪水。樗栎难绳本废材。盛宫保委随同办理商约及汉冶萍煤矿、铁路、通商银行、红十字会各差,今已辞矣。戎马间关谈少壮,彭刚直公督办粤防,奏调官应总理营务处,并亲往西贡、暹逻等处筹画一切。州人安堵殪渠魁。署理左江兵备道,擒获横州匪首罗大王、杨先锋等,州人庆获安堵。惟期海宇鲸波

① 此诗已收入《罗浮偫鹤山人诗草》,题为《六十初度书怀》,内容略有修改,此处存目。

② 此诗已收入《罗浮偫鹤山人诗草》,题为《花甲初度感怀两律承亲朋赐和赋谢》,文字略有改动,此处存目。

息，归隐罗浮辟草莱。

南北边疆警电传，老来何计靖烽烟。伊犁片马近事。上书宪政曾无补，戊申岁上书请速行宪政。着手危言恨未先。拙作《盛世危言》经孙文正公、邓小赤中丞进呈乙览。忧国新诗怀杜甫，卫生要旨慕龟年。白龟年著有《养身论》。浮云世事如苍狗，为救灾黎且学仙。

七十书怀录寄峨眉匡庐罗浮各名山道长

小谪尘寰七十春，备尝世累爱修真。固穷慕义承先德，忘病求元访至人。未炼还丹须炼性，欲调外药静调神。何时得遇三丰祖，立鼎安炉不患贫。

广刻丹经访剑仙，澄清海宇救眉燃。迭遭魔难身将老，自笑情痴志不迁。紫府秘文传往日，青城函丈遇何年。时危谁复闻鸡起，寄语同门猛著鞭。

舟过烟台蓬莱岛适七十生朝感作

梦醒邯郸道，扁舟向海移。澄心宜寡欲，养气戒多词。玉液犹堪炼，金丹未可期。蓬莱今在望，恰届古稀时。

香山郑慎馀堂待鹤老人嘱书

中华民国三年香山郑慎余堂待鹤老人嘱书

余幼承庭训，年十七奉父命赴沪学商务，欲入英文书馆肄业，不获如愿，只在新德洋行买办秀山叔处供走奔之劳，承教英语。继随宝顺洋人坐帆船赴天律考察商务，在津度岁，大雪漫天，身亦只衣布绵袍，素位而行，耐苦自励。返沪管丝楼兼管轮船客载事务。公馀之暇，约高要梁君纶卿入英博士傅兰雅先生英华书馆夜课，只读英文两年，可知当日贫读之难。儿曹今日读书不需筹款，自应愤勉，毋负光阴。凡诸弟来沪学习商务者，我无不嘱其先入英文学堂。盖今日时势，非晓英文、业精一艺，不足以多获薪水。

溯开荣泰驳船、宝泰揽载行、和生祥茶栈、仁泰昌川汉号，先后办理宝顺洋行、太古洋行轮船事务、扬州盐务、轮船招商局、开平矿务局粤局、汉阳钢铁厂、粤汉铁路公司，创办上海机器织布、电报局。法越之战、粤西之乱，先后奉彭刚直公、王爵堂中丞奏调赴粤总办湘军营务处，亲探敌营，备历艰辛，不妄取，不强求，盖志在救世，事事期无惭于衾影。先严尝谓古人有言："积金玉以遗子孙，子孙未必能守；积诗书以遗子孙，子孙未必能读；不如积德以遗子孙。"余亦欲承先志耳。是故身历官商两界数十年，凡有善举无不赞助，现逾古稀，除历年仰事俯畜并陆续资助先严建造澳门龙头井之屋兼置祭产，复自购阴阳二宅及访道、赞助善举外，现存房产各项股票岁入息款,仅敷俯畜之资,所得皆汗血钱,俱从辛苦中来,自问丝毫不苟,可以慰矣。然因好义而受戚友欺骗出人意外者有五事,兹撮其要记其事,俾我子孙知骗术希奇,人情险诈,银钱交易尤宜谨慎也。

一、壬午年为合股开办仁泰昌川汉号,当事叶滋青与织布局管栈余贡南买卖各种股票亏空数万金,私逃回粤,而川汉号股友李韵亭乞情拟写退单退股于我,嘱提前日期,将来彼当出场清理,请王爵堂方伯介绍,不料照书后被控时竟置之不理,以致被参功名,旁观者不平出为集资调处,而同股者始肯出资了结也。

二、癸未年机器织布局各友押款计共十馀万金,因中法之战股票跌价不赎,经手未能清理,迭被北洋大臣追索,迫如星火,幸龚蔼人方伯从中调停,而王爵堂方伯集资代为清理。

三、合保上海太古洋行买办杨桂轩被亏十万金之多,甲申年冬,太古洋人知我奉檄援台道经香港,被控羁留。但余于桂轩未亏之前数月,已械致太古退保,且太古帐房及各栈家具、挂屏,一切皆我所置,连各司事欠项约计共有一万数千金,而太古昌、太古辉两号之股本均未计在内,太古不念我与开办轮船公司之功,尚须追索四万馀金,复计利息,不肯少减,其无情如此。虽彭刚直公、龚蔼人方伯、方照轩军门均愿照数赔偿,寓沪之友亦集资万金相助代还,我均璧谢,宁愿自苦不敢累人,所以被困经年,始得离港。越年来沪,复入招商局帮办,而李秋坪之妻索代赔其丈夫转保杨桂轩亏款五千金,黄君铨卿相劝代赔,俟桂轩之子发达清还。不料其子发达,黄君已故,余问其子清还,推早已破产不能还。可知人心不古,保人之累大矣,我子孙不可再蹈前辙。

四、己酉年在粤养疴,适徐秋畦返粤,据云:怜我贫病,现有一事可以救穷以报知己,因集资印售《策论》,留股万金,以待秋闱后可以收回，一本两利等语。不料借贷汇交后竟食前言，款亦不还，费尽人事，除陆续收回三千馀金，其馀六千馀金伊恳王爵堂方伯求减作四千馀金，以四川冕宁金矿股票三千六百两作抵，惟不肯改名。目下矿已停开，将来该矿开办，可将股票向承办者追问也。

五、徐君雨之将存款代交天津塘沽耕种公司股银三千两，谓无收条容给予股票，继云耕种公司大亏，股招未足，休问股票。迨庚戌年到津查问，始知雨之所言不实，该公司股银十三万五千两，华洋各半，现值五十万两。曾函托上海广肇公所董事代询徐君雨之之子，回信认往来帐有此款代交塘沽耕种公司银三千两，谓非彼经手不允代追。惟既认代交，且唐君景星亦云我有股分名载公牍，如日后别人有银收回，我子孙亦可延律师追索。其始末情形已详载塘沽耕种公司股东会说帖矣。

以上五款，由于轻信重情之过，录此以诫后人，不可再蹈前辙耳。

我年来光境不如前，所以妻妾尤恐岁入之款不敷所出，时有不安之状，自顾老态日增，哮喘日重，自应静养，尽将所存房产各项股票等据和盘托出，付托翼之弟代理。自惭岁入诸款微薄，与翼之弟商定分给各人月费，量入为出，计开五分：一、余现当义务，出入旅费、房膳金及侍者工膳钱、医药费、酬应费共计若干；二、叶夫人与四妾五妾伙食、衣履等费及上下屋公钞、保险费共计若干；三、上海六妾与子女同住，伙食、衣履等费若干；四、次男润潮在外读书脩金、衣履、纸、笔、墨、书籍等费若干；五、幼子少女在沪读书，衣履、脩金、纸、笔、墨、书籍等费若干。逐款列明于后，按数照给。无论何人均守定章，不准逾支。庶几大众相安，亦可借此觇各人贤愚优劣也。惟翼之弟以股票寄沪收息不便，嘱托上海梁君纶卿代收，给还翼之弟收条备查，并托梁君代交六妾及其子女在沪读书、衣食等费。如梁君归隐，即将所存股票寄还翼之弟收回另托别人,俾六妾月有开支。然收股息甚少,不敷按月给发之数,由翼之弟先期按季汇交梁君,俾得凭折给发。澳门家费列明于后,如其素位而行,尽可衣食饱暖。古人知足之诗有:“他人骑马我骑驴,仔细思量我不如。回头若把推车看,比上不足下有馀。”所谓各有前因勿羡人是也。况古之名贤无不勤俭,固穷守道,忠孝传家。各宜遵守,违则不祥,切勿轻视。

曩承张君弼士出资所造之洋房在我所购上海华德路之地,原想图利,不料屋样与地位不合西人格式,未得善价。我因欠澳门永裕之款,来函索还,不得已将该屋地押用高易洋行银一万两,除还永裕外,提银六千两为六妾子女在沪购屋一所,俾就近照顾其子在沪读书,省纳屋租。俟其子成立,即将上海之屋沽去,取资回粤,在前购河南岐兴里之地建造住宅,入番禺籍,就近祭扫祖墓。至澳门新村尾之屋,分与长男润林、次男润潮偕叶夫人、四妾、五妾同居,就近管理万里长城即妈阁街十三间半屋租。如将来有善价宜沽之,盖所得租银不过周息六七厘,屋日旧,恐要大修不合算故也。

长男润林,自日本读书毕业返国,在营口关道当翻译四年,在厦门当招商分局董四年,虽稍有积蓄,然时谓尚未能仰事父母,只可俯畜妻子,乞代谋优差,俟得优差,入息优方可顾澳门及沪上旅费。余求会长与王董事准调闽局,恐其多病,精神不足,为人排挤,复嘱定之九弟帮办。不料因其在厦局经支船坞修理局船费之单所签船坞经理及船主、大车之名皆非真笔,为人假冒。润林沿前任办法未曾问过船主是否属实,应有失察之咎。董事会决议撤委候查,以定之弟代理,而谋事者仍欲推倒。经两次委员赴厦查究,谓被骗四年之久,数将两万,疑局董知情。幸局董出花红查悉系前翻译(传)〔傅〕昆山兄弟作弊。余为厦、闽两局事迭请会长维持,准定之弟所荐之俞葆初为帮办,不料如引虎自卫,时起风潮,报关行货有会议不装局船之信到沪,致董事会公议将定之、葆初二人一并撤委。查厦门局溢利丰岁有二三千元,闽局溢利丰岁有六七千元,除分副董、各司事外,数亦不菲,然仍有此失者,虽由当局惑于先人之言,然亦由于自己用人不慎,学问历练精神均不足,又不能忍耐与帮办和衷共济也。润林体弱多病,应返澳养疴,宜节欲寡言,俟病痊而后谋一相当之席位,不可奢望。古云:“一分精神一分福泽。”凡事须脚踏实地,知己知彼,度德量力,守分安命,顺时听天,以待机缘,不可行险以徼倖。虽大富贵天主张,然非自己学业优长、品行端方不来。润林已读中西书十馀年,只毕业警察,不肯入实业专门学堂学成一艺以谋生,甚失所望。润潮前在香港广州岭南学堂圣士提反学校读英文书八年,今入京肄业税务学校,务求毕业。

我知二十世纪觅食维艰,故定家规,甚望我子孙各精一艺,凡子孙读书毕业后及二十一岁后不愿入专门学堂读书者,应令自谋生路,父母不再资助,循西例也。我子孙所得薪水由五百两以外至五千两,均提九五扣归公家,如过千两及营业得利者,任其加提若干以培基本,如不遵守者便是不孝。此款只为各子孙读书之费,不准别用。昔邓禹有子十三人,各执一艺。俗语所谓:“家有千金不如一艺成名。”凡我子孙生于乱世,勿入政界,尤须各精一艺。而妇女亦如本澳容君穆堂之家各司一事,日有入款,均可自立。恐后人不知家庭教育首贵自立,有恒产而后有恒心,故略举事迹告诫,以期警省。如待鹤夫妇均归道山,恐所分各妾之屋,所收屋租为公家用去无靠,即将公家提银三千两,每妾收一千两,俾其生时收息为月费,死后作丧葬费。公家产业岁收之息,除子女婚嫁及春秋祭祀、清明拜墓外,均归各儿读书之用,不准移为别用,并不准将产业担保,以免后患。日后代理人欲将房产、各股票交回各子孙轮房经理,须候幼子润鑫读书毕业能自立后方可照办。或各房轮管一年。至于山地不可再为时师愚惑,叶夫人及各妾均有山地。当此文明时代,而父母丧葬之费宜廉。叶夫人丧葬费至多一千元,各妾丧葬费每人六百元。儿女婚嫁之费亦宜廉,各儿娶妻费每人二千元,幼女出嫁费亦二千元,不准逾限。此后孙儿、孙女众多,婚嫁之费应归所出者自理。惟将来广州城南地基公司股银收回除开支各项外,望给长孙读书费银二千元,因遗产不多故也。六妾子女读书、衣食等费,由天津翼之弟将代收房租拨给,前已列明。澳门叶夫人暨四妾、五妾同住,其伙食、女工月费及清明祭祀费、上下屋公钞、保险等费,每岁约共银一千一百三十六元亦列明第七页①,支款由所收万里长城屋十三间半之租银一千四百元开支,如房租减只好量入为出。日后长媳返澳,应将澳门家务及屋租均交长媳管理,以免老人操劳。如入不敷出,由长媳问长男润林补足。如长媳不愿管理,自起炉灶,听其自便。如其自起炉灶,所有在澳及各乡亲友吉凶人情,仍须归长男润林办理。俟次男润潮娶妻同居,则合资商办。所有在沪及将来广州亲友吉凶人情,则归润桑、润鑫合资商办。我与叶夫人均年老多病,自应静养,不再问家事矣。次男润潮现入京税务学堂肄业,衣履、伙食及一切应用等费,请翼之弟陆续照数代给,惟岁限五百元,不能逾支,切戒嫖赌。所收万里长城屋十三间半租金,是开支叶夫人、四妾、五妾伙食、月费、公钞、保险、清明祭祀、修理等用,惟该屋大修不敷开支,嘱承造人估价,函商代理人,请郑君子坚与润林核正、代付,入公帐。如日后该屋除公产

① 按"第七页"指《嘱书》原件页数。即本嘱书"岁支"项内第一款。下文中写有"已列明于第七页"字样者同此。

外分归各人收租者，则修理、公钞等费均不能入公帐。至于澳门、上海、广州各儿之住宅所有地捐、修费各归自理，不能入公帐，如有在代理人挂借预支、个人亏欠之款，均归经手自行清理。

我愧不善理财，积蓄微薄，所望日后子孙勤奋勉为充闾跨灶，无论男女各精一艺，庶几家业日盛耳。兹将存欠各项每岁收支数目列后，务望我妻妾子女量入为出，一体遵行。前迭拟嘱书，物换星移概不作实，均以此册为准，交叶夫人、各儿、代理人各执一册存照为据。

岁收屋租、股票利息左列：

一、收北海楼屋租津平银二千八百两。

一、收庆泰房产公司股息，约银一百二十两。

一、收澳门妈阁街十三间半屋租银一千零八两。

一、收中美轮船公司股票一百股约息银八十两。

一、收通商银行二十股息银四十两。

一、收大有榨油公司股银五百两、息银四十两。

共计收银四千零八十八两。除去澳门屋租，只得银三千零八十两，目下收数。

以上收款不过约数。以下所列粤汉铁路公司、汉冶萍公司、江浦耕种公司股票，迟一二年有股息可收，其馀康所得利树胶公司、四川冕宁金矿、建平金矿、吉林金矿、吴淞(蕴)〔薀〕草浜田地、安庆梅湖堡煤矿山地、雍陌壶源祖江西会、兴仁社江西会、沙岗李厚德堂江西会，均无息可收，列以备查。至代杨桂轩清还李秋坪转保银五千两、佘贡南亏累银二千馀两、卓子和亏累三千馀两、张星池揭借簿据银八百两，人均已死，如其子孙不还，无庸追究，枉费唇舌，作前因后果看待可也。

岁支澳门、上海家费各项左列:

一、支澳门家费及上下屋公钞、保险等费,约银一千四百元。

此款拟归长男润林经理。其数计开:一、支上下屋即住宅十三间公钞费银二百五十元;一、支预备修理费二百五十元;一、支十三间保险费一百四十元;一、支叶夫人月费二百四十元;一、支四妾、五妾月费银共一百二十元;一、支租屋公钞银二十五元;一、支羊城清明祭墓银二十五元;一、支叶夫人四妾、五妾预备医药费银六十元;一、支叶夫人、四妾、五妾过年利试银四十元。共计银一千一百五十六元,尚馀二百四十四元,津贴长男经理家务之用。长女于归及致送礼物归叶夫人自办。如长男不理,即将所馀之款尽归叶夫人、四妾、五妾及女工伙食等费。

二、支次男润潮学费、宿膳、衣履、纸、笔、墨、书等费共银五百元。

三、支上海六妾家费伙食、酬应人情等费共银七百二十元。

四、支六妾两子一女衣履寒暑学堂操衣医药等费共银四百八十元。

五、支润燊、润鑫两儿宿膳学费、幼女学费及纸、笔、墨、书等费银六百元。

以上第二、三、四、五款共洋银二千三百元,约伸规银一千六百七十九两。第二款在津由翼之弟代支,第三、四、五等款共银一千八百元,按照所收天津北海楼房租三个月一寄,上海同泰梁君纶卿代收,按月凭折转给六妾等用。如天津之款未到,请梁君暂垫,利息补还。如两儿将来升入专门,学费不敷,仍望代理人补足。

六、支待鹤老人在家伙食、出外舟车旅费、一切酬应及使仆工钱共银一千二百两,按三个月寄同泰梁君转给。

以上六款除第一款不计外,共支银二千八百七十九两,与岁收之款相抵所馀二百金,预备租息或减。至欠高易押款应缴息银及保险费,除纳地租、修理费所馀与张君对分,每人所分不过五百两,恐该屋无人租则无租银收,故急欲出售,亦副张君所嘱以清手续。现交高易押款息银,以所分租银抵交不敷,由待鹤名下养老费数内提交补足,因粤路股息难靠,公家已无馀款,无从应付也。

待鹤老人遗嘱条款列后:

一、澳门叶夫人收藏以下所列各契据等件:一、澳门新村尾住宅卖契;一、万里长城妈阁街十三间半屋地契据;一、广州岐兴里地契;一、广州城南地基公司股银五千两,另酬劳银三千七百五十两,胡君海筹代理纸一函;胡君前出四万五千元之借据作抵,已交翼之弟代存,俟胡君将我前立卖据一式亦由律师立契转卖与翼之弟,方可交还。一、雍陌壶源江西会簿三十份;一、兴仁社江西会簿二十份;一、沙岗李厚德堂会簿十份;一、各处山契;一、澳门山契及新村尾住宅屋契。日后交润林、润潮收藏。广州山契及河南岐兴里地契。交润燊、润鑫收藏。妈阁街地契交代理人暂存。其馀江西会由林儿与前途清收可也。

一、上海华特路之屋地五亩一分九厘,当日北栈洋人出银一万五千两求待鹤相让,未沽。适张君弼士谋作道场,出资二万两建造,延通和洋行绘图监造,张君与待鹤所定合约出银二万一千两。张君致通商银行信限支二万两,完工时通和洋人开列清单,除填坭费不计外共费银二万零八百馀两。托陈君辉廷面询张君找结,张君嘱待鹤代交,故待鹤共出银一万五千八百馀两。前年待鹤急需,已向高易押银一万两。所收房租、开支、地捐、房捐、代理费、保险费、修理等费均岁有清单列明,寄请张君查核矣。该屋连地现估值银二万左右,因时势不佳尚无受主。各友公论:以合约分数屋价多于地价,以时价估值地价多于屋价。昔年工部局估价每亩三千两,今则每亩二千五百两。我拟归并张君照时值地价或代还高易押款连息并经手保险费共银一万馀两,欲清债累,迭接张君回信云不愿承受,惟嘱速沽。曾登报两次,无人过问,只好限价两万拍卖以清手续。

一、天津北海楼房屋系与卫桐禅神州女学、进德社合资共买。卫桐禅出银一万八千两,待鹤出银一万六千两,进德社出银二千两,共计股银三万六千两,取名裕兴公司。又癸丑年由裕兴公司租银入天津庆泰房产公司,股银一千两。该屋地契印照均交天津太古洋行帐房翼之弟代存。

一、澳门万里长城即妈阁街屋十三间半之租银所收,备开支叶夫人与四妾、五妾在澳衣食及公钞、保险、清明年节祭祖等费之用已列明于第七页。万一屋租大减不敷开销,只可量入为出,不可借贷强撑门面,惟意外之需万不能省者亦宜酌用。妈阁街之屋或大修理,应函商代理人可否,函告永裕郑君子坚代付,由所押粤路股票沽出扣还。

一、广州河南岐兴里南约地一段留为润桑、润鑫母子建造住宅之用;而澳门新村尾住宅分与润林、润潮同住。至馀庆堂之租屋,我所生子孙亦可同住。若无空房,不可相争,以伤和气。

一、万里长城即妈阁街之园准五妹与叶夫人建静室养静清修。一俟叶夫人、五妹均归道山,租期已满,或嘱其将所建之静室拆去,或估收地租。而续定租契,定明若干年。不许聚赌纳污。屋后之围墙皆慎馀堂出钱自筑。

一、广州城南地基公司股银五千两,另酬劳昔日购地经费银三千七百五十两,并无股票合同,有香港律师所订合同稿为据。

按:广州城南地基股分事,曾托胡君海筹代理,俟收到时酬劳胡君九五扣,即每百两送银五两。沽塘耕种公司股银三千两系徐君雨之将存款划交往来帐清单列明。徐君当日云均无收条,容股份收足即给股票。我与徐君雨之同事,且系世交,信以为实,今日始知多有收条,惟我与潘爵臣、徐秋畦、韦文甫等均无收条,恐日后彼此推诿,已函托上海广肇公所董事函问徐君雨之之子,业已函覆,有案可查,有往来信为据,如将来该公司派利别人,我子孙可追索也。

一、妈阁街屋十三间半前经叶夫人延律师分归各子各妾为伙食之需,惟各妾同炊且月费均归公家所出,故屋租亦归公家。现在子幼读书,尚未毕业,不能自理,俟润鑫二十一岁读书毕业后,方准轮年分管。现收之屋租除纳公钞、保险费外,尽归澳门叶夫人暨四妾、五妾衣食、医药等费。若另给各妾千金,所遗房屋悉归公家。

一、粤汉铁路股票共计三千二百二十股,除先沽二千股清还永裕银号欠款,尚馀一千二百二十股,仍存于永裕代为收息,惟请永裕寄回收条交代理人翼之弟收存备查。

一、两老已归道山,俟润鑫读书毕业后,所遗产业股票除未娶妻之儿每人银二千元,未嫁之女妙庸银二千元,又屋租归公用,应分四妾、五妾、六妾每人银一千两,生为月费,死作丧葬费及拜山之用外,所馀作五分开:润林、润潮、润燊、润鑫各一分,公家一分。凡是公家存款,每儿只准轮管一年,周而复始,不准连管。如不暇接管,托人代理,如有亏空亦担责任。所馀之款只准帮助子孙无力者读书而已。

一、长媳在澳当家,每月支叶夫人月费银二十元,四妾、五妾月费银四元,六妾月费银包在上海家费之内,无庸另支。如两老已归道山,四妾、五妾、六妾各领公家银千两,生为衣食,死作丧葬、祭祀等费之用,无庸另支月费,任其出入山房养静可也。

以上各款皆为遵守家训者衣食读书之费,润燊、润鑫入籍番禺,世守坟墓,务望友爱,无违所嘱,光宗耀祖,是为至祷。

一、澳门家务,我已年逾古稀,叶夫人亦年老多病,长男润林年逾三十,经历有年,尽可俯畜,理当接管。如长媳恐费多不愿管理,当自起炉灶。凡在澳及各乡亲友吉凶人情归长男酬应。在沪各亲友吉凶人情归六妾酬应。昔我二十馀岁虽携眷出门,尚岁有银钱供奉老亲,及至因保人受累自港出狱返澳,亦筹款整厨房,自起炉灶,从无敢使老亲丝毫挂念也。如长男自起炉灶,公家月给叶夫人伙食月费连一女工共银三十元,月给四妾、五妾每人伙食月费银十二元,不用男工,或三人同炊,或同入山房搭食,均听其自便。另给清明拜山费二十元,年节费四十元,过年利试共洋四十元。万里长城屋十三间半公钞、保险费、新村尾住宅公钞费共银三百九十元,所收除支以上各款,所馀者备为修理费及叶夫人等医药之费。

一、澳门新村尾住宅分与长男润林次男润潮同居。如润潮未曾娶妻同居,如有修理、保险费归长男润林自出。上海住宅或广州住宅,已分与六妾、润燊、润鑫。两儿同居者如有修理保险费,亦应归润燊、润鑫两儿自出,以昭划一。所存新村尾住宅、家具、书画俱归公家,应由长男点存列簿备查,以免散失。所存书籍、法帖尤宜保存,以遗子孙浏览。若希冀遗产、争论家具,乃下流人物,必为人所笑,各宜慎之。

一、诫尔曹不可贪安逸,倚赖父兄。盖嬉游耗时、奢靡害俗、晏安偷惰古人所诫,大抵功名富贵无不从辛苦中来,所谓:“天将〔降〕

大任于斯人也,必先苦其心志,劳其筋骨,饿其体肤,空乏其身,行拂乱其所为。”不独舜、说诸人为然,凡古来建大业于当时、垂令名于后世者,类皆如是。甚而中人之产、小康之家,亦须勤劳俭节。朱子家规云:“懒惰自甘,家道难成。”俗语:“成人不自在,自在不成人。不将辛苦力,焉得世间财。”又云:“历尽世间苦,方为人上人。”西哲查尔那比曰:“因难愈甚,当愈劳苦,危险愈甚,当愈奋前。此后无困难危险矣。”帖木耳兰曰:“人能忍耐勤劬,可以胜灾殃。后生小子而欲求自立于世界者,岂可怠惰贪安逸乎?”孟子曰:“般乐怠傲是自求祸也。”《诗》云:“无怠无荒。”《书》曰:“汝毋自暇自逸”。吕东莱曰:“死于鸩毒者千万人而一人耳,死于晏安者天下皆是也。”是故处二十世纪竞存之世界,优胜劣败,即孜孜惟日,犹恐力有不逮,陷于漩涡。而谓自暴自弃一艺无成,而欲不受天演之淘汰,断乎其难免也。所以各国王子无不入武备学堂,德、日之兵弁入学时皆卧板床,食粗面包、糙米饭,不惮劳苦,训练其身心。且飞禽走兽均能自食其力,又知卫生之理,不时以手足梭其毛羽,运其四肢,小如蜘蛛尚能结网,蜂能酿蜜,蚁能聚粮,人为万物之灵反不如物,能无愧乎?欲尔曹自立,不厌反覆言之。

一、男女必须熟读所刊先哲家训修身立命要旨,有所则效仿而行之,而嫁娶尤为重要。朱子谓:“嫁女择佳婿,毋索重聘;娶妻求淑女,勿计厚奁。”诚哉是言。然择婿宜先以品学为重,不可徒贪其富贵。现处竞存时代,无论为士、为农、为工、为商,务求各精其业,各执一艺。设择婿者不此之务,而徒欲于膏粱纨袴中求之,岂有佳子弟哉!至淑女云者,考《后汉书》所载,女有四行:一曰妇德,二曰妇言,三曰妇容,四曰妇功。夫云妇德不必才明绝异也,妇言不必辩口利辞也,妇容不必颜色美丽也,妇功不必工巧过人也。清闲真静,操守整齐,行己有耻,进退有法,是谓妇德;择辞而说,不道恶语,时然后言,不厌于人,是谓妇言;盥浣尘秽,服饰鲜洁,沐浴以时,身不垢辱,是谓妇容;专心纺绩,不好戏笑,洁齐酒食,以奉宾客,是谓妇功。此四者,女人之大德而不可乏者也。然二十世纪婚嫁尤为讲究,彼此均要其父母与本人体质强、品行好、无宿疾痨症,且学业有成、能理家业、能治生计者。盖欧美人婚娶后必离其父母自携新妇另居,故婆媳姑嫂妯娌间无争执意见之事,非精一艺者不能自立也。然平常人家概不雇佣人操作,悉由妇女任之,家计稍裕者只雇一女佣而已。

一、卫生无论男女均宜讲究,我所著《危言后编》、《卫生要旨》,言之綦详。而伍君秩庸《延寿新法》、因是子《静坐说》,均须参阅。如能节嗜欲,少思虑,日日静坐一时,行动功一时,自能却病并可延年。然忿怒亦人所难制,故窒欲尤不可不惩忿,《大学》云:之其所忿怒而辟焉。张留侯、司马懿均能成大功亦在能忍,张公能百忍故可九世不分居。陈白沙先生云:七情之发,忿怒为遽;众怒之加,惟忍为是。不乱大谋,其乃有济;如其不忍,倾败立至。对内对外均宜涵养忍耐,所谓有容德乃大,非特可以处世,且能握卫生之要。至于嫖赌二字既足败名而丧节,亦可荡产而亡家,甚而残肢体、丧生命,覆宗绝嗣,悉由于此。故无论善卫生者绝意嫖赌,凡后生小子亦宜悬为厉禁也。

一、查西例一夫一妇,俗无早婚。盖男子以色欲不节而妨其发达,女子以生育过早而损其康健,子女多孱弱则遗忧于种性,教养不完全则流毒于社会。无论男女均于未婚嫁之前发奋求学,为将来自立之地。夫人一生为社会劳力而生产者,平均不及三十年,若以前十年之生产充母财,以后二十年之生产赡家室,则其母财所生之利息已略如其岁入,则富力加倍矣。如娶妾亦须审慎,知其四行德性有无。然妾多不独卫生有碍,使费亦增,且恐嫡庶间发生种种困难,殊非家庭之福也。

交上海同泰梁君代存各股票岁收股息计开:

一、存上海大有榨油公司股票银五百两。

一、存通商银行股票二十份,银一千两。

一、存汉冶萍公司股票五十份,银二千五百元。

一、存中美轮船公司股票一百份,银二千二百元。

以上股票息银甚微薄,自愧不善理财又淡于名利,年来赋闲皆当义务,曾将业广公司、轮船招商局股票陆续沽出,以应家费、永裕欠款及置北海楼裕兴、庆泰房产公司之用。

交翼之弟代存与卫君进德社合买天津北海楼房产契据,并庆泰房产公司股票、各项股票、收条、地契计开:

一、存吉林三姓金矿四股,计银四千两。

一、存天津庆泰房产公司股票,计银一千两。

一、存天津北海楼房产契待鹤名下股银一万六千两。

一、存通和洋行代理吴淞地十亩零八分,有道契,计银二千五百两。

一、存江浦耕种公司同泰梁君纶卿经理收条一纸,计银三千元。

一、存四川冕宁金矿股三十六份系徐秋畦欠款抵押,计银四千五百二十两。

一、存建平金矿股二十二份,计银一千一百两。

一、存安庆怀宁县梅湖堡戴家店煤矿山一片,价银二百九十元。

一、存康所利得树胶公司股银三百两。

尚有广州城南地基公司股银五千两,另酬劳待鹤名下银三千七百五十两,已有字据交胡君海筹代收。今胡君来信云:伊亦年老,请将前出借据交回,当立还字据移交翼之翁代收等语。翼之弟嘱交桓侄代理。至沽塘耕种公司股银,虽无收条,已有徐雨之清单代付为据,其子少之复信亦认往来帐上有此款事载篇首,如将来同股者有本利可收,我子孙亦可将广肇公所董事致徐少之信,并少之回信,旅沪股东联合会所刊唐君景星公牍列明我在股东之列乃唐君的笔可为证据,藉与照收。该会领袖系唐君翘卿,建平金矿股东会代表系刘君子贞、陈君润夫,有公牍载明,与同股者商办可也。

待鹤欠项计开:

一、欠上海高易洋行押款银一万两。

此款因前欠澳门永裕银号银四千馀两,来函问还,恐于名誉有碍,不得已将与张君弼士建造上海华德路之洋房道契押揭高易银一万两,每年须纳息银八百两,另保险费、地税、修理、代理等费,所收租息不过五厘,因屋式不合久无受主,曾托瑞和洋行拍卖,只有还价一万五千两。据经租者云:宜将洋楼改造华式住宅,租息可增也。

一、欠永裕银号银三千九百零二元二毫七厘,伸广平银二千八百零九两六钱三分,以粤汉铁路股票三千二百二十股作押,已嘱先沽二千股以清押款,如澳门无善价即寄来上海沽之。因欠款月息九厘,所收股息不能相抵,清结后不准再欠,以免倾家荡产,如有家费不敷者,自应量入为出,素位而行。长男润林年逾三十,虽不能仰事父母,自应俯畜妻子,汝祖父毫无遗产,只有雍陌村祖屋两所、澳门大屋两所。今汝稍有薄产,且读书至毕业,少年境遇已较胜我一筹,不可倚赖长上,各宜自发奋。若两孙读书之费不敷,所分长孙读书费二千金未能即交,如公家无馀款,由待鹤养老费岁提两孙读书费银二百元、曜东弟两子读书费二百元,按季照送。

兹将所购山地除沽送外,尚馀可用、可沽者,择要列后:

一、广州大北门外土名将军岭,又名小金钟,上下两穴改为一穴,于丙午年迁葬陈太夫人,系三水欧阳伟南地师定向,坐甲向庚兼卯酉,坐离卦初爻向坎卦初爻,土色鲜黄,有人字纹,余以前买松柏岭之山田,准大北外三元里北约看山人李尾耕种,不收租银,作酬劳看山之费。山价共用七百馀元。

一、广州东门外银牛岗西坑又名仙人仰掌,迁葬莫夫人,附葬幼殇之儿天庆、天槥。惟森甲小棺在莫夫人墓下左边。各地师均云吉地龙穴,沙水均好,惟葬时余尚嫌土色不多。山价六百元。

一、广州东门外银牛岗东坑,迁葬赵宜人。经三水欧阳伟南地师重修,坐卯向酉兼乙辛,小结地黄沙土,因对面案山不开面,已购得该山地横阔五六丈开作天梯案,又于对面田中购田一坵,开挖水池,嘱该处蟹山村之人赖火娇看山,以水池左右之田准赖火娇耕种,不收租钱,作酬劳看山之费。惟对面左沙饱硬,拟购其山边之地掘平栽种小树。山价、田价共八百馀元。

一、大北门外黄婆洞有仙人骑鹤一穴,土少只可葬塔。仙桥来龙有幢幡有宝盖,已葬待鹤山人衣冠,系冯拔臣地师所点。计共用银六百元。

一、广州东门外三宝墟银坑岭虎爪,系高守中地师所点,山价、谢师,共计用银一千元。据各地师云:平稳而已。张学华出价四百元,余不忍沽之。

一、广州东门外大马岭地二穴开为一穴,此山逆水朝堂局甚好,似乎气在左边,将来用时尚须名师冯拔臣地师勘定。

一、广州东门外置有石岗、鲤鱼岗、毛草岗、茶园岗、二皇楼、知府衕、东瓜衕、黄木葫、白象卷、湖合水口、飞鹅、马仔岭等地,问看山人赖火娇、土庄吴用五便知矣。均宜沽之。

一、广州大北门外鸡公岭及黄婆洞之朗伞岗两地,均是地师所点。然鸡公岭之穴颇高,子孙拜扫不易,日后恐为人侵占,且三碧运尚有十馀年,過后乃失运之地,如久觅受主不得善价,宜减价沽之。惟黄婆洞朗伞岗与仙人骑鹤对峙,留为后人酌用。看山人系三元里北约李尾,以松柏岭之田地数分准其耕种,不收租费,为伊酬劳。

一、沙浦金钟岗、虎头岗、松岗均不可用。系沙涌村看山人符燕经手,问看山人李尾亦知。又钻锣岗横枝沥之山地已结坟安一谷塔,请看山人李尾挖开一看便知吉凶矣。

一、深湾仔之山亦先严弃冢,嫌右沙饱硬,背如仰瓦,惟追水局。此山能否可用,须候名师再定。葬过十年之棺甚干爽。

一、金竹尾花坑、石鼓、础龙塘、梅花坑、仙人仰掌、客人村武曲金等地,均候名师再看方可订定。龙塘、仙人仰掌土色极好。

一、乌路下之地两穴已整好,本为四妾、五妾寿茔,因冯拔臣地师云非结地。大钓亚公抱孙、南屏后犁头地均是欧阳伟南地师所点,云是上吉地。冯拔臣地师云亚公抱孙所埋之谷色黑不可用,犁头地谷色黄或可用。南屏后龙之地必湿。飞鹰打蛇、仙人跻足、牙鹰地均不可用,宜出沽。问看山人林全吴观省必知。

一、神湾之鸡虲地,沈云门地师云:丁财地平湖后山之地大为修改沙手亦可用也。畅东弟代买之张家坑,佥云必湿。渭英弟经手代买之南坑、仔狮子、望楼台、东径月角地、崧埔逆水獭、黄竹塱、非菜塘、了髻山等处山地,已另册列明,均不可用,宜沽之。

一、吉大南面山二王庙蔡家祖山右侧之地备为叶夫人寿茔,冯拔臣地师云可用,必须开十一圻如蔡家祖坟一样。

一、叶君侣珊代购近吉大村田边之地,一穴可改作两穴,备为四妾、五妾寿茔,将来便于祭扫。

一、澳门山鼓前网髻之地,余本购为安葬先严,因诸弟嫌龙穴沙水不足,已迁葬庵塘坑。此地万不可沽,如待鹤无吉壤,即留为寿茔,惟要改向子癸开十一圻。

一、澳门黄蟮地本是莫夫人弃冢,迁葬于省城。保之弟借葬弟妇林氏,此山乃于希阳所点、先严所爱者,如将来陈太夫人要迁回香山易于拜扫,非庵塘坑即黄蟮地矣。

一、在香山澳门等处所买之地归润林、润潮管理,如经山师屡看俱云不吉者,即主持沽之。在广州等处所买之地归润燊、润鑫管理,现两子年幼,托徐君树堂、卢君钧堂代理,如经山师屡看俱云不吉,亦即主持沽之。各山地已另册列明备查。

一、沽涌金花山已送启芬三叔;北山岭地已送翼之五弟;香港青龙山已送保之六弟;澳门猫地鹰蠔地田之地已送渭英弟;牛扒石架上金盘已送畅东弟;广州杉木衕、大龙岭、燕子岗、龟地已送广仁善堂;蚺蛇耳金钱地已送三元宫;蛇叫岭已送关君雨田;石头岗已送卢君钧堂,兹复一一注明,免令后人误会。

以上收支存欠及股票、契据、山地各款均已列明,毫无遗漏忘记之项物件。上年迭次所拟嘱书,因物换星移情形不同,不能不有所更改,故前拟之嘱书概不作实,业已于前页声明矣。所望各子孙孝友立志须学前贤,俗云:好子不食爷田地。不可争论遗产,不可虚度光阴,不可浪费资财,必须勤俭,言行谦恭,读书毕业,当此竞争之世,不耐劳苦不能自立,虽有一艺之长,仍须勿论薪水多少、有无,先于大公司处学习,以图上进,方可自立也。以上各条经老人反覆言之,不啻三令五申,各宜注意毋违所嘱。

甲寅季冬吉日

遗嘱人:待鹤老人郑陶斋

代理人:郑翼之

知见人:梁纶卿

两侄孙读书费,林侄自出,准岁补公钞、保险费肆百元,俟林侄有生意时止给。其馀医费、人情一切均照嘱书办理,不能另给,应自筹办。翼之接二嫂叶氏信,已与待鹤商定矣。翼之订①。

① “两侄孙读书费”至“翼之订”,系郑观应弟翼之亲笔写的补充说明。

附　录

附录一

侍鹤山人事略

侍鹤山人事略

侍鹤山人六十自寿，题诗二章，海内名流属和盈轶。山人裒刻既竟，分贻同好，余亦获窥全豹。然尚恨有缺者，则以山人历年襄办新政，类多草创规模，其后遂勒为成法：凡一切内政、外交，赖山人挽回利权、裨益民生，实足助各省疆臣思虑所不及。甲申法越一役，为彭刚直公幕府上宾，虽大志未竟，而荩筹实多，尤为山人一生报国之本领。所著《盛世危言》一书，经疆臣奏进，留备御览。今新政次第举行，固由时世所迫，不得不然，亦以见圣天子君臣一德，知必有内契于心者。是宜有鸿篇巨制敷陈伟绩，推寿世寿民之意，为期颐耄耋之征，固非仅区区歌咏足概全德也。今山人将届古稀，其子丕烝贰尹嘱余私撰事略，预乞寿言于当世巨公，为七十称觞之庆。山人欿然若不自足，屡却儿辈之请。余维山人行谊将来为志乘光，今虽力却繁文，而其筹画之精详，实为维新之嚆矢。况当群疑众谤之集，而持以忍辱负重之心，不有正言，曷伸公论！爰次其事迹悉著于篇，非云阿好，将以纪实云尔。

谨按：山人郑姓，名官应，字正翔，号陶斋，晚年号罗浮侍鹤山人,广东广州府香山县人,世居雍陌乡,迁居镜湖。由监生于同治八年二月在皖营报捐员外郎。九年二月,在皖捐局捐升郎中,双月选用。光绪四年十二月,由晋赈案内捐以道员,双月选用。五年八月,蒙前直隶爵阁督部堂曾以历办晋赈捐输出力保奏。十月,奉上谕"郑官应着随带加三级"。是为公任事宣劳之始。十一月,蒙山西抚部院卫以"道员郑官应等募捐晋省义赈出力不邀议叙"保奏,请将在事各绅姓名载入各原籍志乘。奉旨:"着照所请。钦此。"〔六年〕十月,奉前直隶爵阁督部堂李委办上海机器织布局。七年正月,以"历在上海等处募资最巨,协赈晋、豫、直隶各省,力辞奖叙,洵属一门好善"等词保奏,请将姓名事迹载入原籍广东省志并香山县志。奉旨:"着照所请。钦此。"二月,奉前直隶爵阁督部堂李札委,总办上海电报局。八年正月,委帮办轮船招商局。三月,又奏委总办上海机器织布局。十月,奏委招股会办粤沪电线事宜。各股商公举为中国电报局总董。十一月,蒙前署直隶督部堂张、前直隶爵阁督部堂李以"捐助直省工赈出力"保奏。九年正月,奉上谕:"郑官应着以道员不论双、单月尽先选用。"一岁之内迭奉要差,是为公才略展布之时。旋蒙前贵州抚部院林于贵州防剿云南昭通窜匪并平遵义思南会匪土匪案内,以"在沪采办军械有年,不辞劳瘁"保奏,部议加三级。九年六月,奉前两江爵阁督部堂左奏委,招股襄办上海至汉口电线事宜。九年七月,蒙前山东抚部院陈奏"在上海劝捐协助山东赈款,源源接济"等因,奉上谕:"郑官应等心存利济,见义勇为,殊堪嘉尚,着传旨嘉奖。钦此。"九月,奉醇贤亲王委,驻沪采办神机营应用军械,兼侦探越南军情。十一月,奉前直隶爵阁督部堂李札委,总办轮船招商局。十二月,奉前兵部尚书彭"因办理广东防务"奏调赴粤差遣。是为公第一次回粤赞襄军政之举。是月，蒙前安徽抚部院裕以“办赈出力”保奏。十年正月，奉上谕：“‘尽先选用道郑官应着加一级，纪录三次。’钦此。”二月，抵粤，奉钦差大臣办理广东防务兵部尚书彭委，总办湘军营务处，奏以“一腔热血，能耐劳苦，洵属有用之才”等语，派亲往暹罗、金边、西贡等处查探敌情形势。是为公竭忠报国之日。三月，奉太子少保调任两广督部堂张、前办理广东防务兵部尚书彭、前广东抚部院倪会委，清查沙坦田亩、酌议按田加捐条款及赴香港理论提炮事宜。七月，奉太子少保调任两广督部堂张、前办理广东防务兵部尚书彭、前广东抚部院倪会委，赴香港、厦门租船购运军械援台事宜。十七年，奉前直隶爵阁督部堂李札委，办开平矿务粤局事宜。十九年，委办上海轮船招商总局。九月，在顺直赈捐局报捐二品顶戴。二十一年，蒙江苏布政使邓保奏，以“《盛世危言》一书，于中西利弊透辟无遗，皆可施诸实事，前兵部尚书彭称为时务切要之言，录呈睿览”。奉硃批：“书留览。钦此。”是为公赞助新政之本。二十二年四月，奉湖广督部堂张委，总办湖北汉阳铁厂。二十三年正月，蒙督办铁路总公司事务大臣盛札委，兼充铁路公司总董。是年，又蒙安徽抚部院邓保荐人才，奏以“才识练达，志虑忠诚，少年勤学，游历诸邦，考究政治得失，历办招商、织布、电报等事，廉正勤明，中外信服。法越有事，调办广东营务，派往南洋、暹罗、金边、西贡等处查探军情，深资襄助。直、东、晋、豫、苏、皖等省灾赈，募资助办，为数甚巨，最著勤劳。奉各省督抚奏明，请旨嘉奖，并奏准敕载县志。其精力尤在辑著《盛世危言》一书，为救时要策，前已抄录原本恭呈睿览。该员现办轮船招商兼湖北铁厂，于时务历练精深，明效卓著”等语。是年三月，蒙督办铁路总公司事务大臣盛札委，派铁路总公司总董；又奉督办电报局事务大臣盛札委，充电报局总董。

是年八月,奉山西抚部院胡调赴山西差遣委用。十月,蒙北洋大臣前直隶督部堂王,会同前两江督部堂南洋大臣刘、前大理寺少卿督办汉阳铁厂盛奏以"会办上海轮船招商局十有馀年,辄向外洋轮船争回权利。现兼总办汉阳铁厂,事繁责重,实难遵赴山西"等语,请留。二十四年,蒙督办铁路总公司事务大臣盛札委,充江西萍乡、安徽宣城煤矿总董。是年,又奉安徽抚部院邓奏以"深谙时务,志虑忠诚,上年曾开列事实具折保奏在案。旋经山西巡抚奏调差遣。直隶总督因其现办轮船招商局务甚为得力,附奏请留,已蒙俞允。该员才猷练达,交相推许,历有明征"等语。是为公特膺荐举之典。二十八年十一月,奉太子少保督办铁路总公司事务大臣盛委,充吉林三姓矿务局驻沪续行招股总董。又是年七月,奉调署广西抚部院王奏调广西差遣。十二月,奉盛宫保札委,创设上海医局总董,足见公研究中西医学具有本原,深为上游所器重。二十九年正月十九日抵浔,奉委会办行营营务处,统领梧州三江水师缉捕;又委东旋查缉私运军械。二十九年三月,奉太子少保督办铁路总公司事务大臣盛札委,代理总办粤汉铁路广东购地局。四月,又奉署两广总督部堂德电商太子少保督办铁路总公司事务大臣盛札委,兼办粤汉铁路工程局务。五月初一日,奉署两广督部堂岑、广西抚部院王奏委,代理广西左江兵备道。是为公受篆宣力之时。旋奉太子少保督办铁路总公司事务大臣盛委,总办粤汉铁路东广购地局。三十一年八月,奉商部王大臣札委广州商务总会协理。三十一年十月,奉两广督部堂岑札派查勘两粤矿产兼充商部矿务议员。三十二年正月初十日,在籍丁继母忧。四月初一日,广东各善堂、总商会、七十二行商报投筒公举总办商办广东粤汉铁路有限公司事宜。是为公第二次回粤办理公益之事。溯自丙午春初,各善堂行商以粤路事亟关系重大，非公莫属，乃群相号召，联名公举总办路事，屡辞不获，勉为其难。夫马薪劳，概谢弗受；辰出酉入，日以为常。受事以来发纵指示，殚心擘画，力顾大局，路事用底于成。爰于是秋迭禀辞差，并将两粤广仁善堂总理、广州总商会协理以及拒约会工艺院诸董事概行辞却，以遂高志。而山人亦将优游林下，与赤松、黄石游，不复理人间事矣。

山人受之于当代名臣既深且久，即远方重译使节往来，尤以得瞻丰采为幸。而于格致、制造之原理，船、铁、路、矿诸要政，尤能独揽巨纲，洞明本末。至于一门好善，见义勇为，尤其善继善承、世济其美者也。著有《易言》、《盛世危言》、《救时揭要》、《卫生要旨》、《因果集证》、《侍鹤诗草》等书行于世。

光绪纪元岁次丙午重阳后十日。世愚侄吴尹全谨述。

曾忠襄公奏请准郑绅建坊给予乐善好施字样附片

再据江浙筹办山西捐赈绅士前陕西按察使王承基、候选道金福曾等禀转，据粤绅三品衔候选道郑官应禀称：伊父封职郑文瑞、故母二品命妇郑陈氏笃行好善，利济存心，因闻晋省地广灾深，除命官应兄弟各自捐资助赈外，复将养老遗资并妻陈氏遗奁银共凑集一千两，由粤解沪交晋赈公所，由苏浙绅士汇晋放散各等情。臣查封职郑文瑞因灾助赈，二品命妇郑陈氏遗命济人，洵属善行可嘉，与捐助赈银一千两以上准其建坊之例相符，合无仰恳天恩，俯准郑官应于原籍广东香山县为其父封职郑文瑞、故母二品命妇郑陈氏循例建坊，给予"乐善好施"字样，以昭激劝，出自圣主鸿慈。谨附片具陈，伏乞圣鉴。谨奏。

光绪五年　月　日，军机大臣奉旨："着照所请。该部知道。

钦此。”

王承基等禀山西抚院曾[1]

江浙闽广筹赈公所绅士前陕西布政使司布政使王承基、江苏布政使司布政使应宝时、江苏候选训导严作霖、职商林芸阁等,为广东香山县郑绅故母陈氏积善贻谋,深裨灾赈,请奏明采入志乘,以旌义行,公禀山西抚院曾。

敬禀者,窃维名必副实,惧贻标榜之羞,善则归亲,宜备輶轩之采。绅等自筹募义赈以来,窃见任事之勇、筹款之多,深悯灾黎久而不懈者,当以寓沪粤绅候选道郑官应为首。光绪二年,江南海州沭阳暨山东青州等处赈务,该绅自捐募捐数已不少;前年豫赈,上年晋赈及本年直赈,均殚竭心力。总计筹捐不下十馀万金,而于晋赈倡议最先,集数尤巨。前经绅福曾在晋面陈,当蒙宪鉴。原其劝赈之能集,实由素行之克敦。夙闻该绅故母陈氏孝谨宜家,佐该绅之父创置义田,广刻善书,年未四旬,以久侍姑疾,劳瘁以殁,训其所生三子长子分发江苏候补道郑思齐,次子即该绅官应,次江西候补知府郑思贤勤苦自励,存心利济。临殁遗令:“惟肫肫以行善毋怠”为属。该绅之父封职郑文瑞,现在家居,为乡里之望,见三子各筹助赈,每贻书诰诫,惟以勿忘母氏遗训为言。连岁以来,除该绅兄弟追承母志,捐助直赈、晋赈,迭蒙大宪奏准建坊外,屡屡捐备筹赈经费。其家内外大小无不节食解衣,积数亦巨,从未自宣。

绅等共事多年,心折已久。质之其乡中长老,佥谓:义方慈训,无愧人言。伏查士绅筹办灾赈,捐数较巨,始终不懈者,准直省督

① 题目系编者所加。

抚查令地方官采入志乘，以嘉义行。迭经直隶爵阁督宪李、御史郭先后奏奉俞旨钦遵在案。今郑绅官应故母陈氏积善贻谋，深裨灾赈，以之采入志乘，允足以称国家彰善之典，而成闾阎教善之风。为此合词具禀，仰祈大人恩慈鉴察，俯据公禀，奏请：以粤绅三品衔候选道郑官应故母陈氏，由本省督抚行令本籍地方官采入志乘，以旌义行而作孝思。感沐鸿施，靡有涯涘。

再，该绅籍隶广东香山县，其故母陈氏曾由次子思贤捐请一品封典，合并声明。肃泐，恭叩钧安。伏乞垂鉴。

头品顶戴山西抚部院一等威毅伯曾批

据禀：郑道故母陈氏义方慈训，积善贻谋，深裨灾赈，以之采入志乘，允足以称国家彰善之典，而成闾阎教善之风。当奏请旌表而作孝思。候咨广东督抚院遵。缴。

晋抚卫帅奏筹办赈抚各绅姓名请载入原籍志乘以旌善行附片

再据善后局司道详称：晋省自光绪三年以后迭遭大祲，南路州县被灾较重；五年春间雨水愆期，麦收歉薄，民情至为困苦。维时江浙绅士布政使衔前陕西按察使王承基、前江苏按察使应宝时、署浙江温处道梁恭辰、江西候补道李培松、候选道郑官应、李培桢、署浙江湖州府知府邹仁溥、四品衔军机章京金曰修等均以晋省被灾日久，赈项艰难，因邀约同志分途劝募。先后捐集银十二万七千一百馀两，汇解来省，由该省绅士候选道金福曾、江苏補用知县举人潘民表、廪生严作霖、生员谢家福等亲赴平阳、绛州、蒲州、解州、隰州、汾州等府州所属灾重州县，核查户口，分别赈济，并因灾后民贫,或代开沟渠以灌民田,或平治道路以通商旅,或抚恤孤孀以全苦节,或代购车马以供差徭。凡此实惠均霑,无不同深感泣。臣维好善者人情之常,奖善者风化之首。如浙江绅士王承基等虽劝募只有此数,若其眷眷恤民之隐,实为近世所难。如令湮没弗彰,何以砥砺薄俗!惟据询:各该员佥称不敢仰邀议叙。合无仰恳天恩,勅下江、浙、粤各抚臣:将此劝捐放赈各绅士姓名载入各原籍志乘。倘有遗漏,并应查明补入,以旌善行而资观感。至此案在事尤为出力者,查有浙江难荫知县张世祁,拟请以知县归部选用浙江大挑分发;江苏知县范端揆,拟请给予同知衔;钱塘县学训导姚濬常,拟请给予国子监典籍衔;浙江监生父恩熙,拟请以从九不论双单月选用;浙江书识林元吉、江苏俊秀王邦瑞、汝奎英,均拟请给予从九品职衔。并恳俯准照拟给奖,俾昭激劝,出自圣主逾格鸿慈。是否有当,理合附片奏明。伏乞圣鉴训示。谨奏。

光绪五年奏。军机大臣奉旨:"着照所请。该部知道。钦此。"

李文忠公奏广东香山县郑氏一门好善请将事迹载入广东省志并香山县志以示表彰附片

再据浙苏扬沪协赈公所绅士王承基等禀称:广东香山县封职郑文瑞好善性成,刊布《训俗遗规》、《劝戒录》等书,筹置义田,兴立善堂,地方水利、桥梁、义仓各公举无不尽力乐输,悉心规画。光绪二年,江南、山东徐青等州旱灾,命家人售鬻衣饰,捐资为倡。迨西北大祲,郑文瑞在本乡劝捐,并谕伊子郑思齐、郑官应、郑思贤等在上海、九江、汉口等处分途筹捐。郑官应倡议于上海,设局协赈晋、豫、直隶各省,最著善劳,募资尤巨。该封职郑文瑞一门敦善,该绅郑官应力辞奖叙,洵足以表式浮靡。可否列入该籍志乘,以示优异等情。请立案前来。臣查近年各省筹赈员绅,历经臣暨顺天府尹、河南山西各抚臣胪叙出力员绅衔名,奏请列入志书,以彰善举。迭奉谕旨在案。今该封职郑文瑞义方教子,利济及人,一门好善之诚,尤足型方训俗。合无仰恳天恩,俯准广东香山县郑文瑞及伊子郑官应等姓名事迹载入广东省志并香山县志,藉示表彰而资激劝。理合附片具陈,伏乞圣鉴训示。谨奏。

光绪七年八月初四日奏。本月初七日军机大臣奉旨:"着照所请。该部知道。钦此。"

王承基等禀直隶总督李[①]

江浙闽广筹赈公所绅士前陕西布政使司布政使王承基、江苏布政使司布政使应宝时、江苏候选训导严作霖、职商林芸阁等,为广东香山县郑氏一门敦善,恳奏准采入广东省志并本县志书,以示优异,公禀太子太傅直隶爵阁督部堂李。

敬禀者,窃维善本性成,感以同声,而自应名不虚立,验之事效而益彰。东南民捐助赈,始筹助豫,已在官捐重叠之后;既而助晋,既而助直。当时颇虑难继,而迄事尚克有终。论者谓人心之善愈鼓舞则愈兴,愈扩充则愈广,而要在任事之人行谊积累,名誉素立,有以致之,诚非一时意气激发所能集事也。

伏见广东香山县封职郑文瑞即上海筹办协赈郑绅官应之父,少攻儒业,授徒自给,以养正型方为己任,编刊《训俗遗规》、《劝戒录》各书,随人讲解,广为流布;中年客游未久即归,命诸子出游,诫以勉立修名,及时积善。家居筹置义田兴立善堂,地方公举若水

① 题目系编者所加。

利、若桥梁、若义仓或创,或因,无不尽力乐输,殚心规画。光绪二年,江南、徐海、山东青徐旱灾,谕劝家人售鬻衣饰,捐资为倡。迨西北大祲,该封职在本乡联合同志,多方劝赈,特手谕诸子各就客中姑置己务专心筹捐。其时次子官应在沪,绅承基暨各善堂素稔其贤,彼此互访,议设协赈公所,先助豫赈,分济晋、陕、直隶。绅凌淦严作霖等先后驰书相订,通力合筹。

至续办晋赈,继助直赈,郑绅官应特议最先,募资尤巨。其胞兄思齐、胞弟思贤在九江、汉口等处,亦恪秉父训,始终罔懈。绅等相处日久,统计连年各省协赈任事之勇、筹款之多,实以该封职一门为首。窃以为乡间伏处而及物之宏、成效卓著如此,允足以验树立之素,不同虚誉之隆。

伏查近年筹赈各案迭奉宪台奏请,由各省采入志乘。又前经顺天府尹衙门胪列出力员绅衔名,奏准分别入志。其一门敦善、舆论素孚者,并经大宪专疏陈请,特奉俞旨各在案。今直赈民捐截数仰蒙中堂采听有真,以郑绅官应善劳最著,将予优叙。郑绅又沥陈恳辞,禀蒙垂允,远识特操,自堪敬佩。惟如该封职义方利济,远过寻常,自非特予表扬无以宣昭公论。可否仰祈宫太傅伯中堂俯鉴众悃,援照成案,以"广东香山县封职郑文瑞一门敦善,历助灾赈,卓著成效,并力辞奖叙"各情,附片奏乞天恩,特准采入广东省志并本县志书,以示优异而励方来。出自宪裁,无任感祷,延企之至。肃泐。恭叩爵绥。伏乞钧鉴。

光绪六年十月二十五日。

太子太傅文华殿大学士兵部尚书直隶总督部堂一等肃毅伯李批

据禀:一品封职郑文瑞并妻陈氏,平日散财殖善,见义必为。其子道员官应等仰承先志,救灾恤邻,迭襄义举,洵属积善贻谋,一门薰德。自应将其生平笃行采入广东香山县原籍志乘,以彰风义。候咨广东督抚院饬遵。缴。

李文忠公奏试办机器织布局以扩利源而敌洋产折

北洋大臣李鸿章奏为招商在上海试办机器织布局以扩利源而敌洋产,恭折仰祈圣鉴事:

窃查光绪四年十月二十四日奉上谕:"御史曹秉哲奏请仿用西法开采煤、铁以利器用一折,据称:'近来各省开设机器等局,需用煤、铁甚多,请由内地仿照西法用机器开采、转运、鼓铸、制造,既省买价,并濬财源'等语。所称招徕殷商,听其开办,酌量征收厘税,是否可行,着李鸿章体察情形,斟酌妥善,奏明办理。原折着抄给阅看等因。钦此。"臣查该御史原奏内称:"方今之务以海防为最要。泰西各国凡织布匹、制军械、造战舰皆用机器,故日臻富强。"又谓:"中国若用机器开采、转运、鼓铸、制造,其价比来自外洋为贱,更可宏拓远谟"等语。所论均属切要。臣维古今国势,必先富而后能强,尤必富在民生而国本乃可益固。溯自各国通商以来,进口洋货日增月盛,核计近年销数价值已至七千九百馀万两之多。出口土货年减一年,往往不能相敌。推原其故,由于各国制造均用机器,较中国土货成于人工者省费倍蓰,售价既廉,行销愈广。自非逐渐设法仿造,自为运销,不足以分其利权。盖土货多销一分,即洋货少销一分,庶漏卮可期渐塞。

查进口洋货以洋布为大宗,近年各口销数至二千二三百万馀两。洋布为日用所必需,其价又较土布为廉,民间争相购用,而中国银钱耗入外洋者实已不少。臣拟遴派绅商在上海购买机器设局仿造布匹,冀稍分洋商之利。迭经饬办,均以经费不充、税厘太重,相率观望,久无成议。复饬据三品衔候选道郑官应、三品衔江苏补用道龚寿图会同编修戴恒,妥细筹拟。据禀:估需成本银四十万两,分招商股足数,议有合同,条规尚属周妥。当经批准,先在上海设局试办,派龚寿图专办官务。郑官应专办商务。又添派郎中蔡鸿仪、主事经元善、道员李培松会同筹办。该道等延聘美国织布工师丹科到沪。据称:中国棉花抽丝不长,恐织不如式,必须就花性改制织机。已与订立合同,令其携带华花赴英、美各厂试织,酌购机器。本年夏秋之交即可回华开办。

查泰西通例:凡新创一业为本国未有者,例得畀以若干年限。该局用机器织布,事属创举,自应酌定:十年以内,只准华商附股搭办,不准另行设局。其应完税厘一节,该局甫经倡办,销路能否畅旺尚难预计,自应酌轻成本,俾得踊跃试行,免为洋商排挤。拟俟布匹织成后,如在上海本地零星销售,应照中西通例免完税厘;如由上海径运内地及运通商他口转入内地,应照洋布花色均在上海新关完一正税,概免内地沿途税厘,以示体恤。如日后运出外洋行销,应令在新关完一出口正税。若十年后销路果能渐畅,洋布果可少来,再行察酌另议。此系中国自主之事,自可持定专章,无虞洋商藉口。除未尽事宜再由南、北洋大臣随时督饬办理外,所有上海招商试办机器织布以敌洋产缘由,理合恭折具陈。伏乞皇太后皇上圣鉴。谨奏。

光绪六年奏。

李文忠公奏办浙闽粤各省电报折

署北洋大臣李鸿章奏为津沪电报办有成效,拟请招商接办由沪至浙、闽、粤各省沿海陆线,以杜外人狡谋而收中国自有之权利,恭折仰祈圣鉴事:

窃臣于光绪六年八月,奏请由天津陆路循运河至镇江、上海设立陆线电报,筹款垫办,俟办成后择公正商董招股集资接办,并设电报学堂教习生徒,自行经理。是年八月十四日,奉上谕:"现在筹办防务,南、北洋必须消息灵通,以期无误事机。该大臣请于陆路由天津至江北、镇江达上海安置电线,系为因时制宜起见,即着妥速筹办,并着江苏、山东各督、抚饬令地方官一体照料保护,勿任损坏。馀均照所议办理等因。钦此。"仰见朝廷主持要政、裨益军谋之至意,钦服莫名。当经督饬前津海关道郑藻如、候补道盛宣怀、刘含芳等妥议章程,与丹国大北电报公司商立合同,代为购料雇人查勘设线道路,以资熟手。自七年五月初兴工,至十月底工竣,南北、中外消息瞬息可通。仍照奏案招集商股。自八年三月初起归商接办,由官督查。臣仍筹贴每年沿途弁兵巡费一万一千两,以示体恤。五年后,如电资有馀,再行截止。

夏间,朝鲜内变,急调南北水陆各营,实赖电报灵捷。其赴机之速,为从来所未有。即总理衙门与臣等密商出洋各使臣及南省要务,莫不旋至立应,成效灼然共见矣。十月间,英、法、美、德各使请在上海设立万国电报公司,拟添由沪至香港各口海线。英国署使臣格维纳并援同治九年总理衙门已允成案,请由英商添设自上海至宁波、温州、福州、厦门、汕头各口海线,其势几难禁遏。臣与总理衙门往返函商,惟有劝集华商,先行接办由沪至粤沿海各口陆线,以杜外人觊觎之渐,而保中国自主之权,使彼族无利可图,或者徘徊中止。且沿海各省与京外筹商军国要事,调兵催饷均得一气灵通,于洋务海防实有裨助,而商民之转输贸易者亦藉电报速达,利益更广。因饬津沪电报局委员盛宣怀等传集众商妥晰会议。顷据盛宣怀会同商董候选道郑官应、候选主事经元善、国子监学正衔谢家福、副将王荣和等联衔驰禀:"拟请自苏州、浙江、福建通商各海口以达广东,与现在粤商所办陆线相接,计将六千里。照津沪陆线成本工费核算,约需银四十馀万两。沿途分设局栈,常年用费亦倍于津沪。现有大北公司海线直达香港,或将来英商再添水线,势必互相跌价倾挤,筹办实属不易。惟欲收我中国自有之权利,必当竭力筹维,劝集巨资,次第开办,以尽报效之忱。公议章程十条,呈请察核并请援案奏明,请旨敕下苏、浙、闽、粤各督、抚,转行经过地方官,一体照料保护"等情前来。臣查核所议章程尚属周妥,谨照抄恭呈御览。当此外人窥伺之际,必须激(厉)〔励〕华商群策群力,共图抵制。虽浙、闽、粤各省道里较远,民情不一,而同治十三年沈葆桢奏请在闽境兴办电线速通军报,业奉旨准,因循未就。署两广督臣曾国荃等现因英商议设水线至省,饬粤商兴造陆线以拒敌谋,业有成局。可知风气渐开,南中官民皆知电报为有益军国商旅之事。况自津达沪二千数百里陆线成后,沿途毫无扰累,各省必有风闻。拟请敕下江苏、浙江、福建、广东各督、抚臣,转饬经过各地方官,妥为劝谕,随事照料保护,勿使稍有阻挠损坏,以期事在必成,庶免华商裹足、外人贻笑,而各国添设海线之谋当渐消阻,实于交涉大局有裨。除抄录章程分咨总理衙门、南洋大臣暨各督、抚查照外,所有援案招集华商接办沿海陆线缘由,是否有当,伏乞皇太后、皇上圣鉴训示。谨奏。

光绪八年十二月初八日奏。

【附录】[①]光绪八年十二月初十日奉上谕

李鸿章奏招商接办由沪至粤沿海各省陆路电线,并抄录章程呈览一折:前于天津至上海安置电线,经李鸿章督率办理,业已著有成效。兹据奏称,推广兴办,拟自苏州、浙江、福建通商各海口以达广东,与现在粤商所办陆线相接。招集众商合力筹办,系为因时制宜,预杜外人觊觎起见。即着照所议,妥慎办理,并着左宗棠、何璟、曾国荃、卫荣光、任道镕、陈士杰、张兆栋、裕宽严饬沿途各地方官,一体照料保护,勿使稍有阻挠损坏。是为至要。将此各谕令知之。钦此。

彭刚直公奏调防务差委附片

再:臣军办理水陆防务,需员差遣。查有三品衔候选道郑官应,现奉委办上海招商总局并织布机器局、南北电报局。该员籍隶广东,明干有为,熟谙洋务,应请饬下南、北洋大臣,转饬该道迅赴臣军听候差委。又广东连州知州曾纪渠,廉干老成,循声甚著。前因曾国荃署理两广总督,该员系其亲侄,例应回避,部议改归江西以直隶州补用。今曾国荃已奉召入都,无所庸其回避,而臣军需才甚亟。仰恳饬下江西抚臣檄赴臣军,庶收指臂之助。将来防务告竣,仍归广东补用。理合附片具陈,伏乞圣鉴。谨奏。

光绪九年十二月初十日奏。

---

① “附录”二字系编者所加。

彭刚直公密筹暗结暹罗袭取西贡密折

督办粤防军务兵部尚书臣彭玉麟奏为密筹暗结暹罗,袭取西贡,以拯越南而维大局,恭折仰祈圣鉴事:

窃照法夷吞噬越南,占踞西贡已二十年。现复由河内夺占宣泰、山西,北圻,势颇危急。其偪迫越人立约,欲中国不预红河南界之地,及许在云南蒙自县通商,显系图我滇疆,冀专五金之利。不特滇、粤边境不能解严,即广东、天津亦未知撤防何日。彼以虚声,我以实应,数年之后疲于奔命,必至财力俱穷。臣蚤夜思维,寝不安席。叠奉寄谕,饬各军坚守北圻以固滇、粤门户。然自唐炯无故退兵,暹罗国王,郑姓,广东人,尊敬中国,用汉人为官属。现有掌兵政者六人,如中国之总督,皆粤人也。其人夙重乡谊,与郑官应熟识,谈及法越之事亦为不平,且引为伊国切肤之患。伊国与越之西贡毗连,尝欲出其不意,攻其不备,由暹罗潜师以袭西贡,先覆法酋之老巢。又,暹罗极东边境为英国所辟者,曰新嘉坡,地极富庶。粤人居此者十馀万,中国设有招商分局。即西贡,现亦有招商分局,均系郑官应所司。拟悬重赏密约两处壮士,俟暹罗国兵到时举火内应,先夺其兵船,焚其军火,以期聚歼。此二端似有把握,惟未奉朝旨,未敢举动,私相叹息而已。今叠奉谕旨,明示决裂,与法夷决战。郑官应恰有信来,求为奏调,由沪回粤,亲赴暹罗、西贡、新嘉坡等处密约布置,机有可乘等语。臣查越南所都曰富春,而以广南嘉定为西京,即西贡也,距富春千馀里。法酋图越,以此地为根本,壤接暹罗。遍考图志,雍正、乾隆两朝先后赐御书匾额于暹罗,曰"天南乐国",曰"炎服屏藩"。乾隆三十六年,暹罗为缅甸所灭,遗臣郑昭,粤人也,复土报仇,众推为主。昭卒,子华嗣,五十一年,锡封暹罗国王。十年一贡,其人止尊中国,而不知有他国。用汉人为官属,理国事、掌财赋,皆粤人为多。与郑官应之言皆相吻合,则其言可信矣。又考明万历中,平秀吉破朝鲜时,暹罗自请出兵捣日本以牵其后。滇抚陈用宾约暹罗夹攻缅甸,疲于奔命,遂不复内犯。永历困于缅。刘永福大受其累,旋至山西不守。前奉寄谕,饬总理衙门照会各国,告以"法如侵及我军驻扎之地,即不能坐视"等语。然昨准广西抚臣徐延旭来函:前月十七日,法夷攻犯山西,正官军驻扎地也。旗号满布,竟敢直前进攻。是彼族业已明目张胆,无所顾惜。刻下滇、粤官军分途进取,皆是正面文章。必须用间出奇,别开生面,以假虞灭虢之谋为围魏救赵之举,大局庶有转机。鼻端生瘼,脑后下针,此之谓也。

臣军营务处候补道王之春密禀:现有三品衔候选道郑官应,广东香山人,自幼从海舶遍历越南、暹罗、新嘉坡等处,熟悉洋务。现办上海招商局及织布机器局、南北电报局,与王之春共事有年,每谈及法酋蹴越寻衅广东,同深义愤。据云:暹罗复起兵攻缅以援李定国之师,其忠于明若是。乾隆中,缅甸不臣,得暹罗夹攻而缅始纳贡。阮光平篡黎氏,养海盗,寇重洋,及暹罗助阮福映灭新阮,俘献海盗,而南洋始肃清。其忠于本朝又若是。然则暹罗之能助顺可信矣。今越南事棘,滇兵未到,刘永福独力难支,北圻万分吃紧。臣拟密饬郑官应潜往各该处,妥为结约,告以封豕长蛇之患、辅车唇齿之依。该国又夙称忠顺,乡谊素敦,倘另出奇军,内应外合,西贡必可潜师以得。惟是言易行难,其中有无窒碍,先令密速探明。事有端倪,臣再派王之春改装易服,同往密筹。届时,密催在越各军同时并举,而不明言其故。西贡失,则河内、海防无根,法人皆可驱除,越南或可保耳。昔陈汤用西域以破康居,王元策用吐番以捣印度,皆决机徼外,不由中制,用能建非常之功。我国家厚泽深仁,自应有此得道之助。惟此举若成,则西贡六府自应归并暹罗。庶能取,亦复能守。盖西贡为越之南圻,系嘉庆初阮福映兼并占城及真腊北境,非安南故土。志称安南南北三千七百里,东西一千五百里,系专指北圻言也。阮氏有西贡而不能守,被法人夺占二十馀年,暹罗能得之,阮氏岂能复问?倾覆栽培在圣朝,亦因材而笃而已。

臣现附片奏调郑官应,伏乞饬用电报传知,以免南、此洋大臣奏留,致稽时日。除俟办有端绪,再行密报,并预筹越南善后事宜,届时密奏外,所有暗结外援、乘虚袭捣西贡各缘由,理合先行密陈。伏乞皇太后皇上圣鉴。

再,此举惟臣与王之春、郑官应等数人知之,其馀军中将领、粤中督抚概未与闻,以昭慎密,合并声明。谨密奏。

光绪九年十二月初十日奏。

彭刚直公奏密筹暹罗布置附片

再密陈:前奏调来营道员郑官应,一腔血性,能耐劳苦,洵属有用之才。臣属谋暹罗接应之举,令其函商彼处机密办理,稍有端倪。华民在彼国者数十万人,均念祖宗,原籍中华,愤切同仇,皆思出力报效。但须先委结实可靠之员前去慎密筹办,实事求是,可得劲旅数千人。以三四个月为度,通盘合算其口粮、器械一切,约计不过花费三十馀万金,以期直捣西贡。且于该处已安顿内应有人,务倾该法夷老巢。如或饷需不继,彼国华民尚可报效捐助。此暗中饬郑官应机密办理之实在情形也。惟该夷狼贪成性、诡谲多端。臣细察其天津就和条约五则,实缓我师之计。俟三个月后始行互议通商条陈,再行定妥和议,其包藏祸心殊为叵测。

查越南此时天气炎热异常,瘴疠愈甚,彼族万难禁受,必得休兵。一届秋凉,重理和议,必将故作刁难,多所要挟,不遂其欲,即肆猖獗,势所必然。此时我军防务正宜未雨绸缪,一刻不容稍懈。臣素性肝燥,老病日深,春夏木火司令,已属难支;兼以广南炎峤,潮湿薰蒸,更形其惫。伏维时际艰难,军情瞬变,安敢言病告劳,致萦宸廑,愈滋罪戾。惟臣性褊急,深虑秋间法夷复启衅端,若不乘时先为预备,临事必误机宜。已密商郑官应令冒暑前往西贡、暹罗、金边各处,不动声色,细心体察情形:西贡是否防守严密?该处华人果否蓄恨甚深,内应可靠?暹罗君臣果否实心乐助军力?该处华人果否真心报效,愿助饷需?以及若何进兵?若何攻击?地势若何?夷情若何?统凡一切作何规画之处,均须一一暗地密查确实,断不敢轻举妄动,致肇他衅。

本月十三日,钦奉四月二十二日上谕:"本日已降旨,令何雄辉前赴广东交彭玉麟差遣委用,并着察看是否可用,据实具奏等因。钦此。"臣俟该镇到营,察看其才。果可任用?郑官应回营斟酌。拟即派该镇往该国,混迹华人内,于暗中维持。该军号令归一,静以待动。此时不必另募客民数营,以节糜费;将来和议若无翻覆,就我范围,此举即作罢论。如或该夷狡焉思逞,臣一面饬郑官应飞电何雄辉及该处联络之众人乘机而起,使法夷猝不及防;一面恳求谕旨飞饬,准臣带领所部十五营出关,会合岑毓英、潘鼎新妥为密商,分途并进,收复山西、河内、北宁等城。抚藩服以安边圉,逐岛族而振国威,在此一举矣。如察看何雄辉或不谨慎,难胜此任,则不使其去。当与郑官应另行商择妥人前去照料。至粤东防务,应请饬张树声督办。该督久官粤中,情形熟习,专其责成,必多裨益。

所有微臣愚昧之见,是否有当,理合敬谨密陈。伏乞皇太后、皇上圣鉴训示。谨奏。

光绪十年五月二十一日奏。

彭刚直公奏(筹密)〔密筹〕补救越南附片

再密陈:正封折间,适道员郑官应自暹罗返粤。据称:到彼晤该国君臣,相待甚恭。在彼华民亦欢跃相从,慨许密备相助。惟彼国素不准预蓄军械枪炮,须购于英、法,而密谋辗转,必延至五六月之久方能成军。约计口粮经费不过数十万两。该道正与彼国亲王参赞军机大臣及领事陈金钟等密为筹办,忽闻谅山、保胜我华军尽撤入关,全越皆为法有。彼都人士皆为短气,咸谓此举可作罢论。缘彼国兵出,须假道金边国始达越境。越国以袭人,本为险事。我若以重兵向越,彼倚我声威,自可出偏师相助。今见滇、桂各军一律调回内地,谓我已无保护越南之意,安能为彼声援。倘轻率举事,兵单势孤,不惟立见败衄,而国且危矣。因悉劝该道速归,无得召祸。查道员郑官应此次孑身冒暑,远涉重洋,奔波七十馀日,往返一万馀里,出入于惊涛骇浪、蛮烟毒瘴之中,可云不避艰险,奋发从公。乃事竟无成,惜哉!

窃惟越南为我朝二百馀年之藩服,屏蔽炎荒,尚称恭顺。今以岛族凭陵,一旦弃于化外,似非所以字小之道。臣再四图维,欲求补救之策,似莫如仿照朝鲜近事,藉通商以资御侮。查越南谷米丰穰、土产饶裕,欧洲诸国素所垂涎,徒以越南闭关谢客,向不与诸国往来,是以未通互市。同治庚午、辛未间普法交战,普人已蓄意于西贡,将取之为东道主,无如法已捷足先登,遂为所独占。今复力索谅山、保胜,势已尽吞越南,以窥中华。然法果尽得越南，实欧洲诸国所大忌也。为今之计，欲杜法人之吞噬，似宜仿照朝鲜章程，使越南尽与泰西诸国通商。盖欧洲诸国素以不灭人国为美谈，越诚与各国通商，则法人举动有大悖乎公法者，诸国必起而议之，投鼠忌器，法终不能独噬越南矣。此时和战未决，预为之计，倘终归款议，可否求饬下总理衙门照会各国公使，告以：法越构兵，兵连祸结，初止为通商而起。一国通商不若合诸国通商之公而且溥，除俄国向不在南洋贸易外，若英国、美国、瑞国、德国、丹国、日国、荷兰国、比国、义国、奥国、日本国，均约同赴越之西贡、北圻各立本埠，一律通商。越境仍归该国王自理，则法必有顾忌，而越或可与图存矣。盖越为我属国，义当为之解纷。即以泰西之事论之，英国以并境而争比利时，以印度而争阿富汗，即揆诸万国公法，势亦不能坐视也。昔年美国攻日本，索通商埠头。当时仅美利坚一国耳，而日本则谓：当与泰西诸国一律通商，不必以一国为限，而美遂不能独擅其利。英人之始来中国也，诸国继之，英人颇有德色，而我国家一视同仁，来者不拒，卒至互相牵制，受我范围。合之朝鲜近事，皆其明效大验也。诸国志在贸易，未必皆以法夷为法，又不免互相忌嫉，一闻此议，或当踊跃奉行。即或不能全至，但有数国肯来，法之狡谋亦当不能逞矣。

臣为越南筹度善后，隐相维持起见，谨附片具陈。是否有当，伏乞圣鉴训示。谨奏。

光绪十年六月二十六日奏。

彭刚直公奏和局大定请饬郑道回沪办理招商等局事务附片

再:三品衔尽先选用道郑官应,经臣于光绪九年冬奏调来粤,随营差遣。上年台湾军务孔亟之际,臣与张之洞札委该道前赴汕头办理援台转运。现在和局大定,转运事已撤销,该道前在上海办理招商总局并机器织布局、南北洋电报局,尚有经手未完事件,屡接南北洋大臣及江苏抚臣槭牍催其返局。今既军事解严,自应饬该道旋沪料理。除备文分咨南北洋大臣、江苏抚臣外,理合附片奏明,伏乞圣鉴。谨奏。

光绪十年十二月初十日奏。

前江苏邓方伯奏进呈《盛世危言》折①

皖抚邓筱帅奏保荐人才折

头品顶戴安徽巡抚提督军务臣邓华熙奏为遵旨保荐人才,遴举道府等员事实,拟请送部引见,以备录用,恭折仰祈圣鉴事:

窃臣伏读光绪二十一年闰五月十三日上谕:"为政之要首在得人,当际时事多艰,尤应遴拔真才,藉资干济。著各直省将军、督、抚等:于早日真知灼见、器识宏通、才猷卓越、究心时务、体用兼备者,胪列事实,专折保奏等因。钦此。"中外大吏仰体圣怀,业经各举所知,上备朝廷甄录。臣审时度势,当此多事之秋,需才孔殷,知

① 此篇已录《盛世危言》篇首,此处存目。

人不易，非研精时事不能共济时艰；非确有见端不敢妄为保荐。平日留心访察，求得真才。兹查有尽先选用道郑官应，才识练达，志虑忠诚，少年勤学，通晓泰西语言，旋游历诸邦，究其政治得失以广见识，历办招商、织布、电报等事，措置井井有条，廉正勤明，中外交相信服；法越有事之年，经原任兵部尚书臣彭玉麟调赴广东委办营务，派往南洋暹罗、金边、西贡等处查探敌情，决策运筹，深资襄助；直、东、晋、豫、苏、皖等省水旱祲灾，该员设局倡捐，募资助赈，为数甚巨，最著勤劳，各省督、抚臣或奏准传旨嘉奖，或奏准将其义举载入本籍志乘，乐善不倦，信而有征。其精力所萃，尤在辑著《盛世危言》一书，别类分门，抉发中西利弊，剀切详明，实为救时要策。臣前已钞录原书，恭呈睿览。该员现办轮船招商局，兼办湖北铁厂，于时务历练精深，明效卓著。

又查有江苏镇江府知府彦秀，整躬率属，明干有为，民隐勤求，办事不苛不扰。京口驻防旗丁与本地商民从前时有龃龉，该员遇事据理为衡，绝无瞻顾偏袒，不特居民称颂，即旗丁亦复同声感服。且该郡华洋杂处，交涉事繁，莫不因应咸宜，孚于众论。至其留意地方，不动公款，而郡城设法修培；立改过所，教习手艺，而莠民咸免游惰。其馀督率所属，清讼狱、劝开垦，凡有裨国计民生之事，均能认真整理，成效昭然。

以上二员，臣平日知之最悉，实为道府中才识出众之员，考核既真，用敢钦遵谕旨，据实胪列事实上达宸聪，合无仰恳天恩俯准，将该员郑官应、彦秀送部带领引见，恭候恩旨量材录用之处，出自圣裁。臣愚昧之见是否有当，谨缮折具陈，伏乞皇上圣鉴训示。谨奏。

光绪二十三年二月十六日奉旨："留中。钦此。"

大宗伯孙协揆奏变法自强通筹全局折

协办大学士礼部尚书臣孙家鼐奏为变法自强,宜通筹全局、分别轻重缓急,谋定后动,敬陈管见,仰祈圣鉴事:

窃臣近日恭读诏书,力求振作,海内臣庶莫不欢欣鼓舞,相望治安。顾今日时势,譬如人患痿痹,而又虚弱,医病者必审其周身脉络,何者宜攻,何者宜补,次第施治,自能日起有功。若急求愈病,药饵杂投,病未去而元气伤,非医之良者也。臣昔侍从书斋,曾以原任詹事府中允冯桂芬《校邠庐抗议》一书进呈,又以安徽青阳县知县汤寿潜《危言》进呈,又以候选道郑官应《盛世危言》进呈。其书皆主变法,臣亦欲皇上留心阅看,采择施行。岁月蹉跎,延至今日,事变愈急,补救益难,然即今为之犹愈于不为也。臣观冯桂芬、汤寿潜、郑官应三人之书,以冯桂芬《抗议》为精密,然其中有可行者,亦有不可行者。其书板在天津广仁堂,拟请饬下直隶总督刷印一二千部送交军机处,再请皇上发交部、院、卿、寺、堂、司各官。发到后,限十日令堂司各官将其书中某条可行,某条不可行,一一签出,或各注简明论说,由各堂官送还军机处。择其签出可行之多者,由军机大臣进呈御览,请旨施行。如此则变法宜民,出于公论,庶几人情下令如流水之源也。且堂、司各官签出论说,皇上亦可借此考其人之识见,尤为观人之一法。臣愚昧之见,是否有当,伏乞皇上圣鉴。谨奏。

光绪二十三年奏。奉旨:“已录。”

皖抚邓筱帅奏保荐道员胪列实迹以备擢用折

头品顶戴安徽巡抚提督军务臣邓华熙奏为遵旨保荐道员,出

具切实考语,并胪列实迹,以备擢用,恭折仰祈圣鉴事:

窃臣接准部咨:“光绪二十三年十二月二十五日奉上谕:从来国运之兴,必由于人才之盛。现值时局孔艰,需才尤急,各省督、抚朝廷寄以股肱耳目,其各澄心尽职于所属道、府、州、县中详加鉴别。其平日居心正大、才识宏通,足以力任时艰者,列为上选。他若尽心民事、通达时务,均着出具切实考语,并胪列其人之实迹成效详悉具陈,以备擢用等因。钦此。”仰见圣主所宝维贤,宏济艰难之至意。.

臣窃以称俊杰者必识时务,裕经济者宜有事功。平时以此观人。每见品行虽端方,临事或昧于因应;学识虽博洽,空谈无与于措施。际此时艰需才,非求体用兼赅,卓有表见之员,何以胜重任而责实效。兹查有徽宁池太广道袁昶,学有根砥,器识宏深,由京职外任道员,抵任以来于民生休戚,地方利弊,整顿讲求不遗馀力。以蚕桑为利源所在,广筹劝导之方;以书院为造士之区,特倡经济之学。芜湖为通商口岸,华洋萃处,良莠不齐,每有会匪托足其中,最为隐患。该员拣用员弁设法侦缉,迭获巨匪严惩,地方赖以安靖。至其所办交涉事件,刚柔互用,不激不随,能令远人心折,犹其馀事。臣以外患日甚,每与该员讨论时事,据其条议十数端,均属知古通今,持论多中肯綮。谨缮呈御览,以备采择。该员曾在总理各国事务衙门章京上行走有年,才略恢宏,亦廷臣所共见。拟请皇上逾格超擢,俾得尽展所长,以收得人之效。又尽先选用道郑官应,深谙时务,志虑忠诚,曩年游历诸邦,研究中外利病得失,汇辑《盛世危言》一书,缕析条分,事多切要,臣前曾缮写进呈,钦奉硃批:“留览。”上年又开列事实,具折保奏各在案。旋经山西抚臣胡聘之奏调差遣,直隶总督臣王文韶因其现办轮船招商局务甚为得力,附奏请留,已蒙俞允。该员才猷练达,交相推许,历有明征,仰邀睿鉴,应如何录用之处,出自圣裁。臣考察所及,于该员等知之最深,不敢壅于上闻,谨据实胪列,恭折具陈,伏乞皇上圣鉴训示。谨奏。

光绪二十四年三月二十八日奏,奉旨:"留中。钦此。"

晋抚胡蕲帅奏创办屯田请调郑道等到晋附片

再:晋省现在奏奉谕旨创办屯田、矿路各务,事体重大,条绪纷繁,臣智虑短浅,深恐规画难周,必须有志趣广远、才识优长、通达时务之员为之襄理,庶可收集思广益之效。查有江西候补道贺元彬、帮办北洋招商局务候选道郑官应、浙江候补道伍桂生、陕西候补知府于承谟、前安徽青县知县汤寿潜、拟保知县广东候补县丞李光曩等六员,皆为臣所深知,堪以调晋差遣。拟恳天恩,饬下各省督、抚,迅饬该员等来晋,俾微臣得资臂助,实于创办各务大有裨益。所有调员差遣缘由,谨附片具陈,伏乞圣鉴训示。谨奏。

奉硃批:"着照所请。吏部知道。钦此。"

直督王夔帅奏郑道经手事繁缓调赴普附片

再:前准吏部咨:山西巡抚胡聘之奏调候选道郑官应赴晋差遣一片,钦奉硃批:"着照所请。该部知道。钦此。"钦遵。咨会到臣。当经转行遵照在案。惟查该道会办轮船招商局十有馀年,每遇怡和、太古两公司揽载跌价,齐心倾挤,辄能会督商董据理争衡,不失权利。本年西江开埠造船设栈,规计久远。日本邮社会船又将于来年在长江一带行走,应付操纵,该道经手正多,一时实未易清理。上年,太常寺少卿臣盛宣怀督办汉阳铁厂,檄饬该道暂时赴鄂总办,比复亲赴沿江产煤各省搜觅佳矿,冀多炼焦炭制造钢轨,以塞购买洋轨之漏卮,为造路自强之张本。该道事繁责重,实难遵调赴晋。相应仰恳天恩,准其暂缓调赴山西。一俟接手有人,再行酌核办理。除咨明山西抚臣查照外,谨会同南洋大臣、两江总督臣刘坤一、太常寺少卿臣盛宣怀附片具陈,伏乞圣鉴训示。谨奏。

桂抚王爵帅奏西省军务需材请调郑道等佐理折

广西巡抚臣王之春奏为粤西办理军务,增兵筹饷,一切需材,拟奏调人员佐理,恭折具陈,仰祈圣鉴事:

窃查自来任事需人,必合群策群力,始能有济。桂省本属边远,又系瘴疠之区,每为宦游者所不愿。现值匪徒蹂躏,营务倥偬,筹防练团在在吃紧;况密迩越南,交涉事繁,尤关紧要,若措置稍失机宜,贻误殊非浅鲜,故需材较平日为多,亦较平日为重。拟就向所深悉者酌量调用数员,以资臂助。查有直隶遇缺题奏道郑业敩老成谙练,前随大学士左宗棠兵部尚书彭玉麟行军办理营务有年,深资得力。直隶存记道何彦昇,才识俱优,历随出使大臣杨儒,参赞美俄两国,遇事励助,洵称心精力果。尽先选用道郑官应,才具开展,熟悉洋务,曩随兵部尚书彭玉麟办理营务,并奏派暹罗密探外交情形,深得窾要。安徽候补道石镇,臣在皖抚任内适值票匪滋扰,灾民待赈。委办支应工赈各事,不避劳怨,措置咸宜。安徽候补道赵上达,沉毅有为,上年由鄂调皖派办营务,于保护长江一案,并剿办大通票匪,悉协机宜,并经臣保送经济特科之选。湖北试用知府李昌洵,才长心细,尤精综核,臣在鄂委办筹赈筹饷诸务,有条不紊。

以上六员,臣皆知之甚稔,堪备处常济变之用,合无仰恳天恩,俯念边疆重要营务需材,谕饬直隶、广东、安徽、湖北各省督、抚臣檄令各该员迅速来营,留于粤西差遣,出自逾格鸿施。除分咨查照外,谨恭折具陈,伏乞皇太后、皇上圣鉴训示。

再,广西距京穹远,差弁往返多延时日,自后折件专弁改由海道赍赴京师,以期迅速。合并声明。谨奏。

光绪二十八年七月二十八日奏。

桂抚王爵帅奏请以郑道代理左江道篆附片

再调署太平思顺道本任左江道瑞霖,现奉旨以同知降补,所遗太平思顺道员缺,应饬实缺之何昭然迅赴本任。何昭然所署之左江道,应即另行委员接署。惟龙州德领事现在赴南宁开办学堂,交涉事宜最关紧要,何昭然须急赴龙州履任。若由省委员驰赴左江,深恐缓不济急。查有奏调差委尽先补用道郑官应,先经臣因提督苏元春交卸,饬令该员赴龙州查办对汛事务,正值销差,行抵南宁。臣查该员器识宏深,熟习洋务,前在上海招商局办理交涉有年,因应咸宜,历经各省督、抚保奏有案,檄委就近暂行代理左江道篆,以资得力。除一面遴委驰往接署外,谨会同两广总督臣岑春煊附片具陈,伏乞圣鉴。谨奏。

光绪二十九年奏。奉硃批:“知道了。钦此。”

桂抚王爵帅附片

再现据二品顶戴尽先选用道郑官应禀称:“访闻左、右江水旱成灾,饥民甚众,虽经筹款赈粜,而为日方长,不敷甚巨。官应奉檄来桂,不忍膜视,除函致广东善堂劝募义捐款外,现变卖产业凑成库平银壹万两,充作广西赈抚之用”等情前来。臣查桂省兵燹未平,加以饥馑,筹防筹赈需款良殷。前蒙圣恩,准令开办赈捐。而数月以来,涓滴未收,此外别无款项可筹。正深焦急,该道郑官应慨念时艰,关怀饥溺,报效赈捐银一万两。当窘迫危急之际,忽得此巨款以赈济灾黎,有裨大局,殊非浅鲜。查上年候选道陈光弼报效赈银一万两,经前四川总督臣奎俊保奏请奖励。奉旨交军机处存记在案。今该道郑官应所捐银数与陈光弼成案相符,除饬局将所捐银两照数先后分别散放外,相应仰恳天恩,俯准将尽先选用道郑官应交军机处存记,以为好义急公者劝,出自逾格鸿慈。谨附片陈明,伏乞圣鉴。谨奏。

光绪二十九年正月二十日具奏。二月十五日奉硃批:"着户部核给奖叙。钦此。"

桂抚王爵帅奏前调郑道等员咨回原省附片

再臣去岁奉命抚桂兼办营务,当经奏调直隶候补道郑业斅、江苏试用道郑官应、安徽补用道赵上达来桂差遣委用,奉旨允准在案。嗣据各该员先后领咨到桂,经臣分别委办营务、采购军火,均极得力。现在臣不日交卸,其郑业斅、郑官应、赵上达三员并无经手未完事件,应即咨令各回原省候补。除咨部查照,并分咨直隶、江苏、安徽督抚臣外,理合附片具陈。伏乞圣鉴。谨奏。

光绪二十九年六月初三日奏。

商部奏设厦门、广州商务总会并请颁给关防折

奏为厦门、广州商务重要,遵章设立商务总会,并请颁给关防,以昭信守,恭折仰祈圣鉴事:

窃臣等接据臣部左参议王清穆由闽函称:"窃思欲招徕南洋华商,必先自整顿保商章程始。厦门商会为各埠侨氓观听所系,责任

较天津、上海各会尤重。此次莅厦，首先注意此事。当即遵照部章，邀集众商，将该会前订便宜章程重加厘正，并饬众商公举，得三品衔候选道林尔嘉为总理，花翎三品衔四品卿衔刑部郎中陈纲为协理。应请按照津、沪成案，禀准设立厦门商务总会，颁给关防以昭慎重。"又准两广总督岑春煊咨称："据广东商务总会等禀称：'粤省七十二行商情涣散，商务日衰，非于省城设立商务总会，倡率各埠多设分会，不足以挽回利权而兴商业。谨拟具便宜会章二十四条，购定公所，刻日开办。公举头品顶戴候补四品京堂左宗蕃为总理、二品顶戴尽先补用道郑官应为协理，并添举坐办七人，分任其事。请咨部酌核札委，并奏明颁给关防领用'"各等因到部。查闽、广两省为滨海埠，商务素称繁盛，惟是风气未开，商情涣散，较之津、沪各地尤觉过之，亟应遵照定章，设立商务总会，以资联络。兹据该参议暨两广总督函咨到部，臣等详加查核，该商等所议便宜会章大致均尚妥协，所举总、协理各员亦均系身家殷实、声望素著之人，自应准予开办，以维商业。至请领关防一节，查上年上海、天津，本年江宁设立商务总会，历经臣部禀请发给关防有案；闽、广均为业商荟萃之所，总会有提倡联络之责，往来文件至为繁夥，自应给发关防应用。臣等公同商酌，拟刊刻木质关防各一颗，文曰"厦门商务总会关防"、"广州商务总会关防"，分别发给钤用，俾昭信守。除各该会总、协理各员由臣部分别札委，并分咨闽浙总督、两广总督查照外，所有厦门、广州设立商务总会，并请发给关防缘由，理合恭折具陈，伏乞皇太后、皇上圣鉴。谨奏。

署粤督岑宫保委员查勘两粤矿产兼充矿务议员札

光绪三十一年九月十二日，准军机大臣字寄："光绪三十一年八月十七日,奉上谕:'商部奏请饬清厘矿产以保利权一折,中国地大物博,矿产之富甲于全球,只以研究无人,遂致利源未辟,又或奸徒勾结,设谋售卖,辗转影射,流弊滋多。应彻底清厘,认真整顿。兹据商部奏称:周馥所陈委查三江矿产,并集股试办,禁止私售各节,有裨要政,请饬各省,一律援照办理等语,着各直省将军、督、抚即行遴派谙练廉正之员,酌带工师,周历各属,切实探勘,按照商部所发表式,将已开、未开各矿产逐一详晰注明,随时咨报。并按照两江办法,迅即筹办,毋稍延缓。其各省所派专员,均准作为商部议员,并由该部悉心稽察,严定考成,随时请旨办理,以示劝惩。总期权自我操,利不外溢,是为至要。原折着钞给阅看,将此各谕令知之。钦此。'遵旨寄信前来等因。即经转行司、局钦遵查照。随据广东布政司详称:查有候补知县池仲祐,堪以派委等情,当即咨商部在案。"查粤东幅员辽阔,矿山林立,率带工师周历探勘,恐非一人之材力所能普及。且东省岩壑奥区往往与西省毗连,非有熟悉东、西两省地方情形、资望较崇之员督率查勘未克胜任。兹查有广东商会协理尽先补用道郑官应、总办广西商务会办广东商务分省补用道周平珍,谙练廉正,现办商务事宜深得机要,以之查勘两粤矿产,充作矿务议员必于矿政有裨。除咨商部加札派充,暨俟接准咨覆另行饬遵,并札行广东、广西布政使司、东善后局、西派办政事处知照外,合就札饬。为此札仰该员即便遵照毋违。此札。

光绪三十一年十月十九日。

署粤督岑宫保奏保粤汉铁路总办郑道能得众情副办黄道准辞职任附片

再在籍二品顶戴分省尽先补用道郑官应,老成练达,声望素孚,前由粤省九善堂、七十二行商举充粤汉铁路总办,尤能力任劳怨,一秉大公。惟该员以年老多病,迭次求退。经臣檄行该公司董事各员集众会议,随据禀复:"郑官应此次出任路事,不避怨谤,不畏烦难,公司获有规模,皆其擘画之功。现在大局初定,百端待理,四处访察,求如该员之洪纤毕举者,实不易觏,万难另易生手。其公司原举副办在籍江西试用道黄景棠、坐办同知职衔许应鸿、安徽候补知县周麟述、候补四品京堂左宗蕃、道衔李煜棻、候选同知黄国韬、江西补用知府罗光廷等,近以总办辞职,亦萌退志。公司成立未久,亟待经营,全赖总办挈领提纲,各员专司分任,方能规画尽善。应请一并留办,奏明立案,以维大局"等情。臣查郑官应洞达时务,熟悉中外商情,历在津、沪及山东、安徽诸省,会同官绅创设机器制造、商矿、植牧各公司,并总办上海轮船招商、电报、织布各局及汉阳铁厂,前后阅十馀年之久,兴利剔弊,成绩卓著。各省遇有灾赈,尤不遗馀力,迭经曾国荃、左宗棠、李鸿章、彭玉麟、刘坤一、王文韶、张之洞、盛宣怀诸臣奏调委用。各省疆臣争相倚任,交章荐保。曾奉旨嘉奖,是该道员才绩久在朝廷洞鉴之中。其在本籍声誉翕然。此次总办铁路,实为舆论所共推。观其迭次禀留,是其能得众情,有裨路政,概可想见。惟该员一再请退,情词极为恳切。臣现交卸在即,应否准退,俟新任督臣周馥到粤后,体察商情,再行筹酌办理。

至副办黄景棠,现据禀请出洋,前往东、西各国考察铁路建筑、管理诸法。该公司既有总办,则副办权责较轻,自可准如黄景棠所请,销去副办职任,由臣给与文凭出洋考察路事,并咨明商部察照。其坐办各员均有分任职司,应由董事局随时查察得力与否,禀明新任督臣核办。谨附片陈明,伏乞圣鉴训示。谨奏。

光绪三十二年九月　日。

郑观察广西政绩记

郑陶斋观察官应，广东香山县人，其品性端直，学识淹通，心存君国，志在圣贤。尝考察中外治乱之道，同光年间已著《盛世危言》一书，烛世变于先机，挽狂澜于既倒。不幸言中而不见行。彦辅曩读其书，已访闻其事迹，遂知其在沪四十年，隐于商贾。曾偕官商先后创设上海机器织布、造纸、电报、轮船、缫丝，山东、吉林、安徽矿务，天津耕植畜牧及伦敦贸易，上海汇报各公司。前总办上海轮船招商、电报、开平矿务粤局，兼奉神机营醇贤亲王檄委驻沪采办各国新式军械，并侦探法国军情，均有劳绩，不求奖叙。且自戊寅年来，与江、浙、闽、广同仁筹办各省义赈，数逾百万；兼筹办善堂、医院、工艺、保婴、救生善会，租界华童公学堂，中外官商无不钦仰。法越之役，彭刚直公奏调返粤，总办营务处兼筹饷，委赴西贡暹逻、金边等处侦探军情。丙申之岁，山西巡抚胡蕲生中丞奏调办理路矿，盛杏荪宫保会同南、北洋大臣，以其总办轮船招商局、湖北铁厂经手事多奏留，不克赴晋。

壬寅秋，广西巡抚王爵棠中丞以观察同事彭刚直公有年，深知其才，奏调广西差委。观察固辞不获，乃出仕西行。癸卯春正月二十一日到差。二月十三日，奉札委赴香港、澳门、广州，查缉私贩军械。不领薪水，自备资斧，在香港线得湾仔栈房私藏洋枪五千杆，密告港官，搜获充公，罚私贩者有差。旋奉札委统带三江缉捕，捐资添勇。未及两月，拿获首要会匪林五、陆孟山、叶亚得等二十馀名，皆迭次抢劫，攻破松竹堂村富绅徐旭等家，枪毙事主男女十馀口，前经麻洞团绅出花红五百员悬赏购线未获案匪。解县讯供不讳,立正典刑。馀匪解散,河道乃通。梧州商民口碑载道,联送牌伞,颂扬德政。五月,奉广西巡抚王爵棠中丞会同两广总督岑云阶制军奏委代理广西左江道篆。观察以地方未靖,捐资自募勇士四十名为亲兵。莅任之始,先与天主堂罗主教商结泗城府西林数年积案赔款,由二万减至一万一千元。是时横州沙坪墟有匪首伪二大王罗庆基、伪先锋王忠华盘踞,势甚猖獗,党徒日众,与灵山土匪相通,在南乡一带勒捐入会,否则破其家。团勇力弱,无能撄凶。五月二十三日,横州吴牧请兵协拿。团绅、电报厘务等局委员同时告援。观察知贼匪信息灵通,勇少出拒,勇多潜逃,是其惯技,即委亲兵管带密授机宜,声言赴贵县接瀛眷,路经沙坪墟,会同团勇,出匪不意,即将伪二大王罗庆基、伪先锋王忠华捕获,发县讯明正法,馀匪远逃,民得安枕,欢声雷动。

南宁有驻防启新营,管带李向欣降匪也,贼性不驯,勾结陆安县土匪黄肥五、黄和顺等窝留匪党,混迹宁城,借捕盗为名,以掳抢为实,遂致人心惶恐、闾阎不安。观察查得其情,密禀岑制军、王中丞,拟将道府亲兵雁字军、仁字营改为巡警,以相抵制,庶免朋比为奸。南宁府黄太守以所部仁字营勇不愿改为巡警,诚恐激变,禀请缓办。观察曰:"内奸不靖,外匪日多。时势危急,缓则祸作。且打仗勇粮不及巡警,宁愿打仗,不愿巡警。其故何也?大抵巡警之认真不若打仗之虚伪,其管带不得克扣粮饷、私贩枪码、军装,其勇丁不能抢劫民间子女、玉帛、耕牛耳。"于是责令管带先缴枪码,限日造册点名。如有老弱及不愿当者裁革,届时不到者另补。复自捐款制号衣、号筒、雨衣、雨帽,凡巡警中一切事件毅然行之。不十日,已成军,先后搜获窝赃伙劫土匪十馀名。城厢内外,匪党闻风远遁,地方赖安。复禀留楚勇胡镇玉兰带勇赴隆剿匪,枪毙匪目卢如良。

又尽将各局津贴、道署公费捐资开设中学堂、小学堂经费，并出其家藏大板时务书，选寄百馀种为中学堂教育人才之用。

观察莅左江前后四十天，而能结教案、获匪渠、设巡警、开学堂，次第举行，神速若此。比其返也，吾乡绅民感观察之盛德，联同东来，赠送牌、伞，以志去思，并为之记。

光绪二十九年癸卯中秋日，前选授永康学正横州举人治晚生李彦辅谨志。

附录二

郑观应年谱简编

1842 年（清道光二十二年壬寅）　一岁

7 月 24 日（二十二年六月十七日）　出生于广东省香山县（今中山县）雍陌乡。本名官应，又名观应，字正翔，中年以后别号罗浮偫鹤[①]山人。

祖父郑鸣岐，是封建知识分子。父亲郑文瑞，是一个没有取得功名的封建文人，长期充当私塾教师。兄弟九人，长思齐，出嗣于伯父，观应行二，弟思贤、官桂、庆麟、庆蕃、庆寿、庆镗、庆馀。

8 月 29 日（七月二十四日）　英国侵略者强迫清政府同它签订屈辱的《江宁条约》。

1846 年（清道光二十六年丙午）　五岁

开始入塾。此后十馀年，跟随“少攻儒业，授徒自给”的父亲文瑞读孔孟经书，学习应试用的八股时文，“聪颖过人”。

---

① “偫鹤”，郑观应有时也写为“待鹤”、“待隺”。

1851 年（清咸丰元年辛亥）　十岁

洪秀全领导的拜上帝会起义于金田，建国号太平天国。

是年　母亲陈氏去世。

1853 年（清咸丰三年癸丑）　十二岁

3 月 19 日（二月初十日）　太平军定都南京，号天京。

1856 年（清咸丰六年丙辰）　十五岁

10 月（九月）　英国制造“亚罗号事件”，发动了侵华的第二次鸦片战争。

是年前后，郑观应曾随亲朋到过南洋一带。

1857 年（清咸丰七年丁巳）　十六岁

是年　开始学习道术。

1858 年（清咸丰八年戊午）　十七岁

5 月 28 日（四月十六日）　沙俄胁逼清政府订立《中俄瑷珲条约》，割占中国黑龙江以北外兴安岭以南六十多万平方公里领土，并把乌苏里江以东四十万平方公里的中国领土划为“中俄共管”。

6 月（五月）　清政府与俄、美、英、法四国先后签订屈辱的《天津条约》。

是年　在香山应童子试，未中，乃奉父命到上海学贾。到上海后，寓居于时任新德洋行买办的叔父郑廷江（秀山）处。在那里做些工役事,并跟秀山学英语。

1859年(清咸丰九年己未)　十八岁

继续在新德洋行郑廷江处服役。不久,通过姻亲曾寄圃和世交徐润的关系,到上海宝顺洋行做杂务工。

是年冬　随宝顺洋人乘帆船到即将开为商埠的天津考察商务。在津度岁。

1860年(清咸丰十年庚申)十九岁

春　从天律回到上海后,即被宝顺洋行派管丝楼兼管轮船揽载事宜。从此开始了买办的生涯。

10月(九月)　英法联军攻陷北京,逼迫清政府签订《中英北京条约》、《中法北京条约》。

11月16日(十月初四日)　沙俄乘机要挟清政府订立《中俄北京条约》,强行割占中国乌苏里江以东的四十万平方公里领土。

在这种形势下,郑观应非常激愤,他说:“庚申之变,目击时艰,凡属臣民,无不眦裂。”

1861年(清咸丰十一年辛酉)二十岁

1月(咸丰十年十二月)　总理各国事务衙门建立。

1862年(清同治元年壬戌)二十一岁

是年　曾国藩在安庆设立军械所,试造船炮。

是年　开始酝酿撰述《救时揭要》的某些篇章,兹后陆续收集资料，到一八七三年定稿出书。

1864 年（清同治三年甲子）　二十三岁

7 月（六月）　湘军攻陷天京，太平天国失败。

1865 年（清同治四年乙丑）　二十四岁

是年前后，开始“究心泰西政治、实业之学”。

1866 年（清同治五年丙寅）　二十五岁

11 月 12 日（十月初六日）　孙中山出生于广东省香山县翠亨村。与郑观应同乡，且距离郑家雍陌乡很近。以后孙中山受到郑观应的思想影响，郑观应对于孙中山在经济上也有过支持。

1867 年（清同治六年丁卯）　二十六岁

与唐廷枢（景星）一起投资于华洋合营的公正轮船公司，主要航行于长江。郑观应被英人士多达等推为该公司董事，但无实权。

1868 年（清同治七年戊辰）　二十七岁

是年　宝顺洋行停业，郑观应离开宝顺，在自己经营商务的同时，充当和生祥茶栈的通事。

在宝顺期间，与广东高要梁纶卿一起跟传教士傅兰雅学习英语，颇有成效。

1869年(清同治八年己巳)　二十八岁

是年　与卓子和(国卿)承办和生祥茶栈。

在皖营报捐员外郎。

1870年(清同治九年庚午)　二十九岁

3月(二月)　在皖捐局捐升郎中,双月选用。

1871年(清同治十年辛未)　三十岁

和生祥茶栈停业。

是年　开始酝酿写作《易言》。

1872年(清同治十一年壬申)　三十一岁

"腰缠十万上扬州",当了扬州宝记盐务总理。郑观应有不少股份。他已成为一个商业资本家。

是年夏,唐廷枢、盛宣怀等人开始筹办轮船局。

1873年(清同治十二年癸酉)　三十二岁

1月14日(同治十一年十二月十六日)　"轮船局"开局,半年后改为"轮船招商局"。郑观应不久即投资入股。

3月(二月)　《救时揭要》刊行。

是年夏秋后,应太古总船主麦奎因之邀,参与太古洋行轮船公司的创办。麦奎因原系宝顺洋行气拉渡船主,对郑很器重。

1874 年(清同治十三年甲戌)　三十三岁

2 月(正月)　被太古轮船公司聘为总理兼管账房、栈房等事,签订了三年雇佣合同。权力颇大。

是年　辑刊《道言精义》。

1875 年(清光绪元年乙亥)　三十四岁

清统治集团内部展开了重海防还是重塞防的论争。结果,清廷采纳了左宗棠海防、塞防并重的意见。

继室叶夫人来归。时年二十岁。

1876 年(清光绪二年丙子)　三十五岁

是年　江南旱灾,捐资赈济。父文瑞"捐资为倡,并谕伊子郑观应等在上海筹捐"。

9 月 13 日(七月二十六日)　英国借口马嘉里被杀事件,逼清政府签订不平等的《中英烟台条约》。郑观应对此颇为不满,在谈到其中税则问题时说:"烟台之约,强减中国税则,而外部(按指英国外交部——引者)从而助之,何所仿也?"

1877 年(清光绪三年丁丑)　三十六岁

2 月(正月)　与太古轮船公司签订的三年雇佣合同期满。因他为"太古"服务很出色,又续订了五年雇佣合同。

是年　与经元善、谢家福、严作霖等办筹赈公所,赈济山西灾荒。

1878 年(清光绪四年戊寅)　三十七岁

2 月(正月)　盛宣怀以湖北开采煤铁总局名义,买得大冶铁矿山。郑观应认为此矿山有铁无煤不够理想。

是年　与徐润、盛宣怀等人办义赈公所。此外,复捐资赈济河南、直隶、陕西等省灾荒。以是郑观应不但与江浙士绅交游更广,且与大官僚李鸿章有联系。李鸿章饬郑观应"赴津襄办堤工赈务"。郑以忙于太古轮船公司和筹赈事务,辞而未就。

与经元善、谢家福结为义兄弟。

是年　彭汝琮(器之)借郑观应的名义,到保定向李鸿章揽办上海机器织布局。李鸿章以久闻郑观应"实心好善,公正笃诚",札委他襄助彭汝琮筹办机器织布局。

所辑《富贵源头》刊印问世。并刊行《剑侠传》。

1879 年(清光绪五年己卯)　三十八岁

1 月(四年十二月)　由晋赈案内捐以道员,双月选用。

春　唐廷枢拟在伦敦设宏远公司,以振兴商务。黎兆棠(召民)"韪而行之"。郑观应不赞成在伦敦设公司,而主张先在上海固根基,以利发展。

9 月(八月)　直隶总督李鸿章以"历办晋赈捐输出力"保奏。11 月上谕:"郑官应着随带加三级。"

12 月(十一月)　山西巡抚卫荣光"以道员郑官应等募捐晋省义赈出力,不邀议叙保奏,请将在事各绅姓名载入各原籍志乘"。清廷"着照所请"。

是年　向彭汝琮"遇事进言,概置不省",经李鸿章批准乃辞去上海机器织布局襄办。彭汝琮揽办的机器织布局失败。

1880 年(清光绪六年庚辰)　三十九岁

5 月 22 日(四月十四日)　经元善在上海设立协助晋赈公所,郑观应参预办理。

春　编修戴恒、道员龚寿图等接办上海机器织布局。6 月,通过盛宣怀相邀,郑观应接受邀请,再次入机器织布局。戴恒为总办。戴恒、龚寿图、蔡嵋青、郑观应各认集股五万两。郑认的五万两中,自己投资四万两,另一万两由李培松认投。筹备初具规模。11 月(十月)李鸿章委郑观应为织布局会办。

冬　《易言》三十六篇本由中华印务总局刊行。另有二十篇本《易言》,上海淞隐阁排印本,刊于 1881 年夏秋间。

是年底　请在美有年的容闳“选聘一在织布厂有历练、有名望之洋匠到沪商办”织布局事。

1881 年(清光绪七年辛巳)　四十岁

2 月(正月)　李鸿章以郑观应及其家属在捐赈晋、豫、直等省灾荒有功,奏请将捐赈事迹和有关人员姓名,载入原籍广东省志和香山县志。清廷批准所请。

5 月 20 日(四月二十三日)　被李鸿章札委为上海电报分局总办,谢家福(绥之)为会办。被委为电报局总办后,“时曾与同事著有《万国电报通例》、《测量浅学》、《电报新编》”。

6 月 3 日(五月初七日)　谢家福因病不能驻局,而郑观应又因织布局等事务纷繁,“势难驻电局随事躬理”,乃请织布局会办经元善驻电局代理。

10月9日(八月十七日)　与龚寿图一起向盛宣怀报告:织布局所聘“洋匠丹科业经至沪,人尚诚实,技艺亦高,差堪告慰。”

9月(八月)　开始作离开太古到招商局任职的准备。郑观应原来所任上海机器织布局、上海电报分局要职,都是以太古买办兼差,洋务官僚为了整顿招商局,要他脱离太古专任商局。郑观应从挽回利权的爱国心情出发,经过激烈的思想斗争,同意于1882年太古合同期满离太古而就商局,并决定推荐太古买办杨桂轩以自代。

10月(九月)　派丹科携带华花赴英美“躬自试织,酌定机器”。

11月(十月)　禀报李鸿章津沪电线竣工,并建议:“当以造就材艺,撙节费用为亟”;创始虽“不得不采用洋人,而此项工资甚钜,势难久支”,应赶紧培训艺徒,“庶可渐省洋工”。

12月(十一月)　主张津沪电报招商承办。他告诉时任云南大理府邓华熙(小赤)说:“拟招商承办,推广江、浙、闽、广各省,将来电线日多,风气日开,获利必厚。”

是年底　被札委为会办粤沪电线事宜。被各股商公举为中国电报局总董。

是年　与唐廷枢“合买沽唐荒地四千顷,为开垦、种植、牧畜等用”,开平矿务局出资六万五千两,郑观应任集股六万五千两,他本人认股三千两。

1882年(清光绪八年壬午)　四十一岁

1月(七年十二月)　会同经元善禀直隶总督李鸿章,请设镇江到汉口的长江电线,以利商务。

1月(七年十二月)　会同盛宣怀等人禀李鸿章,建议津沪电线归商办。

2月(正月)　与太古轮船公司续订的五年雇佣合同期满,离开太古。

3月25日(二月初七日)　北洋大臣李鸿章札委郑为轮船招商局帮办。

3月29日(二月十一日)　盛宣怀在天津致书郑观应,要他赴津面见李鸿章。郑不愿前往,复书云:“尘俗所羁,脱身匪易。”

3月30日(二月十二日)　就任招商局帮办职,电报局总办一席交给了经元善。谢家福佐郑办布局。

春　被札委为上海机器织布局总办。

4月27日(三月初十日)　与严作霖、经元善等禀两江总督左宗棠,请设长江电线,以“裨军国”,“便商民”。左宗棠想将此事委于他的洋务干将胡雪岩(光墉),不愿让淮系集团染指,未批准。但不久,郑观应通过左宗棠的亲信王之春疏通关系,得到批准。

7月17日(六月初三日)　致书盛宣怀,催促他赶办联名禀请开采山东、金州等处矿藏的事。

8月4日(六月二十一日)　会同经元善,请盛宣怀父亲盛康促成浙江巡抚陈士杰批准架设浙江电线。

8月9日(六月二十六日)　再次与经元善要求盛康促进陈士杰批准。

同月,主张长江、闽浙等处电线商办,说:“设线经费终有限止”,招商承办,必能经久。

夏　由戴恒介绍,纳无锡赵氏为妾。

8月(七月)　李鸿章奉召从原籍安徽合肥乘轮赴烟台。途经吴淞口,郑应盛宣怀之邀,一起前往“迎谒”。盛宣怀并陪同李鸿章赴烟台。是为郑观应与李鸿章接触之始。

10月(九月)　接受盛宣怀的委派,总办金州矿务局事宜,表示愿为该矿招股十万两。

是年　开始引进美国棉籽在上海试种。惜彭玉麟因中法战事,奏调郑赴粤,“不遑考究,未终其事”。

1883年(清光绪九年癸未)　四十二岁

2月(正月)　清政府饬谕郑观应,着以道员不论双单月尽先选用。旋,前贵州巡抚林肇元“于贵州防剿云南昭通窜匪,并平遵义、思南会匪土匪案内”,以郑观应“在沪采办军械有年,不辞劳瘁”保奏,部议加三级。

3月(二月)　偕同唐廷枢与怡和、太古轮船公司谈判签订为期六年的“齐价合同”,于是招商局股票价格由每股四十两回涨至一百六十两。郑观应并拟订招商局救弊章程十六条,以为整顿招商局的条规。

7月29日(六月二十六日)　奉到两江总督左宗棠札委,招股襄办上海至汉口电线事宜。

8月(七月)　由于山东巡抚陈士杰奏称郑观应前在上海劝捐协助山东赈款有功,上谕传旨嘉奖:“心存利济,见义勇为。”

10月(九月)　中法战争有一触即发之势,清政府派郑观应向瑞生洋行买定美国糯等飞炮四管一尊、十管一尊,并谕郑悉心侦探各国军情、商务要政,随时电禀。

秋　到南洋一带了解航业情况，返沪后被委为轮船招商局“总办”①。

12月（十一月）　因对招商局的整顿颇著成效，被派接替徐润任轮船招商局总办。郑观应一再禀辞。

是年冬，力主效法英、德、美、法、俄五国培养水陆军人才之法，禀呈奕譞、李鸿章、彭玉麟、张树声“设水陆军学堂节略”②，建议“用泰西储才之法，于沿海适中之地设一水师大学堂，各省皆设一陆军学堂。多延英、德、美、法等国有名宿将年老归田有热心于我国愿尽心教授者以为之师”，“设技艺院，使所需船械等件不待外求”。

是年　倡议创设工艺书院。

1884年（清光绪十年甲申）　四十三岁

1月7日（九年十二月初十日）　督办粤防军务大臣彭玉麟，以王之春的推荐和郑观应的自荐，奏调郑观应赴粤差委。

1月（九年十二月）　安徽巡抚裕禄以郑观应办赈出力保奏，上谕“尽先选用道郑官应着加一级记录三次”。

2月（正月）　尽力摆脱上海机器织布局亏欠事的纠缠而去粤防候委。在郑观应总办织布局期间，有十四万三千馀两无实银存局，“或已放出，或押股票”。由于世界资本主义经济危机波及上海，股票下跌到只值原价的三分之一，机器织布局所收票据远不能

---

① 关于郑观应到南洋一带了解航业情况的事，有两种说法：一说是在他被委为总办之前，一说在任总办之后。这里从“之前”说。

② 《盛世危言·练将》中所说，与此稍有不同。其中写道：“余于癸未年曾将泰西水陆军学堂及技艺学堂章程大略，缮呈醇贤亲王暨曾忠襄、彭刚直。”

与账面现金实数相抵。李鸿章谕令郑观应在沪清理,不许赴粤。郑乃请天津道黄花农(建苑)“代禀傅相早日札饬杏荪观察接理,庶不负股东所托,俾兄赴粤有期”。

3月10日(二月十三日) 离开招商局、织布局总办职务,从上海乘轮赴粤。临行,致函在天津的盛宣怀,请速接办布局。

3月15日(二月十八日) 到达广州。

3月17日(二月二十日) 奉粤督张树声差委,清查沙坦田亩,酌议按亩加捐条款及去香港理论提炮回省事宜。当时,粤防当局从德国购来的克虏伯炮二十五尊被香港当局留难,郑奉派赴香港与港督交涉,两天后,即3月19日将炮提运回广州。

3月22日(二月二十五日) 奉彭玉麟札委,接替王之春总办湘军营务处事宜,3月27日(三月初一日)到任。

3月(二月) 致书张树声说,清政府腐败至此,原因虽甚复杂,而“用人一道尤失之大者”。

4月(三月) 反对当时有人提出的“弃虎门守黄埔之说”。指出,“中国海防匪独虎门不可弃,其形势首重南洋,其次莫如琼郡”。因此,非大力经营琼郡不可。

5月5日(四月十一日) 关于机器织布局,向盛宣怀提出如下建议:(1)希望盛宣怀鼎力维持;(2)望与唐廷枢妥商,做到布局与商局合办;(3)如果商局不同意与布局合办的话,“则或与旗昌或与怡和洋人合办”。

5月(四月) 向彭玉麟报告法属各埠等情形,指明“西贡最要,暹罗次之,新加坡及缅甸之仰光埠又次之”。

6月(五月) 津海关道周馥因病缺席,李鸿章派盛宣怀暂署,郑观应表示祝贺。

6月11日(五月十八日[1]) 接受彭玉麟委派,“冒暑前往西贡、暹罗、金边各处”了解敌情。是日到达香港后,即乘法国公司轮船赴西贡。此行著有《南游日记》。

6月16日(五月二十三日) 到达西贡,对法国侵略者在西贡军事部署和军力情况,作了详细的调查。

6月19日(五月二十六日) 到达新加坡,与暹罗驻新加坡领事、中国轮船招商局新加坡分局总办陈金钟商谈“合纵抗暴”事宜。同日乘轮赴暹罗。

6月24日(闰五月初二日) 抵曼谷。

6月26日(闰五月初四日) 见暹罗摄政王利云王沙。所谋“合纵抗暴”事未成。

7月5日(闰五月十三日) 从曼谷乘沙理王轮赴新加坡。

7月8日(闰五月十六日) 抵新加坡。将对抗法战争所虑写节略八条禀告彭玉麟,条陈抗战措施。

7月9日(闰五月十七日) 致书盛宣怀、经元善,请他们为自己在织市局的亏欠“设法成就,毋致贻讥中外”,自己因军务繁忙,不克回沪清理。

7月10日(闰五月十八日) 许定伯来函,要郑观应为神机营购买利枪六百杆,因在粤军务繁忙,复函建议由盛宣怀经办。

7月11日(闰五月十九日) 在新加坡旅次拟条陈时事五策上粤督张之洞,“以冀整顿世局”。同日将《美国水陆军制工艺学堂章程》、《清查沙田议》、《边防管见》、《罚赌款规》等策,交罗宇弥酌改

① 郑观应到南洋一带活动日期,《盛世危言后编》卷五《禀报督办粤防大臣彭宫保在西贡金边暹罗等处察探法人情形》中所记,与《南游日记》所记有一些出入,这里以《南游日记》为准。

缮发给张之洞。

7月12日(闰五月二十日)　乘翘沙轮赴槟榔屿。

7月14日(闰五月二十二日)　抵槟榔屿。当天往小叭喇,访富商郑嗣文。在那里考察锡矿生产和锡矿工人工作情况。越二日回槟榔屿。

7月21日(闰五月二十九日)　返抵新加坡。

7月22日(六月初一日)　乘法公司"米江"轮再去西贡,了解中法战况。

7月26日(六月初五日)　抵西贡,事无可为。次日去金边一游。

7月29日(六月初八日)　抵金边后,以法国殖民者禁令森严,未活动,仅略游数日,即去西贡。

8月1日(六月十一日)　以陈金钟来函说法事有转机,要郑观应再去新加坡,于是又乘船至新加坡。

8月3日(六月十三日)　抵新加坡。无所获而乘船归。

8月12日(六月二十二日)　返抵广州。

8月16日(六月二十六日)　向张之洞、彭玉麟汇报南洋之行情况。

8月(七月)　两广总督张之洞和彭玉麟会同广东巡抚倪文蔚札委郑观应赴香港租船,购运军械办理援台事宜。

10月18日(八月三十日)　妾赵氏生长子润林,字雨生。

10月(九月)　向李鸿章建议《防法条陈》十条,对于加强军队战斗力、断绝敌人供应、加强船舶电线管理、严防奸细等,提出了具体措施。

12月24日(十一月初八日)　奉彭玉麟委派,前往琼廉公干,往还共十天。

1885 年(清光绪十一年乙酉)　四十四岁

1 月 2 日(十年十一月十七日)　“琼廉公干”后回到广州。张之洞本拟派他去琼会同王之春办理防务,以援台事急,委郑往汕、厦、福州等处稽察形势,以便接济。郑观应表示接受援台任务。

1 月 4 日(十年十一月十九日)　从广州启程抵达香港。因故稽延于港。在这期间,太古洋行借口要郑观应赔偿他保荐的太古洋行总买办杨桂轩亏欠四万馀元,将其拘留于香港。

3 月 21 日(二月初五日)　致书盛宣怀,“想旗昌、怡和均贪我国商务,如仗执事与景翁力为介绍,事必成就”。再次提出织布局华洋合办。

4 月 6 日(二月二十一日)　为赔保杨桂轩欠款事,致函盛宣怀说,“羁身香港,尚难解围”,请盛“始终成全”,“助会集资”,以期早日解脱。

5 月底(四月中)　太古杨桂轩亏欠事解决得以解脱。郑观应将“始末情形函致英国该行总理之人”,说明“所亏多为该行设揽载行折阅所致”;最后“以太古各司事欠项及账房、栈房家具,太古昌各揽载行生意抵折外,尚赔银五千两”。

6 月 9 日(四月二十七日)　中法战争结束。清政府“不败而败”,签订了屈辱的《中法越南条约》。

下半年,“脱累归里,杜门养疴,日事药炉”。

1886 年(清光绪十二年丙戌)　四十五岁

春　访罗浮山道人。郑观应记其事说:“落魄旋里,于丙戌春薄游罗浮,始遇天外散人传授”真道。

是年秋　盛宣怀被任命为南北洋“中间站”的山东登莱青道,郑观应表示祝贺。

是年　开始着手辑著《盛世危言》。由于身体多病,同时着手辑著《中外卫生要旨》。

1887年(清光绪十三年丁亥)　四十六岁

继续辑著《盛世危言》和《中外卫生要旨》。

1888年(清光绪十四年戊子)　四十七岁

继续辑著《盛世危言》和《中外卫生要旨》。

继室叶夫人生次子润潮,字觉生。

1889年(清光绪十五年己丑)　四十八岁

继续辑著《盛世危言》和《中外卫生要旨》。

秋　从两广总督调任两湖总督的张之洞筹备兴建汉阳铁厂。郑观应对其在兴建中“厂位失宜”等问题,有评述,收入《盛世危言》。

1890年(清光绪十六年庚寅)　四十九岁

1月(十五年十二月)　盛宣怀为汉阳铁厂拟订了招集商股商办章程,而张之洞则主张官本官办。郑观应支持盛宣怀的意见。

春　养病于广州。不久因唐廷枢要求,办理开平煤矿粤局事宜。

秋　因病到广州就医。时“适省中造纸局办理不前，各友集股合办”，邀请郑观应总理该局，郑婉谢未就。

12月22日（十一月十一日）　《中外卫生要旨》辑著成，在序言中提出中西医结合的见解。

1891年（清光绪十七年辛卯）　五十岁

1月（十六年十二月）　机器织布局“因公受累之款，概已筹垫清还”蒙准销案。

3月19日（二月初十日）　盛宣怀在广东向李鸿章推荐郑观应代理开平煤矿粤局总办，“请赏给该道委札以专责成”。

4月3日（二月二十五日）　得知盛宣怀、唐廷枢禀请李鸿章委派“在粤办理开平煤局及揽货回津事”，向盛宣怀表示：“事简不繁，勉竭驽骀以报知己耳。如阁下于粤处有事差委，尽可效劳。每念鲍叔高谊，不悉何以报之。”

同日　听说广东电报局总办盛荔荪要回上海另有高就，因此请经元善“代恳杏翁禀札弟接办。俾公事之外，事亲养病，犹得两全”。

4月18日（三月初十日）　奉李鸿章札委为开平煤矿局粤局总办。即日到职。

5月27日（四月二十日）　勘明和购得坐落广州海滨之林桐芳的蓼塘口溢坦二百丈，为建造开平粤局厂房和填筑码头之用。本日得到批准，名曰“开平粤局地基公司”。郑观应投资五千两。

6月2日（四月二十六日）　向盛宣怀报告经营开平粤局的情况，说：“现在购地建厂，填筑码头，拟设轮船两艘，往来津粤。南来则载官煤，北去则装客货。事本清简，不过经始为难。”

8月23日(七月十九日)　开平粤局在郑观应主持下动工兴筑码头栈房。

1892年(清光绪十八年壬辰)　五十一岁

2月5日(正月初七日)　妾赵氏去世。赵氏生于同治九年四月二十九日,终年二十五岁。

4月初(三月初)　《盛世危言·自序》在广州居易山房写成,表明《盛世危言》五卷本基本完成。

6月18日(五月二十四日)　接到盛宣怀(时任山东登莱青道)电示,嘱到烟台去商讨招商局与怡和、太古和局事。由于怡和、太古削价竞争,招商局股票下跌到六十馀两,盛宣怀拟请郑观应重入轮船招商局,以从事整顿,加强竞争能力。

8—9月间(七—八月间)　从广东前赴烟台,复往天津(盛这时调任津海关道),与盛宣怀晤谈关于三公司和局及整顿招商局事。盛宣怀颇称许郑熟习商情,乃禀请李鸿章委派他重入招商局任帮办。盛希望郑入局"稍出奇兵"以战胜怡和、太古。唐廷枢则挽留郑观应办开平矿务,郑"力却未就"。

9月7日(七月十七日)　接到任轮船招商局帮办的委札。郑声明以一年为期。

9月16日(七月二十六日)　从烟台回到香港,乘便与陈霭廷勘察香港招商分局码头和栈房基地等。事后,郑观应向盛宣怀报告说:宜即时建筑码头,"免为外人窥破,且宜在码头新填之地预买栈房地基,为将来停泊大海轮地步"。

9月17日(七月二十七日)　从香港回到广州,准备移交开平粤局事。

10月7日(八月十七日)　“相依最久,亦相知最深”的姻亲和共事多年的老朋友、开平矿务局总办唐廷枢在天津病逝。郑观应“闻信之下,悲悼久之”。

10月19日(八月二十九日)　接盛宣怀文,请于来沪时经汕头验收新筑之码头栈房。

11月4日(九月十五日)　将开平粤局事交吴炽昌接手。本日移交事竣。

11月8日(九月十九日)　在广州发一信给盛宣怀,说与张禄如商妥,在香港所买之码头栈基,“拟先建栈房一所”,另建可泊两艘轮船的码头。

11月18日(九月二十九日)　从广州出发到达香港。

11月21日(十月初三日)　由香港搭海龙轮前赴汕头。

11月22日(十月初四日)　到达汕头,邀同廖维杰(紫珊)往验码头。

11月30日(十月十二日)　由汕头起程前往上海。

12月6日(十月十八日)　到达上海,随即到轮船招商局任职。这是郑观应第二次进入轮船招商局。郑观应此次入局到1903年春前赴广西巡抚王之春那里候差十馀年间,除在招商局任职外,还兼任过汉阳铁厂总办之职。

12月7日(十月十九日)　与会办陈猷去太古谈三公司和约事。

12月10日(十月二十二日)　最忌郑观应的太古轮船公司总理船务之晏尔吉,对郑观应重入招商局造言中伤。郑观应不为所动。

12月中旬(十月下旬)　致函李鸿章,禀谢札委他为轮船招商局帮办。

12月22日(十一月初四日) 向盛宣怀提出《整顿招商局十条》,随后又向李鸿章提出十四条《整顿条陈》。二者大同小异,其中主要谈开源节流之法。

1893年(清光绪十九年癸巳) 五十二岁

1月5日(十八年十一月十八日) 向盛宣怀建议揽办洋药捐,说:"如能办成,此项甚巨,自当酌拨开设各种机器技艺书院及各种义举,以期人才辈出,技艺日精。非但船主大车有人,且各局洋匠与矿师亦不必借材异地。"希望盛宣怀"指拨机宜,以冀有成"。

1月7日(十八年十一月二十日) 晏尔吉嘱王瑞芝等邀郑观应到晏家一谈,企图拉笼。郑观应不予理睬。

1月9日(十八年十一月二十二日) 为织布局事向盛宣怀表示对龚寿图不满,说过去自己经手所买布局地基四百亩,每亩五十元,现每亩值银四百元,可溢利十万馀元,但"仲翁因见价廉,于新旧交接时加报万金,以饱私囊"。

2月(正月) 拟巡察长江各埠招商分局,目的是:"窃见欲兴利者,必先洞察其利弊之源,庶堪得间而入,游刃于虚。"

3月30日(二月十三日) 乘"江裕"轮溯江西上,稽查长江招商局各分局利弊。此行著有《长江日记》。同行者主要有招商局文案吴广霈。

4月3日(二月十七日) 上午十时到达汉口。

4月4日(二月十八日) 过江拜客,访王之春、何雨亭、刘崧山、谢友鹄、彭汝琮、郑少彭等。王之春"留宾坚作平原十日之饮",郑决意不留。

4月8日(二月二十二日) 全天“便衣访友,谘询商务,详询潮帮揽载、广帮揽载”等情况,并“编往各帮大字号一谈”,因而能够“备悉近年情形”。

同日 致函盛宣怀,报告了解到的情况,并提出重要建议:一、不同意把招商局的公积金移作开设银行之用,而主张用于扩大商局的营业,指出应按照股东的意见办企业,反对官方擅自作主挪款别用;二、汉阳铁厂官办恐搞不下去,“势要招商承办”,“如欲承办”,必将化铁炉“移于大冶铁矿左右”。

当晚乘“江通”轮西驶,前往重庆。途中向“江通”船主美国人拔克了解了轮船的载重吨位、吃水深浅、时速和耗煤情况。

4月12日(二月二十六日) 致函招商总局唐风墀:“汉口至宜昌洋布花纱皆为怡、太装去,汉、宜两局无能为力。”提议访照怡、太两行,“凡由客栈送客至船照九折给畀客栈,以广招徕”。

4月22日(三月初七日) 坐舟(帆船)泊于距夔州六十里处,遇广东新会人贩葵扇者,从香港直至汉口,因挂洋旗,仅完子口税。因而叹道:“从此关捐寥落,商务利权悉入西人掌握,言之可叹。此有心人所痛哭流涕者也。”从而坚决反对挂洋旗船货仅纳口子税。

4月26日(三月十一日) 晚至万县。在这里了解了商品贸易情况。

4月28日(三月十三日) 提出在四川筑铁路的意见,认为有了铁路,“巴蜀将益臻富庶矣”。

4月29日(三月十四日) 过忠州,又遇挂英美旗货船数艘,郑观应非常感叹,明确提出解决办法说:“惟有痛减厘捐,严革扦手勒索留难等弊,必使较之挂旗货船所应纳洋税章程尤为省便,则商货自不挂洋旗而愿报捐厘矣。”他说这样做表面上捐数减少,“总计之而捐数必可较盈”。

5月1日(三月十六日) 父亲郑文瑞在澳门病逝。终年八十有二。

5月6日(三月二十一日) 抵重庆。在重庆留住十天,详细了解了商务情况。

5月16日(四月初一日) 自重庆东归。

5月19日(四月初四日) 舟泊湖南境之楠木园。晚,吴广霈在船中出示渝局所接沪局电报,始悉其父病逝的消息,极为悲恸。

5月20日(四月初五日) 病,日记由吴广霈代记。

5月22日(四月初七日) 从汉口乘轮先行返沪,到沪后随即去粤,在澳门守制至9月初。

9月9日(七月二十九日) 起程回沪。到达香港时,接盛宣怀信,要他途经汕头、厦门、福州时,查察各招商分局。乃遵嘱于9月11日由香港到汕头,9月17日由汕头到厦门,在厦数日即赴福州。

9—10月间(八一九月间) “由粤之闽”之后,复“由闽之浙,节次巡罗,周谘博访,遍历东南北沿海各埠,迄于天津。随地考询,录有日记一册(按即《海行日记》——引者)”。而后回到上海。

11月(十月) 以任商局帮办一年期满,向李鸿章禀辞招商局帮办差使,请“另赏一差”。李鸿章与盛宣怀都挽留郑“再试办一年”。

12月(十一月) 为上海格致书院考生命题三道,关于设议院,习技艺,办善举等。

1894年(清光绪二十年甲午) 五十三岁

3月(二月) 《盛世危言》五卷本付刊,受到社会人士的重视。

4月5日(二月三十日)　与“江裕”船主鼐德签订合同,聘鼐德为驾驶学堂总教习合同。

6月(五月)　致函盛宣怀,介绍孙中山与其相识,并请盛将孙转荐于李鸿章。郑致盛书云:孙医士“欲北游津门,上书傅相,一白其胸中之素蕴”。并请盛宣怀转请李鸿章在总理衙门为孙中山办理游学泰西的护照。

6月23日(五月二十日)　向盛宣怀报告:日本已有一千五百名军队围困朝鲜京城,四千名据守仁川,恐中国兵不易前进。郑观应并预言日本“恐其不依公法,或乘时击我师船,阻我运兵上岸”。他还托李经方将这些情况转达给当局有关官员。

7月25日(六月二十三日)　日本不宣而战,袭击中国租用的英国运兵船“高升”号。

7月29日(六月二十七日)　日军袭击驻牙山的中国军队。次日,郑观应即有反映,他致书盛宣怀说:惊悉日本兵“在牙山开仗,又于海上击我师船,‘高升’已沉,曷胜愤闷。然未宣战遽伤英船,想英使必与之理论也”。并催促盛宣怀,在战争期间将招商局轮船换洋旗,以保证照常行驶。

夏　提议要求速开国会。他说:“六洲大启,万马东来,势急时危,君忧臣辱。”在这种情况下,非“上下一心,开国会,立宪法,不足以救艰危”。

8月1日(七月初一)　中日同时宣战,中日战争爆发。

同日　建议盛宣怀购买便宜旧船运输军粮军火,“请不怕战事之船主大副,不必到领事处注册,挂船本国旗”,或不致有误,以支援抗日战争。

8月3日(七月初三日)　致盛宣怀书云:“顷闻倭兵船三、四号在澎湖梭巡,似有窥台湾之意。不悉南洋兵炮能对敌否?”

8月7日(七月初七日)　致函向盛宣怀报告两件事:一、中国在大沽装载军队和物资时,有日本人“细为查探”,中国竟无人过问;二、“吴淞口吉时笠电报局似宜派一通洋文委员前往驻局稽查,不准传递密码”。

8月8日(七月初八日)　致函向盛宣怀报告两件事:一、日本有“细普渡”号(原名“婺源”),由外国满载军械,约期于西历八月十八号过新加坡,建议“派兵船袭缉,夺为己用”;二、日本人常在大北电报公司闭门密议,使用密码,建议禁止大北、大东为日本传递密码电报。

8月13日(七月十三日)　致函盛宣怀:有日本人每天到律师担文处密谈,而担文又派人到招商局“与沈子翁密谈。恐担文与倭私通,或两面讨好。子翁忠诚待人,以为诚实,堕其术中。鄙见只可姑妄听之,不可以心事相告也”。

8月14日(七月十四日)　向盛宣怀建议,挂与招商局利害冲突较小的德国旗,并同禅臣洋行开始谈判。但“因沈子翁与凤墀意见皆云托人代理不如停驶更稳,所以罢议”。

8月18日(七月十八日)　致函盛宣怀:“我国似宜借款五千万,多购铁舰快船、水雷船、枪炮,及借材异域,约期会同南北洋水师”,以加强抵抗能力,打击日本侵略者。

8月24日(七月二十四日)致函盛宣怀,主张把招商局的“图南”、“镇东”、“拱北”、“广济”等四船留作军用,不敷再加拨“美富”、“永清”二船,“以备装运军械兵勇之用”。他还向盛宣怀表示:在招商局任职“再试办一年”又将期满,但因“正值多事之秋,不敢禀渎傅相,且承公栽培,亦何敢自外生成”,继续留任局务。

9月1日(八月初二日) 报告盛宣怀:日本有兵船三十八艘,平时养兵五万六千六百四十名,有军务时可调兵二十四万五千三百一十名,另御林军五千五百名。“外间谣传有兵四五十万之多者,皆虚声恫喝之词,不足信也。”

9月上旬(八月上旬) 致盛宣怀书,提出关于中日战争的《管见十条》:一、严防奸细;二、严防电报局人员泄密;三、严查日本人混入军火机构和刺探军情;四、严防奸商私济军食;五、上海军政当局应派人了解日本兵船活动情况;六、买旧船雇洋人为船主,以便于运送军火粮饷;七、扣留不合公法挂美国旗的日本船;八、不买东洋货,绝其来货不与通商;九、租洋船运长江货物及通消息之用;十、招商局轮船不宜全停沪滨等。

9月中旬(八月中旬) 新署漕运总督邓华熙问郑:漕运可否照光绪十年中法战争期间挂洋旗办法?郑答:“尽可照办,无虑怡、太之船不装也。本局津船换旗在即,如局船不能尽装,或怡、太之船居奇勒索,仍可租船代装。”

9月17日(八月十八日) 中日黄海之战,北洋舰队溃败,损失惨重。

10月下旬(九月下旬) 日军向中国境内进犯。不久,攻陷旅顺、大连等地。在此前后,由郑观应等人经手,将招商局轮船二十艘“明卖暗托”于德、英等国洋行,换洋旗照常行驶。

12月(十一月) 致书盛宣怀,分析了当时的形势,认为此后中国“恐无安枕之日。故亟宜悉照日本变法”。

冬 为上海格致书院考生命题四道:关于办新式学堂、发展新式种田、提倡商办船厂、创设商办公司以与洋商争利等问题。

1895年(清光绪二十一年乙未)五十四岁

1月(二十年十二月)　对中日战事提出战、守、备三策,反对乞和。他说:如果屈膝求和,"臣恐中日战局甫从此终,中原之祸方从此始"。

1月12日(二十年十二月十七日)　函告盛宣怀:"弟昨为台湾唐中丞(景崧)电招前往帮忙,否则亦嘱一谈。均已辞却矣。"

2月26日(二月初二日)　函告盛宣怀,开平煤价远高于洋煤,买开平煤招商局吃亏太重。如不酌减,就只能"迫买洋煤"了。

3月初(二月中)　致函盛宣怀:日本"将长驱南下直抵南京。果如此,则江苏一带亦在在可危",应"回籍仿西法创办民团,以保护苏松沿海一带地方。想名正言顺,不致言官摇舌"。

4月8日(三月十四日)　盛宣怀致书郑观应:"承赐《盛世危言》四部……拟将大著分送都中大老以醒耳目,乞再分寄二十部,如能因此一开眼界,公之功亦巨矣。"

4月17日(三月二十三日)　日本强迫清政府签订屈辱的《马关条约》。

4月20日(三月二十六日)　在没有得到条约确切内容的情况下致书盛宣怀:"闻说和议有通商肇庆、梧州、河南、成都、北京之说",请早派人勘探这些地方,以为"预占地步"。

是日　江苏藩司邓华熙将《盛世危言》进呈皇上。邓致书郑观应:"已代删正,缮写进呈。"

春　译《民团章程》赠唐景崧等,记其事说:"乙未春,唐薇卿中丞、汤幼庵方伯解组归田,余将泰西《民团章程》译以相赠。"并商请督抚如篇中所论,以练民团。

5月9日(四月十五日)　为招商局拟《稽查客货十条》,次日又加两条。又拟《轮船私装客货短报客数条规八条》,以事整顿。

5月20日(四月二十六日)　致函盛宣怀,建议赶速购买上海的土地。因他预见上海地价"必然大涨,须多买以备将来与督办铁路者共之"。

5月(四月)　屡次函告盛宣怀:"太古添造新轮船十三号,已有到津两只;怡和亦添造新船,我局往来各埠,不得不及早筹算。"

6月7日(五月十五日)　盛宣怀函告郑观应:"《盛世危言》一书,蒙圣上饬总署刷印二千部,分送臣工阅看。倘能从此启悟转移全局,公之功岂不伟哉!"

6月12日(五月二十日)　对李提摩太说:"能照《盛世危言》所论采择施行,则我国二十一行省百姓,无不感激。"

7月24日(六月初三日)　函告盛宣怀:"迩来西洋怡和、茂生、同孚、义记等行商,招华商许老春、程少英为商董,集股添造纺织公司,所以榕树浦地价大涨,去年(每亩)二百两,现可沽三百五十两。"

同日　致盛的另一函说:"近闻洋人云:英、美、日约有七处纺织公司设于上海,所以榕树浦地价大涨。目前怡和欲买旧布局,弟已告荔荪知之矣。"

7月26日(六月初五日)　盛宣怀被人弹劾,郑观应鼓其气说:这好比是"千年宝剑,愈磨而精光愈出,无损隆名"。

6、7月间(五、六月间)　郑观应等,将去年十月前后"明卖暗托"于德、英等洋行企业的二十艘招商局轮船收回。

8月上旬(六月中)　复函邓华熙"日本在中国改造土货如何补救"的询问时说:"伏思土货改造所包甚广,非一二端所能赅括。

……惟要着必须于土货出产之处酌加落地税,而概免厘金,庶不致华洋两歧,洋商受益而华商受困。”

8月14日(六月二十四日)　提议招商局试办杭州小轮船,以为将来推广清江、鄱阳湖等处轮运。

11月8日(九月二十二日)　函告诉盛宣怀:“本局与开平同是中国公司,设使洋商不用(开平煤),本局亦当购用,盖不可辞也。若过昂则不得不彼此筹画,既不合算,似不得不另酌矣。”

12月1日(十月十五日)　康有为奉署两江总督张之洞命,从南京到上海组织强学会,找郑观应商谈,并由郑引荐给王韬,同游格致书院。

冬　《盛世危言》增订新编十四卷本刊行。新增加的内容主要是关于加强边防和发展工商业的问题。

是年　建议盛宣怀“及早禀商傅相将电报公估值银若干,赎归国有;将招商局准归商办,免日后政府行强硬手段,使数十年维持之功隳于一旦。盖专制之国,政府动施压力,且现无商律,纵有商律,尚无宪法”。

是年　编《美国种植棉花法》。主张购美国棉籽广种,认为这样一定能做到“虽极细纱布自能纺织,不必求诸外人,用塞漏卮。是则中国之幸,亦鄙人之所深望也”。

1896年(清光绪二十二年丙申)　五十五岁

3月6日—3月17日(正月二十三日—二月初四日),偕同邝平浦、叶侣珊等人乘船赴梧州勘察商务,沿途了解路程、水深浅和进出口商品情况。著有《赴梧日记》。

3月9日(正月二十六日)　过肇庆,入城访察商务。

3月12日(正月二十九日)　到梧州,拜会"熟知梧州情形"的同乡何保之太守,了解西江、抚河等水位情况。乃与邝平浦、叶侣珊至抚河等处察看簰位地势,由邝平浦绘图而回。

3月15日(二月初二日)　从梧州回到肇庆。"偕(陈)复初、(叶)侣珊、(欧阳)华臣登岸,察看肇庆城外沿河地段。"次日至马口,口占《游西江即事》五古一首。

3月17日(二月初四日)　回到广州。

3月27日(二月十四日)　有人来函说郑观应原来看定的地段已沽于别人,于当日再次乘船出发至梧州,买定肇庆、梧州两处簰位。达到了他预期的"此行不论迟早,总要购定梧州、肇庆两处簰位码头方向"的目的。

5月24日(四月十二日)　汉阳铁厂改归商办,由盛宣怀承办,并任督办。郑观应被两湖总督张之洞委为铁厂总办。但郑听说有人要谋他的招商局职位,唯恐担任了铁厂总办,而商局帮办被人夺去,于是要求盛宣怀在代拟的"奏归商办折中略注数语,以杜钻谋者之心"。

6月1日(四月二十日)　赴汉阳铁厂任职。再一次要求盛宣怀向张之洞说明:"商局必不可去,以免他人营骛";"此来自甘竭力帮忙,并不敢希冀丝毫好处,但求本有之地位不为他人所夺"。盛宣怀答应郑的要求,致书张之洞:郑观应"为商局必不可少之员,仍当往来鄂沪,彼此兼顾"。

6月17日(五月初七日)　盛宣怀正式"将铁厂交付郑道"。郑任总办不久,即抓紧铁厂两个关键问题以达到降低生铁成本的目的:一、广开焦炭的来源,并注意提高它的质量;二、注重技术人材的选聘和培养,其中包括洋人的选聘和建议自己设立学堂培养技术人员。也就是他后来总结的“本厂大纲惟在觅焦煤、选人才两端”。

7月23日(六月十三日) 辞铁厂职,盛宣怀挽留。

8月17日(七月初九日) 邓华熙由江苏藩司授为安徽巡抚。郑观应表示祝贺。

夏 建议盛宣怀设立鄂、湘、皖、豫矿务总局,专事勘矿,拟有勘矿条陈二十条。

8月20日(七月十二日) 致书工部尚书孙家鼐,请将他所改正之《盛世危言》发下,“以便重刊,流传都门”。

8月(七月) 为汉厂买到汉口通济门外地三段:(1)汉阳县鹅公口鹅墩民地一块,计一百零二方,照报印契银三百四十六两;(2)汉阳县鹅公口鹅墩民地一块,计二百七十二方,照报印契价银八百七十两;(3)汉阳县北乡孟家大地一段,计三百四十方,照报印契价银六百三十六两。

9月15日(八月初九日) 函告盛宣怀降低铁厂成本的措施:(1)支持熟铁厂改炉后省煤十分之四;(2)裁减可要可不要的工匠;(3)大力降低钢轨价。铁厂所造钢轨每吨价五十两,大大高于外洋,指出降低钢价“必须人才熟、工匠减、煤炭廉”三者。

10月5日(八月二十九日) 致函盛宣怀:“窃思我公欲立非常之功”,非有高位不可,“可惜我公不得商务大臣,又非督抚,事多掣肘”。惋惜盛宣怀权位不隆,要改革力不从心。

10月7日(九月初一日) 进一步说明钢轨价昂原因和保证销路的问题,说:“本厂钢轨成本较外洋为昂者,因时缺焦炭,价又甚昂,人手不熟之故。若非自己承筑铁路,钢轨恐难销售。”

10月17日(九月十一日) 致函盛宣怀,认为要办好铁厂必须抓住铁路建筑权,如“铁路不归我公接办,铁厂事宜即退手”。

10月23日(九月十七日)　致函盛宣怀,建议揽办粤汉铁路。因为“由汉至粤南路之利胜于北路,仍宜留意,毋致别人承揽,我得其瘦,彼得其肥”。

11月1日(九月二十六日)　建议盛宣怀抓紧在萍乡收买好煤矿数处,用机器开采自炼,“以免后来居奇”。

11月12日(十月初八日)　建议盛宣怀在汉阳铁厂附近建立一半工半读大学堂,“上午读书,下午入厂学习机器”,以解决铁厂缺乏人才的困难,郑观应称这样的学堂将“是东半球未有之大学堂,真非常不朽之功业也”。

11月25日(十月二十一日)　致书盛宣怀,建议速办银行,说:“银行为百业总枢,藉以维持铁厂、铁路大局,万不可迟。”

12月5日(十一月初一日)　向盛宣怀要求离汉阳铁厂回招商局。主要原因是张之洞疾恶《盛世危言》中所述汉阳铁厂之失,恐遭不测。

12月(十一月)　拟《整顿汉阳铁厂条陈》四十八条。

12月30日(十一月二十六日)　要求盛宣怀给假一个月,回乡看新购买的父母墓地。

12月30、31日(十一月二十六、七日)　为了德培与吕柏的去留问题,与盛宣怀反复磋商。由于市场急需钢铁,主张继续留用之。

12月(十一月)　请山西巡抚胡聘之(蕲生)开采山西矿藏,并将中国开矿情况与外国作比较,指出要克服五难:技术不良、股份难招、官场控制、土豪阻挠等。

是月　听说京师强学书局被封,愤慨地说:“今世风日下,假公济私,不顾大局者多。”

1897 年(清光绪二十三年丁酉)　五十六岁

1 月 3 日(二十二年十二月初一日)　再一次要求调离汉阳铁厂。

1 月 5 日(二十二年十二月初三日)　向盛宣怀陈《管见十二条》,对铁厂、铁路等事提出建议,说:“汉厂各事俱有头绪,如船见岸矣。”于是荐施肇甄以自代,荐盛我彭、李一琴等相助为理。

1 月 11 日(二十二年十二月初九日)　致函催促盛宣怀速办铁厂大学堂,说该学堂的艺徒学成后,“为将来替代洋匠地步,月薪可减,钢铁货成本自轻,又免为他人挟制”。

同日　在上海面见盛宣怀。盛力挽继续主持铁厂工作。郑观应随后写信表示:“只得再往勉力帮忙半年。照旧不领厂薪。”

1 月 18 日(二十二年十二月十六日)　请假返粤。函告盛宣怀:办银行必须国家有股份,“否则为人所挤,虽大利中有大害”。

1 月 22 日(二十二年十二月二十日)　致书盛宣怀,陈述在铁厂处境甚难:厂中多安插张之洞的亲信;有不便直讲的盛宣怀的戚友,“凡事多被掣肘,任意排挤”,故坚请辞职。盛宣怀坚挽,答应暂留。

1 月(二十二年十二月)　函辞山西巡抚胡聘之之聘。郑说:“微躯似矢,射发由弓。”不是他不愿赴晋,而是盛宣怀与王之春不放。

2 月初(正月初)　他在给盛宣怀《谨呈管见十条》中主张赶快发展西江小轮航运,以与外商竞争。

2 月 15 日(正月十四日)　以汉阳铁厂总办兼任粤汉铁路总

董。这对于销售汉厂铁轨是有利的。

2月19日(正月十八日) 又一次强调铁厂办学堂的重要性,并拟有《钢铁冶炼学堂说帖》和所附招生章程六条。提出先招收学生四十名,以二十名学镕炼,二十名学机器,“俟有成效,再行扩充”。

2月20日(正月十九日) 由江苏藩司升任安徽巡抚的邓华熙,第二次向皇上推荐郑观应。郑在致盛宣怀的信中很感激地说:“念与小帅(邓华熙字小赤)向乏往来,踪迹甚疏,不期两蒙疏荐(盛宣怀在此处亲笔旁注:‘小帅有知人之明’),过爱如此,令人悚愧万分,不知何以报知遇耳。”

3月15日(二月十三日) “张某”等人在《苏报》上发表《总办得人》为题的文章,毁谤郑观应,甚至进行人身攻击。

3月22日(二月二十日) 要求盛宣怀提升他为招商局会办。

3月24日(二月二十二日) 由盛宣怀、经元善、徐润等十人署名,在《申报》上发表《不平则鸣公启》,对《总办得人》的毁谤之词予以批驳和澄清。

4月21日(三月二十日) 致函盛宣怀要求离开汉阳铁厂,并请求由招商局帮办升为会办。他说:“如我公以居易愚戆,可资驱策,拟请升为会办。咨请北洋札饬半年在沪,半年在汉,与我公轮流往来。一以绝奸人构害之心,一以免委员谋望之志。否则俟大局均有头绪,于今冬改派电局差事。(郑旁注:‘与荔荪对调。’)”

4月(三月) 盛宣怀札委郑为铁路公司总董和电报局总董。

同月 请求在铁厂任内给假赴沪养病。盛宣怀答应“一俟大局妥定,而后赴沪养疴”。于是继续“力疾从公”二个月。

7月21日(六月二十二日) 奉命将汉阳铁厂关防交给盛我

彭,交卸总办事务。表示在回上海招商局后,“凡遇铁厂采买日煤转运等事,仍当随时赞襄”。

10月27日(十月初二日) 为办女学堂捐款事与经元善发生矛盾。郑说自己“穷得很”,不肯捐款。经元善揭发郑观应并不穷,他曾听盛宣怀说,郑观应在招商局“除花红外,岁入稳有九千金”。

12月(十一月) 张之洞高度赞扬《盛世危言》:“上而以此辅世,可为良药之方;下而以此储才,可作金针之度。”

是年 对康有为、梁启超的维新活动颇不以为然,说:“康、梁办事毫无条理,不知度德量力,将来必有风波。”

是年 向盛宣怀献“治安五策”的长歌:一、设学校;二、振兴农工商;三、练将才;四、制军器;五、定宪法。

是年 建议盛宣怀设工部大学堂,“俾人才日出,技艺日精,所有制造不需外人,于时局大有裨益矣”。

1898年(清光绪二十四年戊戌) 五十七岁

1月初(二十三年十二月初) 上书孙家鼐请亟变法自强。时值德占胶州湾,俄占旅顺,郑致书孙家鼐说:“趁此机会,亟宜变法自强,倘仍因循坐误,恐西伯利亚铁路筑成后,眈眈虎视之俄又将肆其要挟。”

同月初 谒翁同龢于沪上。翁告以:“《盛世危言》一书经与孙尚书先后点定进呈,并邓中丞所上计共三部。今上不时披览,随后必当有内召之旨。”郑观应表示对做官不感兴趣,说:“大局如此,即有意外遭逢,亦拟藏拙不赴,以遂草茅之初志而已。”

3月(二月) 条陈山西巡抚胡聘之各事:(1)屯田和练民团,以期足食足兵;(2)造铁路以通商贾;(3)设机器局以造军械;(4)

招商开采煤铁矿以广利源而绝觊觎；(5)聘贤才以备策应，广学校以育人才，文武考试均宜变通，毋令所学非所用，所用非所学。此外，提出借洋债不如借民债"可免流弊"的建议。

4月18日(三月二十八日) 邓华熙第三次推荐郑观应给光绪帝，希录用。郑观应对此表示说："门惭通德，家鲜藏书，涉足孔孟之庭，究心欧美之学……原非藉以梯荣，岂冀棘槐之班列。"

4月(三月) 闻德租借胶澳之约已成，主张速立宪，"固结民心，同御外侮"。

5月20日(四月初一日) 与日本总领事小田切等人创办亚细亚协会，小田切为会长，郑观应为副会长。郑观应在他所拟《亚细亚协会创办大旨》中说："本会以联络同洲、开通民智、研究学术为主，凡我亚洲诸邦士商人等皆可入会。""官商名誉中人"捐资入会者百馀位。俄、法领事闻之，"颇生疑忌"。不数月，因戊戌政变而解散。

5月27日(四月初八日) 致函提醒盛宣怀警惕有人"谋夺他的轮、电二局督办之位，说"时事多艰，宜早设法，勿再迟疑，以顾大局为祷"。

6月10日(四月二十二日) 致书盛宣怀，建议在严重的民族危机中抢购好的矿产以保存一些利权。"凡铁路经过百里之内有矿产者，应该归铁路公司招股开采"，以免为外人所夺。

6月11日(四月二十三日) 光绪帝下诏"明定国是"。

6月16日(四月二十八日) 光绪帝打破皇帝不能接见小臣的祖传家法，召见康有为。在召见前，康有为问郑观应："政治能即变否？"郑答："事速则不达，恐于大局有损无益。"

6月(五月) 《罗浮偫鹤山人诗草》一卷本刊于"海上待雀书

屋”。

9月21日(八月初六日)　以慈禧太后为首的顽固派发动政变,囚禁光绪帝于中南海之瀛台,戊戌维新失败。

9月22日(八月初七日)　密告盛宣怀,“梁卓如扮日装到沪”,要盛宣怀询问日本领事小田切确否,“不可说闻自何人”。

9月底(八月中)　康有为之父由何穗田迎至澳门避难,郑观应寄给何穗田一百元,请转交给康父以尽朋友之谊。康有为弟子在沪上者,郑亦劝他们避往他处,以保存才智之士。

9月30日(八月中秋)　《罗浮待鹤山房谈玄诗草》付刊。

10月3日(八月十八日)　报告盛宣怀:维新变法中所办“女学堂,并无人参劾”。表示庆幸。

是年　奉盛宣怀札委充江西萍乡、安徽宣城煤矿总董。

是年底　作《修真四要序》。

是年　向孙家鼐呈《时事急务管见二十五条》,日本的《大学一览》、《教育法规类钞》、《文部省年报》。

1899年(清光绪二十五己亥)　五十八岁

5月11日(四月初二日)　拟定《宣城东流煤矿华洋合股章程》十六条,规定华洋合办,股金一百万两,华洋各半,明确“该矿为自主之产”,五十年后无偿地将全部设备交给中国。

6月10日(五月初三日)　致书盛宣怀,将经元善给他的信交给盛宣怀。信中,经元善向郑揭发盛宣怀垄断把持洋务企业压制商股,说盛督办轮船、电报、矿务、铁政、纺织、银行、铁路等重要企业,是“一只手捞十六颗夜明珠”,排挤商权。这样扩大了盛、经之间的矛盾。

11月7日(十月初五日)　奉盛宣怀委派为吉林矿务公司驻沪总董,广为招集股份。

是年　向孙家鼐建议设立各种技术专门学校,培养专门技术人才。

是年　义和团运动遍布山东各地,并向京津地区发展。

1900年(清光绪二十六年庚子)　五十九岁

1月26日(二十五年十二月二十六日)　经元善联合沪上绅商致电总署,请光绪帝带病临御执政,要求慈禧太后中止废立之议,激怒了西太后,要将经元善逮捕治罪。时称"经案"。

1月28日(二十五年十二月二十八日)　受盛宣怀嘱托,与上海电报局提调杨廷杲"力劝经辞差远避"。经元善逃往澳门。

2月1日(正月初二日)　经元善逃到澳门,郑观应致函澳门何穗田和澳门招商分局叶侣珊对经元善照拂。

2月20日(正月二十一日)　李鸿章致电盛宣怀云:"密询郑陶斋及港局廖委员,必知其踪迹。"

2月22日(正月二十三日)　盛宣怀复电李鸿章:"昨询郑道,据闻往来港澳,踪迹甚符合。"

2月25日(正月二十六日)　经元善在叶侣珊的诱骗下,被澳门当局逮捕。

3月5日(二月初五日)　致函盛宣怀说,身体不好,要将招商局帮办一职由三弟郑思贤代理,自己则"代为往来各埠,暗查商局、电局、银行、钱厂一切弊窦,随时密陈"。

同日　致盛另一函中说:"经元善久蒙督办栽培,不知图报,反如狂似醉,听从报馆主笔干此弥天大罪,累己累人。"

6月21日(五月二十五日)　建议盛宣怀,在联军入侵混乱期间,轮船招商局须如中法、中日战争时一样,将轮船换为外国旗帜,照常行驶;而电报局“西名‘华人皇帝电报局’字样,亦宜更换以期稳妥”。

秋冬间　《盛世危言》增订新编八卷本刊行。书首页有郑观应亲笔写“光绪庚子偫鹤斋重印”。

1901年(清光绪二十七年辛丑)　六十岁

春　澳门当局将经元善释放。经元善出狱后,邀请苏州王敬安赴澳帮助自己著书,揭发盛宣怀的隐私与忘恩负义,郑观应去信劝阻。郑告诉盛宣怀说:“其书首论公电,次说电局事,待鹤不避嫌怨,已致书规劝,闻渠不以为然。”

9月7日(七月二十五日)　奕劻、李鸿章与德、奥、比、日、美、法、英、意、俄、西、荷等国签订卖国的《辛丑条约》。

12月下旬(十一月中旬)　乞假归里就医,并为长子润林授室。

12月31日(十一月二十一日)　在澳门致书祝贺盛宣怀“晋宫太保衔”。

1902年(清光绪二十八年壬寅)　六十一岁

1月21日(二十七年十二月十二日)　在澳门一个月的假期已满,致函盛宣怀,请准再续假两个月。同时对盛宣怀的“宠锡隆仪”表示感谢。

8月31日(七月二十八日)　广西巡抚王之春奏调郑观应前往广西差委,郑固辞不获,乃出仕西行。

10月(九月)　盛康死,盛宣怀以父死“丁忧”,循例辞差。继李鸿章后任北洋大臣的袁世凯，乘机上奏清廷，将轮、电二局划归北洋督管，夺盛宣怀的权。

12月（十一月）　奉盛宣怀札委，充任吉林三姓矿务局驻沪续行招股总董。郑观应提议招英、美、日、俄合办，股金一百万两，洋四华六，洋商董三名，华商董四名。

是年　三子润燊生。

1903年（请光绪二十九年癸卯）　六十二岁

1月（二十八年十二月）　奉盛宣怀札委为创设上海医局总董。郑观应在《复盛宫保论创设医院书》中说："中外医理各有所长，拟请华人精于西医、深晓西学者，将中国《本草》所载之药逐一化验性质，详加注解，补前人所不及，并将人之脏腑经络查于古书，所论方位是否相符。互相参考，弃短取长，中西合壁，必能打破中西界限，彼此发明，实于医学大有裨益。"

2月18日（正月二十一日[①]）　应王之春之邀，于是日到达广西桂林。

3月11日（二月十三日）　奉王之春札委，赴香港、澳门、广州查缉私贩军械事。他在香港购线查得湾仔栈房私藏洋枪五千杆，密告港官，搜获充公。

4月初（三月初）　奉王之春札委统带三江缉捕，捐资添勇，派人拿获会党首领林亚五、陆孟山、叶阿得等二十馀名，予以镇压。

同月　奉铁路总公司督办盛宣怀札委，代理粤汉铁路购地局总办。

① 另有一说是正月十九日到达，这里从二十一日说。

5月(四月)　粤汉铁路工程局总办杨枢被委署肇罗道,署两广总督德寿电商盛宣怀,札委郑观应兼总办粤汉铁路工程局事务。

6月上旬(五月上旬)　王之春委派郑观应代理左江道篆。郑在署左江道一个多月中主要做了三件事:一、捕杀横州沙坪墟罗庆基、王忠华两"匪首";二、改营勇为巡警军;三、改左江、蔚南二书院为中小学堂,自己捐助经费和书刊。

7月7日(闰五月十三日)　王之春被革职,郑观应亦随之去左江道职。

8月5日(六月十三日)　交御左江道篆后回到广东。

同月　盛宣怀正式札委郑观应为粤汉铁路广东购地局总办。

1904年(清光绪三十年甲辰)　六十三岁

春　从广东来到别离三年的上海。

10月(九月)　广东绅商举邓华熙、张振勋在上海会同盛宣怀商办粤汉铁路与美国合兴公司废约事宜,举郑观应为驻粤办事人员。郑以在购地局办事,"恐涉嫌辞",表示"俟禀奉盛督办批准,方敢依议"。

11月30日(十月二十四日)　粤汉铁路广东购地局裁撤,去购地局总办职。

是年,四子润鑫(景康)生。

1905年(清光绪三十一年乙巳)　六十四岁

5月31日(四月二十八日)　清商部批准广东设立商务总会。

仲夏　对修筑粤汉铁路美国合兴公司所派工匠作恶多端极为义愤,说"不知视我国为何物!"赞成将粤汉铁路收回自办。

9月(八月)　奉商部札委,担任广州商务总会协理,拟商会章程二十四条(后改为十六条)。

12月7日(十一月十一日)　清政府向英国借款一百十万镑,向美国合兴公司赎回粤汉铁路路权,本日在上海交收完毕。

12月15日(十一月十九日)　两广总督岑春煊札委郑督办清厘两广矿产差使,兼充商部矿务议员。以年老、母病辞而未就。

同月　发起组织广州上下艺院有限公司。不逾月,集股银十馀万两,认股者仍不断增加。后因母病危和被举为粤汉铁路商办公司总理,辞请总商会另举贤能办理,结果艺院公司未能组成。

1906年(清光绪三十二年丙午)　六十五岁

1月3日(三十一年十二月初九日)　反美爱国运动在广东蓬勃发展,成立拒约会,众推郑观应为拒约会主席。郑以母病在澳辞。

2月3日(正月初十日)　继母病死,在澳门"守制"。

4月25日(四月初二日)　广东各善堂、总商会、七十二行商集会,投筒公举郑观应为广东商办粤汉铁路有限公司总办。几经推辞未获准,乃同意不领薪水尽义务一年,声明股款招足,董事举定,即行辞退回澳"守制"。不久,辞广东总商会协理职。

5月25日(闰四月初三日)　有股东冯秉垣其人,指责粤路公司不遵章程,不许股东干预,"自食前言,全无信行"。这实际上是对总办郑观应而言。兹后即不断有反郑风潮。

6月21日(闰四月三十日)　收到第一期粤路小股银八百八十一万七千五百六十二元,合八百八十一万七千五百六十二股,共伸计本银四千四百零八万七千八百一十九元。郑观应说:"即以此数为截止,嗣后不复再招。”后来回忆说:“原拟招四百万股,竟加至一倍,是为中国实业自来所未有。”

8月20日(七月初一日)　粤路公司各股东举定董事局员。按原约郑观应提出辞职。

9月11日(七月二十三日)　两广总督岑春煊调督云贵,闽浙总督周馥调督两广。这个调动对郑观应不利,从此反郑风潮益炽。

10月9日(八月二十二日)　接胞弟郑保之书:“现下风潮如许之多,受劳受怨,实为兄忧。不如早早告退返澳,同觅山地安葬先母,更为有益。”

10月26日(九月初九日)　将公司关防暂交坐办收存,在广州家中守候查问经手事件。拖延一个月始得返澳。

同月　粤路董事局挽留郑说:“四处访察求如该道之巨细洪纤,悉有条理,实难其人。万难遽任告退,另易生手。”岑春煊则说:“该道务宜勉为其难。”

11月23日(十月初八日)　由广州返澳门。遵原议回家守制。回澳当天,广东各报刊登由“杨西岩、朱若芝主稿”的股东林某等致文澜书院函,列举郑观应总办粤路中亏耗银钱等罪状二十条。这二十条的主要内容是:把一个商办企业搞成官督商办之局,串同作弊,耗折巨金浪费股东血本等。于是反郑风潮益烈。

11月27日(十月十二日)　广州总商会、九善堂、七十二行商各创办员集议通过,为郑观应辩正,由吴尹全等人拟就“辩白”二十条。后以“人多知二十条之诬,已不辩而自明”;郑观应自己也表示:“自问行事不愧于屋漏,可质鬼神,无论如何毁谤,听诸公论,概不与辩也。”未刊登。

11月30日(十月十五日)　广州总商会、九善堂、七十二行致书郑观应,要求他来省复职,践任期一年,并说:"忌者之口,勿以介介。"

12月2日(十月十七日)　复信广州总商会等组织说,按原来规定,股分招足,公司成立,即股东公举董事,观应即可回家"守制",不必俟董事举定总协理才能回澳。

11月4日(十月十九日)　函告盛宣怀:"官应因铁路风潮大,植党营私者多,与其贻误于将来,曷若力辞于此日。故决意告退。虽众商不许,蒙岑云帅奏留,而周玉帅初到,既偏听反对者言,纵然慰留,恐非本意。"意识到周馥调督两广于己不利。

12月8日(十月二十三日)　《偫鹤山人事略》的编者吴尹全告诉郑观应,说该书月内可如期完稿。

12月9日(十月二十四日)　新任两广总督北洋亲信周馥亲自到粤汉铁路公司,声言"拜会"郑总办,以对郑观应施加压力。

12月13日(十月二十八日)　经过多次电催,郑观应于本日由澳门回到广州,以便弄清银钱帐目等问题。

1907年(清光绪三十三年丁未)　六十六岁

2月上旬(三十二年十二月下旬)　自广州返澳门度岁。新年后复回广州。

2月14日(正月初二日)　函告盛宣怀:经过几个月查帐,证明粤路股银无亏,要求速退。

3月15日(二月初二日)　盛宣怀来函劝勿退,说:"阁下槃槃大才,中西兼贯,正当抒发意气,效用国家。……愿阁下勉展壮猷,益宏远略,实所祷幸!"

3月25日(二月十二日)　盛宣怀亲信谭干臣亦来信劝郑继续

任粤路总理,说切莫“放弃公权,置大局于不顾”。劝郑观应不退实际上就是对北洋为后台的一批人谋夺粤路权的回击。

4月1日(二月十九日)　回澳门葬亲。

4月4日(二月二十二日)　周馥在郑观应的请假禀帖上批道:“一俟葬亲事毕,所有路事仍应来省料理。”对郑揪住不放。

春末　子润林来函说,为粤路风潮事“寝席不安。但望该事早日清白,来游津沪”。

5月上旬(四月上旬)　函告粤路公司“一俟举定何人,即将公司关防并所有文件、合约笔据”移交,声明“并无经手未完事件”。

5月29日(四月十八日)　路事风潮还未平息,徐恩成(树堂)去函澳门催促郑观应早日回广州。

6月12日(五月初二日)　友人李裕昆(坐办)揭发粤路公司中的矛盾说:“将来所举无论何人,上场仍是招风。藩委卢、李查帐,刻尚以微有参差一再驳问,揣其用意,谅亦上峰所授,藉以捱延,为周帅留馀步之故。”函中意思表明周馥是代表北洋压制郑观应。

7月11日(六月初二日)　粤汉铁路公司董事局开会,投筒公举总协理,罗光廷当选为总理,黄景堂当选为协理。但迁延一个月始即事。这是因为罗光廷“坚意俟举定担任财政接理有人,乃允上场”。这时郑观应仍在澳门,徐恩成再次致书他说:“吾伯稍闲,恳即拨冗到省。”

7月21日(六月十二日)　胞弟郑庆麟致书观应,讥讽徐润被袁世凯撤差“乃自作孽”。观应未置可否。

8月中(七月初)　将粤路关防、文卷移交给新任。公司送给郑观应车马费六千元。郑辞而未受,说:“任事年馀,夫马费断无六千之多,故请璧还董事再议。想不以弟为矫情也。”

同月　粤路风潮事平,郑交卸总办职,乃作长歌以明志。其主要精神:一、粤路风潮益烈的原因是由于“疆帅忽更易”;二、尽管自己遭到毁谤,还是希望商界同心同德使“路政奏伟绩”;三、坚持商办,劝告股东不要鹬蚌相争“利归渔人”。这个“渔人”是指归官办,实际上是反对北洋夺粤汉路权。

9月以后(八月以后)　回澳编辑《盛世危言后编》。该书在此后一年中断断续续编完。

10月(九月)　从澳门前往上海。

11月(十月)　前往九江,到纪常侄处一游。

1908年(清光绪三十四年戊申)　六十七岁

1月(三十三年十二月)　因公赴津,但生病停留于沪上医治。随即返粤度岁。此时,粤商公举郑观应再次为广东总商会协理,兼广东工艺院、保险公司董事。但他“力辞粤路总商会公举之关聘”。粤商代表坚决要求他上场,“以免外界入寇”。

同月　致书顾泳诠转告盛宣怀:“电股事……如有用我之处,尚祈示悉。”

3月11日(二月初九日)　盛宣怀被授为邮传部右侍郎,郑观应表示祝贺。

3月14日(二月十二日)　邮传部政务处会议决定将电报收归官办,收买电股价规定为每股一百七十元。

3月16日(二月十四日)　致函盛宣怀,揭发北洋管理招商局的腐朽情况说:轮电二局“皆系商股,竟视为北洋公产,准直督任用私人”,以致腐败不堪。说幸盛宣怀顷已授为邮传部右侍郎,“大局似有转机”。同函中向盛宣怀求差,说:“如蒙鲍叔不弃,位以闲差俾安愚分,感激无既。”

5月30日(五月初一日)　省港股东“集议公禀邮传部”,要求电报商办事,请郑观应领衔。郑时住于澳门,回答说:“公禀未阅过,股份少,不应领袖。”未就。

6月6日(五月初八日)　电告盛宣怀:“电股买价不顾将来利益,商情震骇。”

同日　盛宣怀复郑电称:“电报归官……势难中止。……弟系首创之人,国计商情,自当兼顾。”

6月20日(五月二十二日)　在澳门致函盛宣怀说:“自己是创办招股之一分子,不忍睹数十年已成之商局隳于一旦。”坚持电报局归商办。意见未被接受。同函中对于张翼将开平煤矿与英人合办表示反对,说:开平局“张燕谋京卿督办未商诸股东,竟与外人合办,显违原议,商民不服”。

7月1日(六月初三日)　盛宣怀坚持电报归官的赎费每股应“给价二百元”。

7月3日(六月初五日)　香港电报分局总办温灏告白:电报赎费,每股“准加价至一百八十元”。

7月11日(六月十三日)　看到盛宣怀“国计商情自当兼顾”不争电报商办的意见,乃表示同意官办。

7月12日(六月十四日)　函告盛宣怀要提防温灏。说温的告白中说电报收赎每股“一百八十元已属优待,恐有别故,公宜防之”。

7月17日(六月十九日)　郑致函告盛宣怀说:“专制之下尚未立宪,有强权无公理。”对电报局归为官办表示极为不满。

11月(十月) 《盛世危言后编》在澳门郑慎馀堂寓所辑成,分装十六册。寓居于郑家三个月的潘飞声说:"与山人日夕讨论时局,尽读丛稿十六册,乃采择要著编为八卷,名为《盛世危言后编》。"

秋冬间 向电报局索偿创办董事薪俸。按照电报局规定,创办董事薪水百元,但自1903年离上海后,六年未发,共计七千二百元。钱哪里去了?郑观应揭发说,系电报局"将创办人之薪俸调剂其私员"了。

1909年(清宣统元年己酉) 六十八岁

2月9日(正月十九日) 光绪帝与西太后先后死去后,袁世凯虽被解职和驱回原籍"养疴",但他的爪牙仍布满朝廷,势力甚大,不久亲信徐世昌于本日被授为邮传部尚书。

3月27日(闰二月初六日) 盛宣怀为了反对邮传部徐世昌将招商局收归国有,拟呈请农工商部注册立案完全商办。他致书在澳门闲居的郑观应说:"吾兄为商务耆旧,既尚有心扶持大局,应请择同志入股,(原注:'与其同股而非同志,不及同志而非同股者。因股分之有无甚活动也。')愿列名公呈者,多则十馀人,少则五六人,克日密寄敝处,以便凑集四五十人,即可办理。……弟意请公三月间来沪,以便偕弟北上,机不可失。"

5月4日(三月十五日) 乘花旗公司"西伯利"轮从广东赴沪,向盛宣怀"面陈一切"。

5月14日(三月二十五日) 一到上海,即拟定组织商办的"献议五条",建议设立轮船招商局股东挂号处,由挂号处出名组织商办,明确规定:"非同志兼有嫌疑者不取。"

5月15日(三月二十六日)[①] 邮传部电饬招商局遵照钦定商律在沪上设立董事会。

5月22日(四月初四日) 捐助预备立宪公会经费二十四元正。

5月26日(四月初八日) 报告盛宣怀招商局组织商办挂号情况,说:“待雀不患挂号不逾全数之半,亦不患章程不善,惟患有治法无治人,或用违其才,或不能尽其所长耳。”

7月30日(六月十四日) 函告盛宣怀:徐润赶回上海参加商局股东大会。口吻颇蔑视之。并说:“《待鹤诗草》(手稿)如蒙海正,即乞赐还。”此时他拟刊行二卷本《罗浮待鹤山人诗草》。

8月14日(六月二十九日) 会同严义彬等致电邮传部、农工商部称:截至宣统元年五月底止,股商持验票折挂号者已得股分全额十成之六。“公议六月三十日在上海静安寺路特开股东大会选举董事。”

8月15日(六月三十日) 轮船招商局在上海举行第一次股东大会,选郑观应与盛宣怀等九人为董事,推盛宣怀为董事会主席,施绍曾副之。盛宣怀于1903年被袁世凯夺去招商局的权力现在又夺了回来,郑观应第三次入轮船招商局,惟仅有董事之名,尚无实职,亦无固定薪水。

9月28日(八月十五日) 《盛世危言后编自序》写成。

10月10日(八月二十七日) 报告盛宣怀,说:“三藏(指唐绍仪——引者)常对人说下走是武进党人,不便与谈招商局事。”

10月下旬(九月中) 从上海去北京,所负任务是为招商局商

---

① 《后编》卷十《轮船招商局股东挂号处广告》中说是“三月十五日”。

办事到商部“催请注册”。

11月1日(九月十九日[1]) 从天津去北京。

11月5日(九月二十三日) “天气严寒,本应返沪”,因盛宣怀今日来电嘱“迟来数日,领凭照返沪”。乃推延回沪。

11月9日(九月二十七日) 致函盛宣怀,说部中“准俟股东姓名股票股折式样公呈到部,饬即给照。亦已与商部注册司说妥,想无迟误矣”。

同函中提出两点要求:(1)补助旅行费用;(2)邮传部尚书徐世昌答应以郑观应代香港电报分局总办温灏之位,希望“如无变迁,拟接办妥当后,令小儿(润林)替代”[2]。

11月12日(九月三十日) 招商局汇寄京平五百两给在北京办理招商局商办注册事的郑观应,作为川资。

11月17日(十月初五日) 因招商局商办注册事尚未办妥,本日郑观应在天津宴席上遇邮传部右丞梁士诒,将招商局注册给照事告之,以扩大影响。

本日函告盛宣怀:在京守候注册事,“给照后返沪,大约十二亦可出京矣”。

12月上旬(十月下旬) 从北京回到上海,招商局商办注册事尚未完全办妥。回沪后有病,在沪寓函告盛宣怀说:待病“少痊,走谒面陈”。

12月13日(十一月初一日) 报告盛宣怀:河南尚书说他是“盛党”,因而慨叹说:从此事“逆知彼辈有党。时事如此,殊可慨

---

① 《盛宣怀未刊信稿》第178页《复郑陶斋函稿》中说是九月二十日入都。

② 在另一《致盛宣怀电》中,说温灏调两江总督处差委,希盛宣怀、唐绍仪代谋电报港局总办之职,接妥后由“润林与潘兰史代应”。

也”。

是年　建议奉天巡抚唐绍仪在吉林等边区开垦荒地,移民实边。

是年　为汉冶萍公司辑译以下各条例章程:(1)专例约束商贾公司及公会聚会之法并其诸章程暨停止各务条例,西历一千八百六十五年三月一号,即同治四年二月间港督署内颁发一千八百六十五年第一号条例共一百六十条;(2)轮船机器师常例章程二十三款;(3)轮船管事常例章程二十一款;(4)轮船医生常例章程八款;(5)轮船常例章程六十一款;(6)香港一千八百六十五年律例九十七款。

1910年(清宣统二年庚戌)六十九岁

2月2日(元年十二月二十三日)　电告盛宣怀:“汉厂事遵谕列名。即日返粤,明春三月再来。”

2月3日(元年十二月二十四日)　回澳门度岁。在澳期间,继续谋电报港局总办之职,说是“港地气暖,于喘病相宜。”

2月23日(正月十四日)　从澳门发信给盛宣怀,说:“摄政王采纳群言,准各省臣民上书,凡由邮政局递到之函,无论何处来者,一概不准拦阻,并不准擅拆等谕。务祈早日饬即缮发(上摄政王书——引者),免落人后,是为至祷。”

4月3日(二月二十四日)　盛宣怀致书在香港的郑观应:招商局商办注册事“日来公议索性俟股东开会后再递公呈,惟必须俟公到再行定期登报”,并说:“开会之期,可无我不可无公也。”希望即速来沪。

4月(三月)　盛宣怀委郑随同办理商约及汉冶萍厂矿、通商银行、红十字会等事，每月由汉冶萍公司给发薪水一百两。

5月16日(四月初八日)　对盛宣怀“代认汉冶萍煤铁公司百股”表示感谢。

6月9日(五月初三日)　唐国泰、谭国忠致书盛宣怀，为郑观应无实缺工资而抱不平。盛宣怀在信封上批道：“陶斋为招商局必不可少之人，一俟董事会有权办事，即当代为设法，请勿过急，转生疑忌。”

6月(五月)　为招商局商办注册事再到北京。经过郑观应与邮传部农工商部尚书、侍郎辩论再三，始准注册。

7月(六月)　上摄政王请速行立宪书，提出安内、御外、富强三法。但指出立宪的主要目的是为了“安内”。

9月9日(八月初六日)　因郑润林的辽东海关署翻译去职，请求盛宣怀为其子润林谋职。盛宣怀答应为其“在轮电二局代谋一席”。

9月，致书邮传部尚书唐绍仪，建议创办中国邮船公司，“往来美洲、澳洲世界各地，以挽利权”。

10月22日(九月二十日)　郑观应因被忌者攻击而愤怒，盛致郑书安慰说：“阁下热心公益，为本局第一救星，同人莫不钦佩。吾辈作事，只须问心无愧，亦何恤人言。”

10月25日(九月二十三日)　上海设立中美商业联合研究会，郑观应接受广州总商会委托“就近莅会”。

11月26日(十月二十五日)　被委为厦门招商分局总办，拟由儿子润林常川驻局主持其事。郑观应还想兼办厦门电报局，说“冀可兼理厦门电局于将来”。

12月16日(十一月十五日)　曾任贵州省大定府知府的胞弟

郑思贤,1909 年赴京候缺,迄未中选,以致穷困异常,郑观应于本日致书盛宣怀“伏求赏派一差”。另外,请为润林“另简任职”。一个月后,盛宣怀答以“尊事及令弟、令郎各节,容为留意”。

是年 《盛世危言后编》原稿交上海翰华阁书店刊印。

1911 年(清宣统三年辛亥) 七十岁

1 月 6 日(二年十二月初六日) 盛宣怀被授为邮传部尚书。郑观应写信祝贺,“忻慰无极”。

1 月 7 日(二年十二月初七日) 郑观应致函盛宣怀说:“小儿(润林)常川驻局(按指厦门轮船招商分局——引者)……尚祈恩施格外,札委兼办厦门电报局。”同函中愤慨忌者的攻击说,自己“事上不以炎凉改辙,交友不以贫富变心,办事不以私而害公,所以清贫如故”,故“常为时流讥笑,小人所忌矣”。

1 月 12 日(二年十二月十二日) 由上海回粤度岁并修祖墓。临行前一天告诉盛宣怀说,明春招商局开股东常会,应于未开会前商议各事;于宣统三年初春与庄得之到北京禀陈一切。

2 月上旬(正月初旬) 提出选举招商局办事董的办法。主张多选几个候选人,“任股东投票公举,以多数者得,以昭公道”。声明这次自己不参加选举。

2 月 13 日(正月十五日[①]) 在澳门接奉邮传部札委为招商局会办,“职司稽查”。

2 月 18 日(正月二十日) 协助军饷银一百元正。此款是捐给

---

① 《西行日记》庄箓序和郑观应《西行日记》都说是宣统三年三月奉委为招商局会办。这里是从《后编》卷十之说。

世界协赞会的。收据原文:“今收到郑陶斋协助军饷银一百元正。经手人:世界协赞会向德贞。黄帝纪元四千六百〇九年正月二十日。”据黄帝纪年法,疑此饷银是捐给革命军的。

3月10日(二月初十日) 由广东回到上海,即入局办事。在辞去“随办商约”等事宜的同时,并请将按月由汉冶萍给发的一百两薪水停发。

3月24日(二月二十四日) 到北京向盛宣怀禀陈一切后,于本日从北京出发由天津乘“新济”轮回上海。

3月26日(二月二十六日) 招商局在上海召开股东大会,举定新董六人,查帐二人,选留旧董三位。郑观应未与选。

3月27日(二月二十七日) 从北京回到上海。

4月1日(三月初三日) 致书盛宣怀说:“昨在都门两谒慈颜,仰关垂之备至,临训之周详。临行又蒙赐多珍。”

4月8日(三月初十日) 致函盛宣怀:拟先与怡和、日本、德国、宁绍等轮船公司联合起来,以与最顽固、实力最强的太古跌价相争。他称此为“合兵破曹”之法。

同日 致盛宣怀另一函称:听说“法、俄、英、德、日五国有瓜分中国之议,惟美国出而反对。我政府亟宜借美款赶筑铁路,多设制造军械厂,聘工程师,选将才,练民兵,以御外侮。时势危急,非振兴实业多设学堂,标本兼治不可。若云借外款之祸烈于兵戎将如埃及,似是敌人离间之语。恐因循延至瓜(烈)〔裂〕之时,欲借不能,悔之晚矣”。

5月9日(四月十一日) 清政府颁布全国铁路干线国有的命令,任命端方为接收粤汉、川汉铁路钦差大臣。湘、鄂、粤、川四省掀起了反对干线国有的保路风潮,端方以如何平息风潮请教郑观应,郑答复端方:一定要做到"不使股东有丝毫亏耗",如能这样,"又何患风潮之不息乎?"

5月15日(四月十七日)　在肯定干线国有的前提下致盛宣怀书说:"昨阅邸报,藉悉各省干路均归国有,不知商股之款如何还法,或欲收买,尚祈密示来京面商也。"

同日　将《中美联合创设银行历次集议议案》寄呈盛宣怀鉴核。

5月下旬(四月下旬)　"中美商业联合研究会"拟创设银行及轮船公司等事,郑观应允为广东总商会代表"与闻其事",准备待"各事均有端倪",偕各省商会代表赴京会商中美银行和中美轮船公司集股注册等事宜。

6月初(五月初)　作为广东总商会代表,"偕各省商会代表赴京会商中美银行及中美轮船集股注册事"。未成。

6月22日(五月二十六日)　盛宣怀在保路风潮中已成为过街老鼠,郑观应为他壮胆说:"粤路风潮,外似雷鸣,实无大碍。办理得窍,则迎刃而解"。

7月25日(六月三十日)　致书盛宣怀说:铁路国有风潮事,"恩威并制,迎刃而解"。

8月26日(七月初三日)　捐银五十元给广东宪政研究会。收据原件:"收到郑陶斋先生特别捐银五十元整。宣统三年七月初三日。广东宪友会会计处。"

9月4日(七月十二日)　坐"江宽"轮从上海出发,溯江西上,巡察长江轮船招商各埠分局,著有《西行日记》。

9月6日(七月十四日)　过镇江,到达南京。听招商局南京分局欢迎的庄春山说清政府对待招商局"与日本优待本国商民之义相反”,感叹地说:“我国既欲振兴工商,推广航业,尚冀效法日本。”

9月7日(七月十五日)　到九江。“月岩弟到船谈”烟叶等货多被太古、日清、宁绍等公司揽去情况,郑叹道:“优胜劣败,势所必然。”

9月8日(七月十六日)　抵汉口。详细了解商局与怡和、太古、日清等公司竞争情况。五天后,乘“快利”轮西行。

9月16日(七月二十四日)　到宜昌。宜局代雇麻阳子船赴渝,船价值一百五十八两。因闻入川镇压保路运动的端方“亦将入蜀,拟赶快开行”。

10月5日(八月十四日)　在万县谒见正到四川镇压保路风潮的端方。他向端方请示:“可否准华商集资添造轮船,往来宜、渝,兼内河叙州、嘉定等处。”端方答称:“拟与部商。由铁路公司造轮船四只,往来宜、渝,免外人争论,准归招商局代理,招揽客货。”

10月6日(八月十五日)　端方委其弟叔絅邀请郑观应到万县行辕过中秋节。郑到行辕辞谢。端方邀请郑候数日同坐“蜀通”轮赴渝,郑观应以“有肺疾不能与人同宿一房”辞谢。

本日　赋五言古诗一首,为铁路干线国有和盛宣怀辩护。诗中说铁路干线国有是“利权非外授”;说盛宣怀是“为国而蒙垢”;说人民反对干线国有的保路风潮是“同室操戈”,致“招外丑”等。

10月10日(八月十九日)　武昌起义,辛亥革命爆发。

10月20日(八月二十九日)　抵重庆。在“日记”中发表感想说:“此地一别已逾十八年。日月更新,山水如故,烟户丛密,较昔为盛。”招商渝局总理俞浩川到码头迎接。郑观应说:“重庆是四川最大商埠,上达云、贵、甘、陕、西藏等省,往来货多,怡和、太古、日清三公司均已派人来渝查考出入口货物多少,并码头合宜地位。

……我国政府早应设法招商筹办,毋为外人捷足先登也。”

10月21日(八月三十日)　谒端方于重庆行辕。并会见关聘之等人,对于重庆出口货物、招商局揽载情况作了较详细的了解。

10月22日(九月初一日)　听了蜀绅“武汉兵变,蜀省民变,皆由立宪不真,动施压力所致”的话而叹道:“今烽烟四起,米珠薪桂,不死于水旱荒灾,而死于兵戈盗劫,有地方之责者,忍不奏报与仁人君子设法救护乎?”

10月23日(九月初二日)　对由于辛亥革命引起重庆一埠“各帮停搁货物二千万之多”而推测说:“由此推之,各省各埠损失不可数计”。

10月26日(九月初五日)　盛宣怀被革职。

10月28日(九月初七日)　端方邀郑观应到重庆“行辕”饮酒,郑以喘病辞谢。

10月30日(九月初九日)　重阳节,“登五福宫老君洞,签示甚吉。”

11月2日—21日(九月十二日—十月初一日)　避居重庆狮子山叶逢春之母文夫人的叶家花园。说:“官应避乱至此,忧谗畏讥,自应养晚免费唇舌。然乡居寡闻,报纸难买,不知外事,惟日与叶家中西文教习周君植堂、张君士林及苏君作云谈文论道,无商务新闻可记矣。”

11月27日(十月初七日)　端方并其弟叔䌹被新军中革命党人杀于资州。郑观应有惋惜之情,12月13日(十月二十三日)记云:“今鄂兵将两首级送汉,路过渝城。”又云:“成都宣告独立,不旋踵已遭惨变。”

12月29日(十一月初十日)　乘船自重庆启程回沪。俞浩川、周植堂、张士林、廖直卿送至舟中。

1912 年(中华民国元年壬子)七十一岁

1 月 1 日　中华民国成立,孙中山就任南京临时政府大总统。

1 月 4 日　返抵宜昌。换乘“江和”轮东驶。

1 月 8 日　返抵汉口。换乘“德和”轮。

1 月 12 日　返抵上海。招商局变化颇大,所有监察员均已裁撤。此行郑提出不少整顿招商局的意见,散见于《西行日记》中。

2 月 27 日　与庄得之、张仲炤组织招商局维持会,并将这个消息告诉远在日本的盛宣怀说:“待鹤自蜀返沪,公私交迫,本望商局薪水以清欠款,忽撤局委,欲返里而未能。目睹商局危急存亡之秋,不忍袖手,董事已纷纷告退,而营私更无忌惮。”所以要组织轮船招商局股东维持会,以挽危局。盛宣怀于 5 月间复信说郑等组织维持会“俾垂危之局得以复安,其足令人钦仰不置”。郑在同函中揭发北洋分配公积金不公平,说自己亦应得一份。

3 月 10 日　袁世凯在北京就临时大总统职,窃夺了革命成果。

3 月 13 日　盛宣怀建议将汉冶萍一千八百零八万元之零数八万元分与董事,指明此款郑观应宜分得一分,“因是从前馀利”。同函中指示张仲炤、郑观应等,要维持会在 3 月 31 日的招商局股东常会上对股东们“设法招徕”,负操胜算。

3 月 31 日　招商局开股东常会,选伍廷芳、温宗尧等九人为董事。会上粤、厦股东举郑观应为董事,郑以年老多病,乃将股票权数交出。后公举陈可扬。

5 月 20 日　盛宣怀致书郑观应,要他到日本去共叙曲衷,说他现在日本“买山种菜,不愿再闻故国兴亡事。惜太孤寂,无可与谈。

阁下抱才未用,信道素深,倘能乘闲暇命驾东游,海上神山虽属缥缈,但须磨舞子,不亚罗浮。数十年老友纵谈身心性命之学,亦晚暮难得之境也”。并声明郑观应到日本及回国川资,由他代为“筹措”。同函中要求郑观应在招商局下月开会讨论局产“或售或租”问题上,“预为密筹”。

5月20日　致书翰华阁书店店主冯廷襄说:《盛世危言后编》“如未印妥,甚好。现民国成立,该集必要大加修改,着该店先行钉一二部付来,俾得再为修订之、句读之”。店主冯廷襄答复说:“查该文集自始至终已改三次,今又欲再改”,必须补偿他们重排的损失。

5月23日　致书报告盛宣怀:(1)与庄得之、张仲炤组织的招商局维持会,所有费用皆出自三人自己,并附维持会章程一纸;(2)用维持会名义与唐绍仪总理交涉将所扣留的局船放还;(3)招商局董事会开特别大会:“拟将局产出售与人,取价六百万;各局盘出租与人,除房租不计外,岁可得股息八厘或一分。”

5月26日　招商局经过一段时间整顿,仍甚少起色,因此,郑观应提出两条建议:一、出售给政府或华商,估价以每股收回二百两为准;二、出租,即招人包办,以五年为期,每岁给还股东周年息一分,“五年后收回自办”。这与盛宣怀所提“非售则租”的办法是一致的。

6月2日　以杨士琦为代表的一派人主张招商局归国有。郑观应与陈可扬、庄得之一致表示反对,致书盛宣怀说:“若如杨、王、施三公之意,总不外乎交政府管理,以遂其谋为督办之私愿”,“将商办将成之局面,而又双手奉诸政府”。

6月29日　盛宣怀答复郑观应的5月23日的信说:“汇丰去

年估价上海码头栈局已值八百馀万，从前弟交卸时估值一千八九百两，近来折减亦不致如此之多。”因此不同意六百万出售。

7月31日　招商总局董事会第一百二十八次会议决定，派郑观应为汉口分局总办，替换原总办施肇英。

8月7日　报告盛宣怀：(1)招商局股东会已有多数准董事会组织新公司；(2)“现有南洋华侨广州商人代表刘问刍(学询)出银价八百万承买招商局，绝无洋股，拟有条约，尚未签名。”并有“刘问刍准提银四十万两与办事人花红”之说。“如提出花红四十万两，所有出力人员自应一体酌量分给以昭公道，毋使向隅。”

8月16日　盛宣怀复书郑观应提出两条意见：(1)对于刘问刍持不信任态度，说：“问刍破产，何来巨款。”“今果溃败”。他担心参议院“派员查办，难保不强权干预”。(2)从“非售则租”改为“出售出租”“皆不以为然”，以反对袁世凯的国有，说：“鄙见只肯旧局翻新，认其整顿，而股票听其买卖。旧商不愿则卖票，新商愿来则买票。”他认为江浙商人涣散，希望郑观应出来联合广东帮“诸粤股会合各省股东为阋墙御侮之计，万勿坐视不救”。

8月16日　招商周董事会致函敦请郑观应即速接办汉口分局总办。郑观应曾请将儿子润林从厦门调来汉口帮办，董事会不准，说：“厦局亦系重要，难以更换生手……未便令其远赴汉口。”

8月26日　致书盛宣怀，为他鸣不平，说：“官应随同我公惨淡经营之事业，大有成效者皆败于目前，而是非颠倒，赏罚不公，真令人心灰意冷矣。”

11月19日　郑观应为招商局即将选举新董事会拉选票而积极活动，他致书刚于10月间从日本回来的盛宣怀说：“惟望股东在股东联合会多挂号厚其力，以占优数。”期望在新董事选举中，自己和盛宣怀都能当选。

12月14日　函告盛宣怀:“今日北京复电,已准董事会组织新公司。”

12月16日　九江招商局总办弟官桂致函观应,希望他在招商局组织新公司中起作用。

12月　不出郑观应所料,新公司不能成立,代表袁世凯势力的一批人,打算解散董事会另立维持会以达到夺权的目的。以郑观应为首的盛派,起而反对,指出:“如欲解散董事会,须照商律有十分之一股东函嘱董事会开股东会决议可否另行选举,俟选举有人方能解散。”少数董事无权解散董事会另立维持会,使袁世凯派未能达到目的。此后,郑观应为能在新董事会选举中获胜而积极活动。

1913年(民国二年癸丑)　七十二岁

4月26日　友人对他说:“近闻轮局今年举吾兄为协理,甚慰鄙怀。纵新公司未能成立,亦股东不幸中之大幸也。”希望郑观应当选为新董事兼协理。

5月11日　盛宣怀致书郑说:“阁下系创始伟人,能仍入董事会,方于大局有益。”希望郑观应在新董事会选举中当选。

6月20日　遵照盛宣怀意,为当选新董事而活动。但当选的票数尚不足,盛宣怀为之补足。

6月22日　轮船招商局在上海张园开股东常会,郑观应与盛宣怀、杨士琦等九人当选为董事。杨士琦为会长,盛宣怀为副会长。盛宣怀此次当选,与郑观应为他张罗分不开。

7月15日　“二次革命”爆发,随即致书盛宣怀说:“湖口打仗,恐我局船为彼扣留,而局产亦被留难。然局产已押汇丰,如有不测,应请(汇丰)保护。……政府能保护否?"

1914年(民国三年甲寅)　七十三岁

4月6日　盛宣怀根据董事会决议,手谕派郑观应稽查上海各分局营业事。郑说:"自念年老多病,惧不胜任,又不敢违",希望"随带书手一名"。

初夏　"行抵津门,咳喘并作,较前尤剧",乃"函董事会告退"。

7月19日　有人企图夺郑氏长期包办闽局之权,子润林致书父云:"如大人能即赴闽相机办理,则此功仍归我郑姓,不致被人夺去也。"润林希望"仍长闽局。不得已则出大人之名,委男管帐,委九叔揽载,风波自息,局事必安"。

10月　听说仙师陈抱一传授天元秘旨,"闻之喜而不寐,亟托观妙道人为之介绍"。

12月　以年老多病,于甲寅冬月立遗嘱:"自顾老态日增,哮端日重,自应静养,将所存房产各项股票等据,和盘托出,付翼之弟代理。"

是年　向招商局提出辞职以便养病。并求给予半薪。张振勋、谭国忠等大股东均为其请求半薪养老。招商局复书挽留,郑观应又继续任职。

是年　被农工商部派为工商团赴美代表。以事务繁忙辞。

1915年(民国四年乙卯)　七十四岁

1月5日　被选为上海广肇公所首席董事。

1月16日　盛宣怀拟为郑观应"筹款娱老":(1)以自己新买

的商局股票(每股价值一百四十两),"即作为待鹤主人之股票,可更换新股票六百股";(2)分给花红一二万两;(3)委任郑观应为地产公司副会长,或为汉口招商局总办;(4)将郑观应子润林调为福州招商分局总办。盛宣怀说这样安排"或可敷衍",也就是说郑观应的老年生活可以过得去了。

1月　郑观应收到盛宣怀所赠招商局股票二百股。时价每股一百五十两。郑说:"自知福薄,不敢遽领",但声明将此馀利办幼儿园,而将股票璧还。说:"承许给招商局花红银一二万两,及仍委汉局总办,私愿足矣。"

2月28日　委托族弟郑子坚将粤汉铁路股票二千分沽出,限价每股银二元五角(按每股实银五元)。但时价只一元多,未沽出。

7月22日　被聘为务商中学名誉董事。

11月28日　张振勋(弼士)自南洋回香港,对郑观应为他所筹备的中美银行招得股分表示感谢。并致函邀请在广州的郑观应去港一行,说"有要事奉商,请驾来港面罄"。

11月29日　友人反映众股东意见,劝郑观应勿辞招商局职,说:"各人不欲吾丈辞职之意,厥有二端:一、以丈如辞职,则董事一席应以李伟侯推补,李有阔少派好闹意气,不如吾丈和厚;二、以吾粤帮股东之票尽可举一董事,吾丈为我帮泰斗,众望所归,如丈不辞职,则明年选举董事,各股东必仍举吾丈,如丈辞职,则明年恐粤帮股东另举一人未能与彼等和衷共事。盖以吾丈与武进相交日久,无论如何断不致与彼辈等为难,故乐与吾丈同事也。"

12月6日　张振勋在香港再一次致书留居广州的郑观应,说:"尊驾无事,请即来港一商。"

是年　对袁世凯废除《临时约法》,颁布《中华民国约法》,非常气愤，指出这是“民主独裁之专制”。

1916年(民国五年丙辰)　七十五岁

1月　袁世凯复辟帝制，护国战争爆发。

1月10日　招商局董事会会议郑观应辞差一事，议决：驻粤“就近稽查，辞职一节，势难赞同”。望在粤“安心调养，俟病痊早日回局”。招商局随即决定：援徐润例，郑观应任监察港粤两局董事，“应支薪水公费，即照徐雨之原数支送”。

4月27日(三月二十五日)　盛宣怀死。甚悲恸。

4月28日(三月二十六日[1])　长子润林死。

春间　因洪宪之乱，董事有议招商局船挂美旗者，观应力持不可，未果。观应认为，美加入欧战，如挂美旗，美必动用局船运兵。

6月6日　袁世凯死。郑观应在《专制叹》一诗中写道：“古今尧舜华盛顿，择贤禅让名不磨。欲求万世家天下，强秦洪宪今如何？”

9月11日　五弟翼之在天津病死。

10月5日　乘南洋华侨陈抚辰回国调查实业之机，“特往晤商开辟南洋航路，以兴巨利”，“拟由招商局出股一半，南洋华侨出股一半，合资经营”。陈抚辰有难色，表示过去“国内如铁路、织厂等种种事业叠向华侨招股，至今结果毫无，大伤信用，故侨人对于投资祖国者莫不闻而却走，甚难下手”。

10月21日　徐恩成函告郑观应：翰华阁刊印的《待鹤文集》

---

① 胞弟郑保之三月二十八日给郑观应信中说“雨生侄二十五日酉刻时身故”。比郑观应所说早一天。

(按指《盛世危言后编》)寄来十部样书,请查收。

约是年底　从护商出发,要求政府将粤汉铁路收归国有。粤路由于经营不善,人浮于事,糜费太重,军队往来不给票价,军阀混战毁车坏路等原因,致股票下跌到本银的五分之一以下。为了维护商民血本,原来坚决主张商办的郑观应,这时坚决要求收归国有,由国家给还商本。

1917 年(民国六年丁巳)　七十六岁

1 月 23 日(丁巳春节)　致书道友陈抱一等:“政府粉饰因循,……借债过日,致利权外溢,而内乱外侮交迫。……仰祝同道诸君子早日成道,合力叩求祖师、各教主恩准奏请上帝,消除浩劫。”兹后又以“内哄外侮”和第一次世界大战所造成的“伤残惨酷”之状,从而幻想通过修道用仙术把先进的火器“销灭于无形”。

是年冬　致潘兰史等函,盛赞康有为的《共和评议》,说他“痛言中国非民主立宪之时,指陈利害,洞若观火”。同函中对于护法战争,尤其是对于段祺瑞与日本所订卖国协定,非常愤慨。说:“竟举国中所有权利,均授诸日本,将见事事听命于日本,欲求如埃及亦不能,终为高丽、印度而已。”同函中又说:“余谓共和非不能自强,惟立法善、总统与总理须有轩辕黄帝等内圣外王之学,方能自强,长治久安。”

是年　对局势非常担心。袁世凯死后,继之而来的是“府院之争”,张勋复辟,军阀混战,搞得民不聊生。郑观应说这是“所谓危急存亡之秋”。他担心这样下去没有御侮的能力,说“只愁罗掘中原尽,难御交侵外侮狂”。

1918年(民国七年戊午)　七十七岁

3月　对修道更为迷恋,“遵谕入室修道”。

夏　“随万式一先生避暑庐山,出示祖师所注《关尹子》九篇两卷,如获慈航。”

秋　要设“修真院”培养人才,说“欧战虽停,内讧未已”,要求有如轩辕、太公之才者出,而这种人才要设立一个“特别修真院”来培养,“选合格者入院认真潜修,俾人才日出,挽救五洲大劫,而大同之世可望矣”。

9月11日　招商局公学开学。丁赓尧为校长,蒋少华为教务长,郑观应被聘为住校董事,一直任至去世。

是年　再一次强烈要求粤汉铁路收归国有。说:“今政府不依商律,强夺商权”,“欲求保全股本”,除“收归国有外,并无挽救良策”。

是年　对北洋军阀政府的议员之无道德表示极为不满。说这些议员往往由“大腹贾”之类的人运动而得:“所举阁员,非运动不能通过;内阁欲行之事,非运动不能通过。”因此,郑观应非常厌恶地说:“府院不和,督军宣告独立,同室操戈,不啻鹬蚌相缠,渔人得利。大势如此,民国何望!”

是年　发表了用仙道统一天下的幻想。说:“当此火器之烈,……将来势必至如春秋战国时代大并小,强吞弱。欧、美、亚三洲其弱小无教育之国,必为富强国以兵力并吞,有统一欧洲者,有统一美洲者,有统一亚洲者,而后三洲之霸主洲与洲争。其时有大圣人出,其内圣外王之学群仙扶助,火器无效,销凶焰而靖全球,令各洲之人上下咸服而成大一统矣。”

1919年(民国八年己未)　七十八岁

6月1日　招商局在上海北市总商会举行股东常会,改选董事,郑观应继续当选为董事,并兼任营业科长。

同日　致书陈翊周,祝贺他当选为招商局本届董事,并提议:(1)宜添造江海各轮以扩充航线,因"欧战兵战闭幕,商战开场,轮运转输尤不容缓",添轮航运,赢利可操左券;(2)宜分清权限以专责成,指出,以前官督商办时,"动以官力侵害商权时无论矣,即完全商办后,濡染已深,仍难尽除官场习气,政府复有干预而无保护,有商办之名,无商办之实"。其他对于培养人才、杜绝糜费等均有建议。

是年　《盛世危言后编》印出样书三百五十部,郑付银四百二十元。(编者未见此版本,所述根据郑支付书费的收据。)

1920年(民国九年庚申)　七十九岁

年初　提议招商公学除"添驾驶及簿记之外,能增设农、织两科尤为美备"。因为如果学生"无力学专门,又不能学驾驶簿记,亦得一技长可以谋生"。

10月2日(庚申八月二十一日)　继室叶夫人去世。

12月22日　《待鹤山人晚年纪念诗》付印。

是年　提倡筹巨款积极发展植树造林事业。

1921年(民国十年辛酉)　八十岁

5月28日　招商局在上海总商会召开股东大会,郑观应与李国杰、周晋镳被选为留任董事。

春末　病重,写给招商局董事会一封长信,历数他与招商局的密切关系及对局务的贡献,要求辞退,退职后给予薪俸养老。养病期间还为叶夫人写墓志。

夏　《盛世危言后编》修订后由上海翰华阁书店刊行问世。

1922 年(民国十一年壬戌)　八十一岁

5 月下旬　在上海提篮桥招商公学宿舍病逝。次年移葬于澳门前山。